ケーススタディー
国際関係私法

野村 美明＋高杉 直＋久保田 隆 編

有斐閣

は し が き

　本書は，大学学部生，法科大学院生，国際ビジネス法務に携わる若手実務家といった幅広い読者層のために，国際関係私法を学びやすくするための教材である。具体的には，①大学の講義の応用や司法試験に十分対応可能であり，②実務において直接役立つ内容を持ちながら，国際関係私法を「分かりやすく，楽しく，必要十分に学べる」ことをコンセプトとしている。

　最近では，国際私法，国際民事手続法，国際取引法の3つの法分野について基本的な事項を網羅したよい教科書がたくさんある。しかし，これらの書籍は，国際関係私法を深く学びたいとか応用的な講義にも司法試験の準備にも用いたいという要望や，卒業し就職した後の実務に直接役立つ内容を望む声には十分応えているとは思われない。そこで編者らは，3つの法分野を体系的にカバーし，判例や参考事例を盛り込んだ本書によって，これらの要望に応えることにした。

　上に述べたコンセプトを実現するために，本書は次のような工夫をしている。①国際私法（**第Ⅰ部**），国際民事手続法（**第Ⅱ部**），国際取引法（**第Ⅲ部**）の3分野の主要論点を網羅した上で，交渉学・ディベート，会社法務，新興国対策など実務に直接役立つ国際ビジネス法務（**第Ⅳ部**）を新たに加えた。②様々な判例や参考事例を紹介する上で分かり易い図表を掲げ，平易で客観的な記述に努めた。③思考の幅を広げる **Column** や解説を随所に多数配置した。④執筆陣として，大学の研究者・学者だけでなく，弁護士や企業実務家にも参加していただくことにより，実務の息吹が読者にいきいきと伝わるように努めた。また，⑤最近人気の外国弁護士資格に興味のある人のために，交換留学生の実体験に基づく詳細な手引きを提供した。

　本書の使い方としては，次のように想定している。
　第1に，司法試験を国際関係法（私法系）で受験する法科大学院生や予備試

験合格者の方は，基本書を一通り頭に入れた上で本書（**第Ⅰ部〜第Ⅲ部**）をあわせて読めば，司法試験に必要な基礎を身に付けることができる。司法試験で出題された問題も適宜事例に収録した。他方，出題範囲でありながら参考書が少ないウィーン売買条約第二部・第三部，荷為替信用状，航空運送等についても幅広く網羅している。試験に失敗する原因の多くは学説・判例の読み間違えや基礎事項の誤解にあるが，平易で簡明に書かれた本書で学習すればその危険性は減少しよう。あとは大学における講義や答案練習で補強すれば十分である。

また，*Column* や試験範囲以外の部分（**第Ⅲ部**の一部や**第Ⅳ部**等）も，気分転換だけではなく法書としての教養を身につけるためにも，ぜひ読んで欲しい。

第2に，将来実務で携わる可能性を視野に入れて大学や法科大学院の関連講義を受講する学生の方は，大学における講義とあわせて本書の関連部分を読めば，国際関係私法について着実に理解できるであろう。本書は，試験問題のパターンや（**第Ⅰ部〜第Ⅲ部**），ゼミや卒論等のテーマ（**第Ⅲ部・第Ⅳ部**：例えば，米国FCPA法などは実務上の最大関心の1つでお薦めのテーマ）の宝庫である。本書ではまた，*Column* で就職後の実務イメージを高めたり，ゼミ見学や映画鑑賞・個人旅行のヒントを得たり，生活を豊かにするためにも利用できるであろう。

第3に，既に国際ビジネス法務に従事している若手実務家の方は，担当実務とあわせて本書の関連部分を読むことにより，国際実務に必要とされる法的知識・法的思考方法を効率的かつ着実に身につけることができよう（例えば，アメリカ法の基礎）。また，*Column* に寄せられたいろいろな分野の若手実務家の声を参考に，実務家としての多様な視野の存在に気づかされることだろう。

本書が，以上のような国際関係私法に関心を有するすべての人に，少しでも役に立つことができれば幸甚である。

本書の刊行にあたって，有斐閣京都支店の一村大輔氏には大変お世話になった。一村氏の努力なくして本書の完成はなかった。また，一村氏に加えて，本書の企画にあたっては，大原正樹氏（現在，有斐閣雑誌編集部）にも負うところが大きい。一村氏・大原氏の構想なくして本書はなかった。お2人に心より感

謝の意を表したい。

　なお，本書の校正段階で，同志社大学大学院法学研究科博士後期課程の西岡和晃氏，寺村信道氏，小池未来さんにお世話になった。記して謝意を表したい。

　平成 26 年 10 月

執筆者を代表して

野村　美明

高杉　　直

久保田　隆

目 次

国際関係私法を学ぶ　1

第Ⅰ部　国際私法　1

1. 国際私法総論（1～10）
   - 1　法律関係の性質決定 …………………………………………… 6
   - 2　属人法 …………………………………………………………… 8
   - 3　場所的不統一法国 ……………………………………………… 10
   - 4　人的不統一法国 ………………………………………………… 12
   - 5　反　　致 ………………………………………………………… 14
   - 6　準拠法の解釈 …………………………………………………… 16
   - 7　公序と外国法 …………………………………………………… 18
   - 8　公序による外国法の適用排除後の処理 ……………………… 20
   - 9　先決問題 ………………………………………………………… 22
   - 10　準拠法相互の関係：相続と物権 ……………………………… 24

2. 国際財産法（11～28）
   - 11　失踪宣告 ………………………………………………………… 26
   - 12　行為能力 ………………………………………………………… 28
   - 13　後見開始の審判等 ……………………………………………… 30
   - 14　法　　人 ………………………………………………………… 32
   - 15　代　　理 ………………………………………………………… 34
   - 16　契約：当事者自治 ……………………………………………… 36
   - 17　客観的連結 ……………………………………………………… 38
   - 18　契約の方式 ……………………………………………………… 40
   - 19　消費者契約の準拠法 …………………………………………… 42
   - 20　職務発明 ………………………………………………………… 44
   - 21　不法行為 ………………………………………………………… 46
   - 22　生産物責任 ……………………………………………………… 48
   - 23　名誉毀損・信用毀損 …………………………………………… 50

24	外国人被害者の逸失利益	52
25	債権譲渡	54
26	代用給付権	56
27	自動車の即時取得	58
28	債権質	60

3. 国際家族法（29〜45）

29	婚姻の成立	62
30	婚姻の実質的成立要件	64
31	婚姻の方式	66
32	夫婦財産制	68
33	離　　婚	70
34	内縁解消	72
35	親子関係の成立	74
36	嫡出否認	76
37	非嫡出子	78
38	代理母関係	80
39	養子縁組	82
40	親子間の法律関係	84
41	子の引渡し	86
42	扶　　養	88
43	後　　見	90
44	相　　続	92
45	遺　　言	94

Column ①：アメリカやイギリスの弁護士資格にも目を向けよう　96
Column ②：ロシア留学で得られた経験　97
Column ③：映画で学ぶ 1 ── Other People's Money で愉快に学ぶ M&A　98
Column ④：映画で学ぶ 2 ── Gung Ho で愉快に学ぶ海外進出と昔日の日本社会　99

第Ⅱ部　国際民事手続法　101

1. 国際家事事件 (46〜49)
   - 46　離婚事件の国際裁判管轄権 …………………………………………… 102
   - 47　外国離婚判決の承認 …………………………………………………… 104
   - 48　親子関係事件の国際裁判管轄権 ……………………………………… 106
   - 49　相続事件の国際裁判管轄権 …………………………………………… 108

2. 国際的財産事件の管轄問題 (50〜64)
   - 50　裁判権免除：商業取引 ………………………………………………… 110
   - 51　原則管轄 ………………………………………………………………… 112
   - 52　義務履行地管轄 ………………………………………………………… 114
   - 53　財産所在地管轄 ………………………………………………………… 116
   - 54　営業所等所在地管轄 …………………………………………………… 118
   - 55　事業活動地管轄 ………………………………………………………… 120
   - 56　不法行為と管轄事実の証明 …………………………………………… 122
   - 57　専属管轄（取締役の責任追及の訴え）……………………………… 124
   - 58　消費者事件 ……………………………………………………………… 126
   - 59　個別労働関係 …………………………………………………………… 128
   - 60　併合管轄（主観的併合）……………………………………………… 130
   - 61　合意管轄 ………………………………………………………………… 132
   - 62　特別事情 ………………………………………………………………… 134
   - 63　保全事件の国際裁判管轄(1)：船舶の仮差押え …………………… 136
   - 64　保全事件の国際裁判管轄(2)：仲裁合意と仮の地位仮処分 ……… 138

3. 国際民事手続上のその他の問題 (65〜71)
   - 65　当事者 …………………………………………………………………… 140
   - 66　外国判決の承認：間接管轄 …………………………………………… 142
   - 67　外国判決の承認：送達・応訴 ………………………………………… 144
   - 68　外国判決の承認：公序 ………………………………………………… 146
   - 69　外国判決の承認：相互の保証 ………………………………………… 148
   - 70　仲裁合意 ………………………………………………………………… 150
   - 71　外国仲裁判断の承認・執行 …………………………………………… 152

Column ⑤：映画で学ぶ 3 —— Rogue Trader で実際の事件から学ぶデリバティブ ……… 154
Column ⑥：映画で学ぶ 4 —— Enron: The Smartest Guys in the Room で
　　　　　実地に学ぶ粉飾会計 ……………………………………………………… 155
Column ⑦：実地で学ぶ国際関係私法 1 —— UNIDROIT 本部（ローマ）………… 156
Column ⑧：企業派遣留学の実際 …………………………………………………… 157

第Ⅲ部　国際取引法　159

1. 売買契約とウィーン売買条約（72〜82）

- 72　CISG の適用可否(1)：1 条 1 項柱書と a 号 ……………………………… 160
- 73　CISG の適用可否(2)：1 条 1 項 b 号 ……………………………………… 162
- 74　CISG と解釈・補充原則 …………………………………………………… 164
- 75　CISG 第一部：解釈原則 …………………………………………………… 166
- 76　CISG 第二部：書式の闘い（Battle of Forms）………………………… 168
- 77　CISG 第三部：契約適合性と法定解除 …………………………………… 170
- 78　インコタームズ 2010 ……………………………………………………… 172
- 79　買主の検査・通知義務 …………………………………………………… 174
- 80　英文契約の基本：英文契約の決まり文句 ……………………………… 176
- 81　アメリカ法の特徴 ………………………………………………………… 178
- 82　代理店・販売店と並行輸入 ……………………………………………… 180

2. 運　送（83・84）

- 83　国際海上物品運送法 ……………………………………………………… 182
- 84　モントリオール条約 ……………………………………………………… 184

3. 荷為替取引と信用状による支払（85〜89）

- 85　荷為替取引の構造理解と船荷証券 ……………………………………… 186
- 86　信用状の開設時期と確認書 ……………………………………………… 188
- 87　信用状通知の遅滞と相当因果関係 ……………………………………… 190
- 88　信用状取引における銀行の書類点検義務 ……………………………… 192
- 89　荷為替取引の最近の変化 ………………………………………………… 194

Column ⑨：実地で学ぶ国際関係私法 2 —— UNCITRAL 図書館等（ウィーン）……… 196
Column ⑩：実地で学ぶ国際関係私法 3 —— 日本国内のジェトロ・ビジネスラ
　　　　　イブラリー等 …………………………………………………………… 197
Column ⑪：米国ロースクール留学とＮＹ州弁護士資格試験のすすめ …………… 198

第Ⅳ部　国際ビジネス法務　205

1. ロール・プレイング（90・91）
   - 90　模擬交渉 ·· 206
   - 91　ディベート ·· 214

2. 国際コンプライアンス（92・93）
   - 92　国際コンプライアンス１：外国公務員等への贈賄規制 ···························· 218
   - 93　国際コンプライアンス２：マネーロンダリング規制 ······························· 220

3. 国際ビジネス法務の諸相（94〜99）
   - 94　法人格否認の法理の準拠法 ·· 222
   - 95　社債発行に係る法律関係と準拠法 ·· 224
   - 96　証券取引法の域外適用の有無：米国証券取引所法10条(b)項 ···················· 226
   - 97　海外子会社への貸付と移転価格税制 ··· 228
   - 98　承認援助手続と国際並行倒産 ·· 230
   - 99　合弁契約違反と合弁会社の損害の賠償 ·· 232

4. 国際企業法務の実際（100〜103）
   - 100　新興国との取引リスク（外国仲裁判断の承認・執行拒否事例から） ·········· 234
   - 101　新興国との取引とコンプライアンス ··· 236
   - 102　新興国企業の買収と Post-acquisition Integration (PAI) ······················· 238
   - 103　新興国進出に際しての諸規制 ·· 240

   - *Column* ⑫：入社して知った商社法務の仕事 ··· 242
   - *Column* ⑬：法務の業務と大学時代の経験の繋がり ··································· 243
   - *Column* ⑭：法務の仕事の面白さ ·· 244
   - *Column* ⑮：法務部員の心得 ·· 245
   - *Column* ⑯：留学で得られた経験 ·· 246

総合問題　国際取引法・国際私法・国際民事訴訟法の事例問題　247

A　国際取引法・国際私法・国際民事訴訟法の事例問題① ……………………… 248
B　国際取引法・国際私法・国際民事訴訟法の事例問題② ……………………… 250

創造的法学入門　253

事項索引　255

判例索引　261

本書のコピー，スキャン，デジタル化等の無断複製は著作権法上での例外を除き禁じられています。本書を代行業者等の第三者に依頼してスキャンやデジタル化することは，たとえ個人や家庭内での利用でも著作権法違反です。

凡　例

【法　令】
通則法　　　　法の適用に関する通則法
民訴法　　　　民事訴訟法

【判決等】
大判（決）　　大審院判決（決定）
最大判（決）　最高裁判所大法廷判決（決定）
最判（決）　　最高裁判所判決（決定）
高判（決）　　高等裁判所判決（決定）
地判（決）　　地方裁判所判決（決定）
家審　　　　　家庭裁判所審判

【判例登載誌等】
民集　　　　　大審院・最高裁判所民事判例集
高民集　　　　高等裁判所民事判例集
下民集　　　　下級裁判所民事裁判例集
家月　　　　　家庭裁判月報
金商　　　　　金融・商事判例
金法　　　　　金融法務事情
判時　　　　　判例時報
判タ　　　　　判例タイムズ

【文　献】
新しい国際裁判管轄法制　　日本弁護士連合会国際裁判管轄規則の法令化に関する検討会議編『新しい国際裁判管轄法制——実務家の視点から』（別冊NBL138号）（商事法務，2012年）
アルマ国際私法　　神前禎＝早川吉尚＝元永和彦『国際私法〔第3版〕』（有斐閣，2012年）
一問一答　　佐藤達文＝小林康彦『一問一答　平成23年民事訴訟法等改正——国際裁判管轄法制の整備』（商事法務，2012年）
櫻田　　櫻田嘉章『国際私法〔第6版〕』（有斐閣，2012年）
澤木＝道垣内　　澤木敬郎＝道垣内正人『国際私法入門〔第7版〕』（有斐閣，2012年）
注釈国際私法Ⅰ・Ⅱ　　櫻田嘉章＝道垣内正人編『注釈国際私法第1巻・第2巻』（有斐閣，

	2011 年）
クエスト国際私法	中西康＝北澤安紀＝横溝大＝林貴美『国際私法』（有斐閣，2014 年）
溜池	溜池良夫『国際私法講義〔第 3 版〕』（有斐閣，2005 年）
百選	櫻田嘉章＝道垣内正人編『国際私法判例百選〔第 2 版〕』（有斐閣，2012 年）
松岡	松岡博『現代国際私講義』（法律文化社，2008 年）
松岡編	松岡博編『国際関係私法〔第 3 版〕』（有斐閣，2012 年）
南	南敏文『改正法例の解説』（法曹会，1992 年）
樋口	樋口範雄『アメリカ契約法〔第 2 版〕』（弘文堂，2008 年）
山田	山田鐐一『国際私法』（有斐閣，2004 年）
横山	横山潤『国際私法』（三省堂，2012 年）

本文ケースの☆の数は重要度を示す。

執筆者紹介（50音順，＊編者）

北坂　尚洋（きたさか　なおひろ）福岡大学法学部教授

＊久保田　隆（くぼた　たかし）早稲田大学大学院法務研究科教授

佐藤　剛史（さとう　たけふみ）弁護士

＊高杉　直（たかすぎ　なおし）同志社大学法学部教授

田澤　元章（たざわ　もとあき）明治学院大学法学部教授

＊野村　美明（のむら　よしあき）大阪大学大学院国際公共政策研究科教授

林　貴美（はやし　たかみ）同志社大学法学部教授

樋爪　誠（ひづめ　まこと）立命館大学法学部教授

平野　温郎（ひらの　はるお）東京大学大学院法学政治学研究科教授

藤澤　尚江（ふじさわ　なおえ）筑波大学大学院ビジネス科学研究科准教授

古田　啓昌（ふるた　よしまさ）東京大学大学院法学政治学研究科教授・弁護士

【*Column* 執筆者】

石原　俊（いしはら　しゅん）丸紅株式会社

河合　かわい（かわい　かわい）三井物産株式会社

神田　智之（かんだ　ともゆき）三井物産株式会社

倉門　亜実（くらかど　あみ）早稲田大学大学院法務研究科生

柴田　智彩（しばた　ちさ）ソニー株式会社

瀬口　愛（せぐち　あい）三井物産株式会社

的場　弘紹（まとば　ひろつぐ）三井物産株式会社

渡辺　真由美（わたなべ　まゆみ）三井物産株式会社

国際関係私法を学ぶ

1　国際関係私法の意味

「国際関係私法」とは，国際私法，国際民事手続法と国際取引法をまとめた呼称である。これらの法分野は大学の講義や参考書ではしばしば独立して扱われる国際関係私法は，これらが扱う課題を実際の問題解決に関連付けて考察する。

①複数の国に関係する財産上・家族上の問題（渉外的私法問題）をいずれの国の法によって解決するか（国際私法）。②国家裁判所や私人が合意した仲裁裁判所が，特定の渉外的私法問題に関する事件を手続的にいかに規律すべきか，その事件に関係する国家裁判所同士あるいは国家裁判所と仲裁裁判所との間の相互調整はどうあるべきか（国際民事手続法）。③国際的なビジネス取引を支える制度および当事者の権利義務を規律するルールはどのようなものか（国際取引法）。

2　ビジネスの観点から

個人の国際的な家族生活においては，通常は以上のような課題を正面から意識することはない。たとえば日本人が外国籍の人と結婚するときに，婚姻の実質的成立要件や形式的成立要件（方式）の準拠法（1の①）については考えるかもしれない。しかし，日本の裁判所に離婚の裁判管轄権があるか（②）とか，外国法上自分に権利があるか（③の家族法的側面）は，紛争が生じるまでは考えないだろう。

以上に対して，国際ビジネスでは，簡単な売買契約書でも1の①から③の課題に対応する一応の規定がおかれている。まして複雑な取引においては，これらの課題は契約交渉時に考慮しなければならない。

当事者の権利義務（1の③）は，民商法などの法律の規定より当事者自身が契約で定めることが多い。また，消費者，労働者や投資家を保護する規定や金融，貿易に関する規制は，取引成約とコンプライアンスの両面から考慮しなければならない。

3　国際関係私法と外国法

以上のように，国際ビジネスの観点からは，日本法だけではなく，取引の相手方が属する国や投資の受け入れ国の法についても一応の知識を得ておく必要がある。国際的な家族生活においても，関係する外国法の知識は，主体的な家族関係を築く

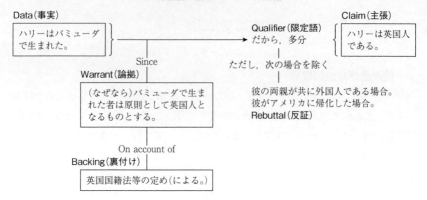

法的議論の構造　ハリーの国籍

Adapted by Yoshiaki Nomura From Stephen Edelston Toulmin, *THE USES OF ARGUMENT*, Cambridge U. Pr. 1958. 2003).

ことにつながる。もちろん，書いてある法律が実際に実現されるのか，司法制度が信頼できるのかは，その国の弁護士や裁判官などの法実務抜きには語れない。しかし，外国法や外国の紛争解決制度の知識がないと実務を評価することもできず，事前のまたは事後の対策をたてることも困難となる。

1の①から③の課題について，各国の法や制度が日本とは異なった回答を与える場合があることは当然予想できる。しかし，日本で国際関係私法を学ぶことによって，外国法の適用や外国での訴訟の結果が予想しやすくなる。特に欧米などの発達した法制度を持つ国については，日本法の要件・効果とどこが異なるかを比較することによって，その国の法を効果的に学ぶことができる。

　最後に，国際関係私法を学ぶ上で，要件・効果を基本にした法的議論がいかに大切かを国籍に関する有名な例でみておくことにする。

4　法的議論は国境を越える

　英国の哲学者トゥールミンは，形式論理学が日常生活における議論と遊離していると批判して，「一般化された法学」としての論理学を提唱した。彼は，健全な議論とは，強い根拠に裏付けられた主張すなわち批判に耐えうる主張であり，具体的には，裁判で勝訴するために必要な基準を満たすような議論だという。

　ハリーの国籍に関する例は，説得的な議論の構造を示すモデルとして，トゥールミン・モデルと呼ばれる（図）。それは，つぎの3つの部分からなる。

①ハリーはバミューダで生まれた（事実＝D）。②（だから）ハリーは英国人（英国臣民）であるといえる（主張または結論＝C）。③なぜなら，バミューダで生まれた者は原則として英国人となるから（論拠＝W）。

トゥールミンは，「バミューダで生まれたこと」という法律要件と「英国人となる」という法律効果からなるWという法規範を前提として，Wの要件を充足する事実Dがあればハリーは英国人であるという主張Cが正当化されるという。Wという法規範を裏付けているのは，英国の国籍法などの定めである（バミューダは非バミューダ資産に対する寛容な税法を有するなど独立した立法権を有しているが，英国の海外領土として英国の国籍法が適用される）。

トゥールミン・モデルは，日本の法律学でいう判決三段論法そのもので，要件事実教育の基礎をなすといってもよい。このモデルは，今や様々な学問分野で利用され，また世界中のディベート大会で用いられている。したがって，この議論モデルが少なくとも発達した法制度を持つ国で通用することは間違いない。最後に日本の要件事実教育ではあまり強調されないが，国際関係私法の学習では忘れてはならないことがある。それは，結論を正当化する法規範は取り替え可能だという点である（米国のロースクールでは，「この判例の議論は他州の裁判所で受け入れられるか」などと質問される）。どこの国の法であっても私法的な規範は等価値であってお互いに交換可能だという考え方こそが，①の国際私法を成立させているものである。もちろん，世界には渉外的な私法問題に自国法の適用しか認めない国や適用すべき法規範を持っていないというような国もある。国際関係私法の実務においては，3で述べたように，関係する外国の法と法制度の検討は必要不可欠といえる。

法規範を論拠とする法的議論は，国境を越えて通用する一般的な素養である。国際関係私法においては，渉外的事実と取り替え可能な法規範と結論を意識しながら，実際のケースや説例を用いた練習を繰り返すしかない。国際関係私法では多角的でダイナミックな法的議論が求められるが，基本は法律学は修練なのである。

〈参考文献〉

http://nomurakn.blogspot.jp/2011/06/blog-post.html

http://nomurakn.blogspot.jp/2011/02/blog-post.html

（野村　美明）

第Ⅰ部 国際私法

1. 国際私法総論（**1〜10**）
2. 国際財産法（**11〜28**）
3. 国際家族法（**29〜45**）

1 法律関係の性質決定

事 例

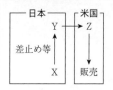

日本在住の日本人Xは，米国において「FM信号復調装置」に関する発明（本件発明）に関する米国特許権を有していた（本件特許権。日本において本件発明と同一の発明についての特許権を有していない）。日本法人Yは，日本においてカードリーダー（本件製品）を製造して米国に輸出し，Yが100％出資した米国法人Aが，米国においてこれを輸入・販売していた。Xは，本件製品が本件発明の技術的範囲に属し，Yが本件製品を我が国から米国に輸出する等の行為が，米国特許法271条(b)項に規定する特許権侵害を積極的に誘導する行為にあたり，Yは本件米国特許権の侵害者として責任を負う等と主張して，Yに対し，①米国に輸出する目的での日本で本件製品を製造すること等の差止め，②Yが日本において占有する本件製品の廃棄，③不法行為による損害賠償を求めて訴えを提起した。これらの請求は，どの国の法により判断されるか。

〔最判平成14・9・26民集56巻7号1551頁を簡略化〕

論 点

本件は，米国特許権に関する事案であり，渉外性を有する事件（渉外事件）である。渉外事件については，国際私法（法選択規則）によって準拠法を決定する必要がある。その際，当該事件における法問題の準拠法が，どの法選択規則によって決定されるかを確認する必要があり，そのためには，各々の法選択規則が対象とする法律関係（単位法律関係）の範囲を画定し，当該法問題がどのような性質かを判断した上で，どの法選択規則の「単位法律関係」に包含されるかを決定しなければならない。これが，法律関係の性質決定（法性決定，性質決定ともいう）の問題である。

本事例においては，当該法問題（①②③の請求）が「特許権の効力」の問題と解される場合には，「特許権の効力の問題は登録国法による」との不文の法選択規則によって米国法が準拠法とされ，米国特許法に基づくXの請求が認容される余地があるのに対して，「不法行為」の問題と解される場合には「法の適用に関する通則法」（通則法）17条以下の法選択規則によって日本法が準拠法となり（通則法22条も参照），本件発明に関して日本の特許権を有しないXの請求は，理由のないものとして退けられることになる。

本事例では，どのように法律関係の性質決定を行うべきか。

判　旨

「米国特許権に基づく差止め及び廃棄請求は，正義や公平の観念から被害者に生じた過去の損害のてん補を図ることを目的とする不法行為に基づく請求とは趣旨も性格も異にするものであり，米国特許権の独占的排他的効力に基づくものというべきである。したがって，米国特許権に基づく差止め及び廃棄請求については，その法律関係の性質を特許権の効力と決定すべきである。」

「……特許権侵害を理由とする損害賠償請求については，特許権特有の問題ではなく，財産権の侵害に対する民事上の救済の一環にほかならないから，法律関係の性質は不法行為であり，その準拠法については，法例11条1項〔通則法17条を参照〕によるべきである。……本件損害賠償請求について，法例11条1項にいう『原因タル事実ノ発生シタル地』は，本件米国特許権の直接侵害行為が行われ，権利侵害という結果が生じたアメリカ合衆国と解すべきであり，同国の法律を準拠法とすべきである。……しかしながら，その場合には，法例11条2項〔通則法22条1項に相当〕により，我が国の法律が累積的に適用される。」

解　説

　法性決定の方法・基準について，通則法には明文規定がなく，解釈に委ねられている。現在の判例・通説は，いずれかの国の実質法を基準とするのではなく，法廷地の国際私法独自の立場から自主的に決定するとの説である。国際私法は，各国の実質法の間の抵触を解決するための法であって実質法とは存在平面を異にし，国際私法上の法律概念も特定国の実質法上の法律概念から解放され，国際的立場から構成されなければならないからである。ただし，法性決定（特に単位法律関係の解釈）の具体的な方法について確立した立場があるわけではない。比較法的な方法によるとの見解，各法選択規則の趣旨目的や規則の相互関係を考慮すべきとの見解，国際私法上の利益衡量によるとの説等が主張されている。これらの見解は相容れないものではなく，実務上は，事案に応じて適切な方法が用いられているように思われる。

　＊なお，本判決は，「米国特許法の上記各規定を適用してYに差止め又は廃棄を命ずることは，法例33条〔通則法42条に相当〕にいう我が国の公の秩序に反するものと解するのが相当であるから，米国特許法の上記各規定は適用しない。」として，差止め・廃棄請求についてもXの請求を棄却した（公序につき⇒**7**を参照）。

（高杉　直）

★2 属人法

事 例

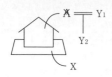

日本に住所を有するXが日本に所有する土地上に、中国浙江省に籍貫（本籍）を有するAが家屋を所有していた。Aは、昭和23年に死亡した。昭和29年、Xは、Aの妻 Y_1 および子 Y_2（昭和14年生まれ）を被告として、当該家屋の収去・土地明渡しおよび賃料相当額の支払を求めて訴えを提起した。これに関して、Y_2 の訴訟行為能力（その前提としての行為能力）の有無が問題となった。Y_2 の行為能力につき、通則法4条1項（当時の法例3条1項）は、当事者の本国法によると規定するが、Y_2 の本国法は、中華民国（台湾）法か中華人民共和国法か。

なお、大陸では中華人民共和国が昭和24（1949）年に建国され、浙江省も中華人民共和国の一部となっていた。また、日本は、昭和27（1952）年に中華民国政府と平和条約を締結しており（同条約は、中華民国の台湾および澎湖諸島のすべての住民および以前にそこの住民であった者ならびにそれらの子孫を対象とし、それらの者に中華民国の国籍を与えている）、昭和47（1972）年に中華人民共和国を承認するまで、中華民国を承認していた。

〔最判昭和34・12・22家月12巻2号105頁を改変・簡略化〕

論 点

本事例では、Y_2 の本籍地である（当時未承認の）中華人民共和国法と、日本が承認していた中華民国法の、いずれが Y_2 の本国法とされるのかが問題となる。

判 旨

「中国浙江省鎮海県に籍貫（本籍）を有するYらは、わが国が中華民国政府を承認したこと及び同政府と締結した平和条約……によって、中国の国籍を失うものではない。従って Y_2 の行為能力及びその法定代理を定めるにつき、……別段の事由のない限りその本国法たる中国の法令を適用すべきものといわなければならない。しかし、Y_2 が昭和14年……に出生したものであることは記録中の戸籍証明書……により明らかであるから、中華民国政府の公布施行している民法……によると、同人らは完全な行為能力を有せず、母たる Y_1 がその法定代理人となるのである。次に中華人民共和国政府の法令

を適用すべきであるとの所論の立場に立っても，同政府の公布施行している法令中には行為能力及び法定代理に関しては別段の規定を認めることはできないが，ただ婚姻年令を男子20才，女子18才と定めた婚姻法4条，選挙権及び被選挙権の資格年令を満18才と定めた憲法86条等の規定の趣旨に徴すると，18才にも達しなかったY$_2$が行為能力を有するものとは条理上解し難く，この場合，条理に照し母たるY$_1$をもってその法定代理人となすべきである。しからば，いづれの政府の法令の適用があるにせよ，Y$_2$を訴訟行為無能力者となし，Y$_1$をその法定代理人とした原判決の終局の判断は正当たるに……帰する。」

解　説

　人に密着し常に追随して適用される法を「属人法」という。伝統的に「人の身分および能力の問題は属人法に従う」という原則が認められてきた。当事者に最も密接な法を適用することが当事者利益に適うからである。ただし，属人法として本国法と住所地法のいずれを採用すべきであるのかという属人法の決定基準の問題については，各国の間で争いがある（この争いを解消するために「常居所地法」が提唱されている）。日本の通則法においては，行為能力（通則法4条1項）のほか，親族・相続（通則法24条～37条）の大部分の規定で当事者の本国法が準拠法とされている（常居所地法も第2次的な準拠法とされている）。本国法を認定する際における当事者の国籍の有無は各国の国籍法によって定める（＝国籍の得喪は各国の国内管轄事項である）とされているため，特に重国籍者や無国籍者については，その本国法をどのように決定するかが問題となるが，この点については通則法38条1項・2項に規定が置かれている（不統一法国に属する者の本国法については⇒**3**および**4**を参照）。

　本事例では，中華人民共和国と中華民国という分裂国家に属する者の本国法が問題となっている（韓国と北朝鮮についても同様の問題が生ずる）。本判決は具体的な判断を示していないが，下級審の裁判例や学説においては，①日本が承認する国のみを本国とする説，②1つの国家とみた上で地域的に法が不統一であるとして通則法38条3項を（類推）適用するとの説，③2つの国家とみた上で重国籍者として通則法38条1項を（類推）適用するとの説，④属人法の趣旨に従っていずれかの国の法を本国法とする説等が主張されている。②③④のいずれの説においても，本国法の決定にあたり，当事者の現在および過去の住所・居所・本籍や親族の住所・居所等に加えて，当事者の意思をも考慮すべきであるとする見解が有力である。

〔高杉　直〕

3 場所的不統一法国

事　例

米国人男Xは，米国オハイオ州で生まれ，同州の大学を卒業して来日した後，1980年に日本の会社に入社し，香港駐在員として同所で勤務していた際，中国人女Yと知り合い，1988年にYと婚姻した（同年にYは米国の永住権を取得した）。XとYは，婚姻した後，香港に居住して長男A（米国国籍）をもうけたが，1992年にXが日本に転勤となり，X，YおよびAが日本で生活をするようになった（XおよびAは，日本における定住者の在留資格を有し，在留期間を3年ごとに延長している）。その後，Yは中国に戻り，XおよびAとは別居状態となった。1995年，Yは米国カリフォルニア州に転居したが，住居所は不明である。Xは，Yとの離婚およびAの親権者をXと定めるよう求めて，日本の裁判所に提訴した。本件の親権者の指定は，どの法によって判断されるか。

〔横浜地判平成10・5・29判タ1002号249頁を簡略化〕

論　点

親権者の指定については，通則法32条により，親と子の本国法が同一であればその法，それがなければ子の常居所地法が準拠法とされる。本事例では，XとAが米国国籍であるが，米国は州ごとに家族法が異なる場所的不統一法国であるため，XとAの本国法をどのようにして決定するかが問題となる。

判　旨

「米国は，実質法のみならず抵触法についても各州ごとに相違しており，統一的な準国際私法の規則も存在しない不統一法国であるから，法例28条3項〔通則法38条3項に相当〕にいう内国規則はなく，当事者に最も密接な関係ある地方の法律を当事者の本国法とすべきことになるが，子の国籍が米国である以上，子の本国法としては，米国内のいずれかの法秩序を選択せざるを得ない。証拠……によれば，外国人登録原票上の国籍の属する国における住所又は居所は，A及びXとも，オハイオ州クリーブランド市であることが認められ，Xがオハイオ州で生まれ，同州の大学を卒業して来日したことは前示のとおりであるから，右事情にかんがみると，子の本国法としては，法例28条3項にいう当事者に最も密接な関係ある地方の法律としてオハイオ州法を選択し，Aの親

権の帰属は，法例 21 条〔通則法 32 条に相当〕による子と父の共通本国法である同州法の定めるところによって決するのが相当である。」

解説

　1つの国の中に複数の法秩序が併存している国を「場所的不統一法国」という。各州が立法権を持つため州ごとに家族法が異なる米国は，場所的不統一法国に該当する。場所的不統一法国の国籍を有する者については，いずれの州・地域の法がその者の本国法となるかをさらに特定する必要があり，通則法 38 条 3 項は，「当事者が地域により法を異にする国の国籍を有する場合には，その国の規則に従い指定される法（そのような規則がない場合にあっては，当事者に最も密接な関係がある地域の法）を当事者の本国法とする。」と規定する。すなわち，その国の規則に従うという間接指定を原則とし（判決の国際的調和に適う方法だからである），規則がない場合に最密接関係地域を直接指定する。

　そこで問題となるのが，「その国の規則」とは何かである。通説は，住所や身分登録等を基準にして当事者の属する州・地域を定める規則（属人法を示す準国際私法）と解している。本事例では，米国にこのような「規則」があるか否かが問題となる。当事者のドミサイル（domicile 住所）の存する地を属人法と認める統一的な規則が米国に存在すると解する説もあるが，本判決は，これを否する近時の有力説に従った。

　次に直接指定の際の「最密接関係」をどのように判断するかについては，まずは当事者の常居所を基準とした上で，常居所が本国内に存在しないときには当事者の現在または過去の居住状況，親族の居住の有無等を標準として判断すべきであるとの説が有力である。本判決は，Xにつき，外国人登録原票上の記載や米国内の最後の常居所を基準としてオハイオ州法を指定し，米国に居住歴のないAについてもオハイオ州法と指定した。裁判例の中には，米国の居住歴がない当事者につき，最密接関係地域は米国内にないとしたものがある（横浜地判平成 3・10・31 家月 44 巻 12 号 105 頁）。しかし，このような解釈は通則法 38 条の文言からは無理であると批判されており，「子の国籍が米国である以上，子の本国法としては，米国内のいずれかの法秩序を選択せざるを得ない。」との本判決が妥当である。

（高杉　直）

4 人的不統一法国

事 例

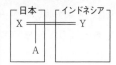

日本人Xとイスラム教徒であるインドネシア人Yは，日本で婚姻の届出をし，その後，子A（インドネシア国籍）をもうけた。XYの夫婦仲は，Yが麻薬を使用したりしていたことが原因で，Aが生まれたころからうまく行かなくなっていたところ，Yは，Xら家族を日本に残して，インドネシアに帰国してしまい，Xに連絡をしてこないし，生活費も送金してこない。そこでXは，Yとの離婚を求めるとともに，Aの親権者をXと定めることを求めて訴えを日本の裁判所に提起した。親権者の指定について，どの法を適用して判断すべきか。

〔東京地判平成2・12・7判時1424号84頁を簡略化〕

論 点

　離婚の際の親権者の指定の問題は，通則法32条により，親と子の同一本国法があればそれにより，それがない場合には子の常居所地法による。本事例では，親Yと子Aがインドネシア国籍であるから，一見すると，インドネシア法が同一本国法として適用されるようにもみえるが，インドネシアは宗教ごとに異なる家族法が併存する「人的不統一法国」であるため，インドネシア法中のどの家族法がY・Aの本国法となるかを特定する必要がある。人的不統一法国に属する者の本国法の決定については，「その国の規則」に従う（通則法40条）が，「規則」の意味が問題となる。

判 旨

　「《証拠略》によると，……Aは特定の宗教に入信していないことを認めることができる。……離婚に伴う親権者の指定については，法例21条〔通則法32条に相当〕により，準拠法が定められるが，本件においては，XとAの本国法は同一でなく，また，インドネシアにおいては，宗教によって適用される法令が異なるところ，YとAの宗教は同一でないので，それらの間の本国法が同一であるということもできないから，結局，Aの常居所である日本の法律が準拠法として適用される。そして，前記認定の事実によると，Aの親権者としてはXが適当であると認められる。」

解　説

　宗教等の人的集団ごとに適用される法が併存する国を「人的不統一法国」という。インドネシアやマレーシア等が代表的な人的不統一法国である。人的不統一法国の国籍を有する者については，その国の中でどの法が準拠法となるかを特定しなければならない。

　この問題につき，通則法40条1項は，場所的不統一法国に属する者の本国法の決定に関する38条3項と同様の方法を採用し，第1にその国の規則に従い指定される法，そのような規則がない場合にあっては，第2に当事者の最密接関係法を裁判所が直接指定する旨を定める。

　この40条1項の「その国の規則」について，場所的不統一法国の場合とは異なり，人的不統一法国の場合には国内事件でも人的な法抵触の処理が必要であって，そのための「規則」（人際法）が存在しているはずであるから，その規則によれば足りる（規則がないのは例外的場合に限られる）との主張が有力である。この見解によれば，本事例では，YとAの国籍がいずれもインドネシアであるから，インドネシア法によって親権者の指定の問題を解決すべきことになる（YとAが異なる宗教に属していたとしてもインドネシア法上，そのような親子間に適用される法を決定する規則があるはずであると考える）。

　これに対して，通則法40条1項の「規則」も38条3項と同様に，どの人的集団に属するか（どの家族法が適用されるか）を決める規則であると解すれば，インドネシアの規則に基づき，YとAのそれぞれについて適用される家族法を決定した上で，それが同一か否かを検討することになる。

　本判決は，この後者の立場を採ったものであろう。その上で，同一本国法がないとして，通則法32条に従い，子の常居所地法を準拠法とした。

　　　　　　　　　　　　　　　　　　　　　　　　　　　（高杉　直）

★5 反致

事例

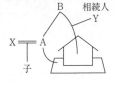

中華人民共和国の国民Aは、日本所在の土地（本件土地）を売買により取得していたが、本件土地上の建物（本件建物）についてはAの父B（台湾出身）が売買により取得していた。Aは昭和51年に中国で死亡し、Bは昭和53年に日本で死亡した。その後、Aの夫であるXは、Xと4人の子がAの相続人であり、相続人らの遺産分割協議により、本件土地はXの単独所有になったと主張して、本件建物の共有者（Bの相続人）であるYらに対し、本件土地の明渡し等を請求した。中華人民共和国法（継承法10条）によれば、法定相続の第1順位者として配偶者、子、父母を規定しているところ、中華人民共和国においては、相続人の範囲および相続の順位等については、継承法の制定以前から同法の規定するところと同一の慣行ないし法原則が存在したとされる。したがって、中華人民共和国法によれば、Aの相続については、その父Bも第1順位の法定相続人となるのに対して、日本法（民法889条・887条）によれば、Bは法定相続人とはならない。Aの相続は、どの国の法によって判断されるか。なお、継承法36条は、中国公民が中華人民共和国外にある遺産を相続するときは、不動産については不動産所在地の法律を適用する旨規定している。

〔最判平成6・3・8家月46巻8号59頁を簡略化〕

論点

通則法36条は、「相続は、被相続人の本国法による。」と規定するが、通則法41条本文は、「当事者の本国法によるべき場合において、その国の法に従えば日本法によるべきときは、日本法による。」と規定し、日本法への反致を認めている。

そこで、本事例では、通則法36条によりAの本国法である中華人民共和国法が適用されるのか、通則法41条によって反致が認められて日本法が適用されるのかが問題となる。

判旨

「Aの相続に適用されるべき法律は、〔平成元年改正前〕法例25条〔通則法36条に相当〕により、同人の本国法である中華人民共和国法となるべきところ、中華人民共和国

においては，1985年（昭和60年）に中華人民共和国継承法（以下「継承法」という。）が制定されて同年10月1日から施行され，同法36条は，中国公民が中華人民共和国外にある遺産を相続するときは，不動産については不動産所在地の法律を適用する旨規定している。そして，……継承法を制定した人民議会において，『同法施行前に開始した相続については，施行前に既に遺産が処理されている場合は改めて処理しないが，施行時に未処理の場合は同法を適用する』旨説明されている……。したがって，右によれば，A（昭和51年11月3日死亡）の相続問題が継承法の発効した時点で未処理であったとすれば，同法の規定がさかのぼって適用されることとなる。……Aの相続問題は，継承法が発効した時点において未処理であったというを妨げない。

以上によれば，Aの国外財産（本件土地）の相続については，継承法の規定がさかのぼって適用され，同法36条及び法例29条〔通則法41条を参照〕の規定により，反致される結果，結局，不動産所在地法である日本法が適用されるべきこととなる。」

解説

反致とは，外国の国際私法を考慮して準拠法を決定する方法である。反致の種類としては，転致（再致）などもあるが，通則法41条は，単純反致のみを認め，当事者の本国法が本来の準拠法となる場合に，当事者の本国の国際私法によれば日本法が準拠法とされるときには，日本でも日本法を適用することを認めている。

反致の根拠としては，当事者の本国との間で準拠法が一致することから判決の国際的調和に適うこと，日本法を適用することが日本の裁判にとって利便であること等が挙げられている。これに対しては，最密接関係法として当事者の本国法を準拠法として指定しているにもかかわらず，たまたま当事者の本国の国際私法が日本法を準拠法とするときに限り日本法を適用するという根拠が薄弱であること，日本法の優先は内外法の平等という国際私法の基本理念に反すること等の批判がなされる。

本事例では，被相続人の本国は中国であるため，本来であれば中国法が本件相続の準拠法となる（通則法36条）。しかし，中国の国際私法によれば，不動産相続については不動産所在地法によるとされており（継承法36条），日本に所在する不動産に関する相続について，中国では日本法が適用されることになる。そこで，本判決は反致を認め，日本の裁判所においても日本法を適用することにしたのである（なお，動産相続は本国法のままで，不動産相続のみの反致（部分反致）を認めて良いかという問題がある）。

（高杉　直）

6 準拠法の解釈

事例

```
         X
遺言執行者 ─┐
    X     │
         相続人
          Y
```

40年近く日本に居住するAは無国籍の白系ロシア人であったが、日本に帰化し、その2年後に日本で死亡した。Aの死亡後、Aの自筆の遺言書が発見され、神戸家裁で検認を受けた。遺言によれば、X（原告）を遺言執行者・遺産受託者とする旨の記載があった。ソ連（ロシア）に在住するAの相続人であるY（被告）は、遺言書にはAの捺印がないことから遺言書が無効であると主張した。そこでXが遺言執行者・遺産受託者の地位にあることの確認を求めて日本の裁判所に訴えを提起した。遺言の成立時がAの帰化後だとすれば、遺言の方式については、遺言の方式の準拠法に関する法律2条によって日本法が準拠法となる。準拠法である日本法上、Aの事情を考慮して、押印を欠く自筆証書遺言も有効と解すべきか。

〔最判昭和49・12・24民集28巻10号2152頁を簡略化〕

論点

本事例では準拠法である日本法の解釈が問題となる。日本法上、民法968条によれば自筆証書遺言には押印が必要であるが、外国人ノ署名捺印及無資力証明ニ関スル法律（明治32年法律第50号）1条1項によれば「法令ノ規定ニヨリ署名、捺印スヘキ場合ニ於テハ外国人ハ署名スルヲ以テ足ル」とされている。Aは死亡の直前に帰化しており「外国人」ではないため日本民法968条が適用されるが、Aの日本社会との関わりは殆どなかったことから、同条を純国内事件と同様に解釈すべきかが問題となる。

判旨

最判昭和49・12・24民集28巻10号2152頁
　「原審の適法に確定した事実関係のもとにおいては、本件自筆証書による遺言を有効と解した原審の判断は正当であって、その過程に所論の違法はない。」
〔原審〕大阪高判昭和48・7・12家月26巻7号21頁
　「本件遺言書には遺言者の押印がない。しかし、右遺言書は次の理由により有効である。
　文書の作成者を表示する方法として署名押印することは、我が国の一般的な慣行であり、民法968条が自筆証書遺言に押印を必要としたのは、右の慣行を考慮した結果であ

ると解されるから，右の慣行になじまない者に対しては，この規定を適用すべき実質的根拠はない。このような場合には，右慣行に従わないことにつき首肯すべき理由があるかどうか，押印を欠くことによって遺言書の真正を危くする虞れはないかどうか等の点を検討した上，押印を欠く遺言書と雖も，要式性を緩和してこれを有効と解する余地を認めることが，真意に基づく遺言を無効とすることをなるべく避けようとする立場からみて，妥当な態度であると考えられる。

これを本件についてみるのに，前認定の事実および〔証拠〕によれば，亡Aは1904年ロシアで生れたスラブ人で，18歳のとき来日し，以後40年間日本に在住したが，その使用する言葉は，かたことの日本語を話すほかは，主としてロシア語又は英語であり，交際相手は少数の日本人を除いてヨーロッパ人に限られ，日常の生活もまたヨーロッパの様式に従っていたことが認められるから，Aの生活意識は，一般日本人とは程遠いものであったことが推認される。このような点からすれば，Aが本件遺言書に押印しなかったのは，サインに無上の確実性を認める欧米人の一般常識に従ったものとみるのが至当であるから，押印という我が国一般の慣行に従わなかったことにつき，首肯すべき理由があるといわなければならない。……次に，欧文のサインが漢字による署名に比し遙かに偽造変造が困難であることは，周知の事実であるから，本件遺言書の如く欧文のサインがあるものについては，押印を要件としなくとも，遺言書の真正を危くするおそれは殆どないものというべきである。以上の理由により，本件遺言書は前説示に従い有効とするのが相当である。」

解 説

渉外的要素を有する事件では，日本の民法等を直接に適用するのではなく，国際私法によって指定された準拠法を適用するが，国際私法によって指定された準拠法について，純国内事件と全く同様に解釈・適用をしなければならないかが問題となる。

本判決は，日本民法968条の解釈において渉外性を考慮した。学説上も，準拠法の解釈においては，必ずしもその国において純粋国内事件に適用される場合における解釈によるのではなく，その国において国際的私法関係に適用される場合における解釈によるべきであるとの見解が有力である。

なお，準拠法である外国法の解釈方法については，その外国の裁判所が採用する方法によるべきであると一般に解されている。

（高杉　直）

7 公序と外国法

事　例

```
X ─┬─ Y
   │
   A
```

母Xおよび父Yは，いずれも大韓民国の国籍を有するが，婚姻当時日本に居住し，婚姻の届出，婚姻生活等もすべて日本でなされ，XYの間の未成年の子A（韓国国籍）も日本で出生し父母の監護養育を受けてきた。その後，XYは不仲となり，XはYに対して離婚を求めるとともに，子Aの親権者をXとすることを求めて訴えを提起した。父であるYは子に対する扶養能力を欠いているのに対して，母であるXは扶養能力を有し，実際にAを監護養育している。本件の離婚に伴う親権者の指定について，どの法によって判断すべきか。なお，当時の韓国法によれば，離婚に伴う親権者は父であると法定されており，本件では父Yが親権者となる。

〔最判昭和 52・3・31 民集 31 巻 2 号 365 頁を簡略化〕

論　点

　離婚に伴う親権者の指定については，離婚の準拠法によるとの見解もあったが，現在の判例・通説は，親子間の法律関係の準拠法（通則法 32 条）によるとの見解である。通則法 32 条によれば，親子間の法律関係については，親子の同一本国法があればそれにより，それがない場合には子の常居所地法によることになる。本事例では，親子の同一本国法である韓国法が準拠法となる（当時の法例 20 条によっても夫の本国法である韓国法が準拠法とされた）。
　次に問題となるのは，本来的な準拠法である韓国法を適用した場合，（当時の）韓国法によれば親権者が父と法定されており，扶養能力を欠く父Yが親権者とされる点である。日本法によれば，子の福祉の観点から母Xが親権者とされる可能性が高く，そこで，韓国法の適用が日本の公序（通則法 42 条）に反するのではないかが問題となる。

判　旨

　「原審の認定するところによれば……父であるYは子に対する扶養能力を欠き，扶養能力のある母であるXがAを監護養育しているものであって，諸般の事情を考慮すると，父であるYは名目上親権者となりえてもその実がなく，実際上親権者たるに不適当であることが顕著である，というのである。
　ところで，本件離婚にともなう未成年の子の親権者の指定に関する準拠法である大韓

民国民法909条によると，右指定に関しては法律上自動的に父に定まっており，母が親権者に指定される余地はないところ，本件の場合，大韓民国民法の右規定に準拠するときは，扶養能力のない父であるＹに子を扶養する親権者としての地位を認め，現在実際に扶養能力のあることを示している母であるＸから親権者の地位を奪うことになって，親権者の指定は子の福祉を中心に考慮決定すべきものとするわが国の社会通念に反する結果を来たし，ひいてはわが国の公の秩序又は善良の風俗に反するものと解するのが相当であり，これと同旨の原審の判断は，正当として是認することができる。したがって，本件の場合，法例30条〔通則法42条に相当〕により，父の本国法である大韓民国民法を適用せず，わが民法819条2項を適用して，Ｘを親権者と定めた原審の判断はもとより正当であって，その過程に所論の違法はなく，右違法のあることを前提とする所論違法の主張は，その前提を欠く。」

解説

　伝統的な考え方（通説）によれば，国際私法は，内外法の平等を前提として，原則として価値中立的な連結点によって準拠法を指定する。しかし，外国法が準拠法となる場合，それが日本法とは異質な内容であり，その適用結果が日本の基本的な法原則や社会的秩序と相容れない場合が生ずる。その安全弁として，通則法42条は，公序条項を置いている。問題となるのは，公序条項をどのように理解するかである。通説によれば，公序条項は例外的に準拠法を排除するものであるから，その適用にあたっては慎重でなければならない。そして，事案と日本との関連性の程度（内国牽連性）と準拠法の適用結果の異質性（反公序性）の2つの基準を相関的に考慮すべきとする。つまり，内国牽連性が高ければ高いほど，反公序性の程度が低くても，公序に反するとして準拠法である外国法の適用が排除されることになる。

　本件判旨は，内国牽連性については明示的に言及していないが，準拠法である韓国法の適用結果が公序に反すると判示した。

　なお，公序条項を事件に関連を有する当事者と国の利益を最もよく考慮し調整できる準拠法を選定する機能を有するものと理解した上で，硬直的・概括的な法選択規則の機械的な適用から生じる妥当な結果を回避する手段として公序条項の積極的な適用を主張する説（機能的公序論）からも，本事例の韓国法の適用は公序に反するとされる。

（高杉　直）

8 公序による外国法の適用排除後の処理

事 例

　Xは朝鮮の国籍を，Yは大韓民国の国籍をそれぞれ有する外国人である。XおよびYは，大阪府泉大津市長に婚姻の届出をし，その当時から日本に居住していた。Xは，古物商を営んでいるYから婚姻当初より満足な生活費を渡されなかったため，実家の援助を受けて生計を立て，また，焼肉店を経営して生活費を捻出しようと考え，父の資金援助により店舗兼居住用建物および敷地を購入したが，Yから絶えず理由もなく暴力を受け，肋骨骨折，両側大腿部挫創等の傷害を負うことがあった。そこでXは，Yとの離婚，および，Yに対して，離婚に伴う財産分与として1700万円，慰藉料として300万円の各支払を求めている。この請求について，どの国の法によって判断すべきか。なお，(当時の) 韓国法によれば，離婚をした者の一方は相手方に対して財産分与請求権を有しない。

〔最判昭和 59・7・20 民集 38 巻 8 号 1051 頁を簡略化〕

論 点

　通則法 42 条の公序条項によって本来的な準拠法である外国法の適用が排除された場合，その後に適用される法については，日本の渉外実質法なのか，日本の国内実質法なのか，あるいは次に密接関連な法を適用すべきか，争いがある。

判 旨

　「思うに，〔当時の〕大韓民国民法は，離婚の場合，配偶者の一方が相手方に対し財産分与請求権を有するとはしていないけれども，有責配偶者が同法 843 条，806 条の規定に基づいて相手方に支払うべき慰藉料の額を算定するにあたっては，婚姻中に協力して得た財産の有無・内容を斟酌することができるとしていると認められるのであり，したがって，その斟酌のいかんによっては財産分与請求権の行使を認めたのと実質的には同一の結果を生ずるのであるから，当該離婚について同法に従い財産分与請求権を認めないことが，直ちにわが国の法例 30 条〔通則法 42 条に相当〕にいう『公ノ秩序又ハ善良ノ風俗』に反することになると解すべきではなく，大韓民国民法のもとにおいて有責配偶者が支払うべきものとされる慰藉料の額が，当該婚姻の当事者の国籍，生活歴，資産状況，扶養の要否及び婚姻中に協力して得た財産の有無・内容等諸般の事情からみて，慰藉料及び財産分与を含むわが国の離婚給付についての社会通念に反して著しく低額で

あると認められる場合に限り，離婚に伴う財産分与請求につき同法を適用することが法例30条にいう『公ノ秩序又ハ善良ノ風俗』に反することになると解するのが相当であり，この場合，右の財産分与請求について，法例30条により，大韓民国民法の適用を排除し，日本民法768条を適用し，財産分与の額及び方法を定めるべきである。

これを本件訴訟の経緯に照らしてみると，大韓民国民法に基づき慰藉料としてYがXに支払うべきものとされる300万円が，慰藉料及び財産分与を含むわが国の離婚給付についての社会通念に反して著しく低額であるとは認められないものというべきであり，したがって，Xの財産分与請求につき，大韓民国民法の適用を排除して日本民法768条を適用すべき場合であるとはいえない。」

解　説

通則法42条は，日本の公序に反する外国法の適用を排除している。問題となるのは，外国法適用排除後に適用されるべき法は何かである。

第1に，外国法の適用結果が公序に反すると判断されたのは，当該渉外的な事案に対する日本法上の許容限度を超えたためであるから，必然的に，当該許容限度を定める日本法（当該渉外事案に向けて調整された後のもの）によって適用されるべきであるとの説（欠缺否認説）がある。

第2に，外国法を排斥した結果の法的空白について，日本の基本的法秩序・価値を保護するのが公序条項の趣旨であること等を根拠に，法廷地法である日本法により補充すべきとの説（内国法適用説）があるが，甲国・乙国・日本の法律上の給付額がそれぞれ200万円・400万円・1000万円とし，日本の公序基準が300万円である場合を想定すると，乙国法は公序違反でなく400万円の給付となるが，甲国法は公序違反とされる結果，日本法上の1000万円の給付額となり，甲国と乙国の間で逆転現象が生じる等と批判されている。

第3に，密接関連法を適用すべしとの国際私法の理念に合致すること等を根拠に，本来的準拠法の次に密接な法を適用すべきであるとの説（補充連結説）があるが，段階的に連結する根拠が不十分であると批判されている。

本判決は，傍論として，「大韓民国民法の適用を排除し，日本民法768条を適用し」と述べるが，どの説を採ったのかは明らかではない。

（髙杉　直）

9 先決問題

事 例

韓国人A男は，妻である韓国人B女との間に子Xがいる。A男は，日本人C女との間にも，非嫡出子Zがいる。A男は，B女と離婚し，韓国在住の韓国人D女と婚姻した。その後，A男は，日本に帰化し，日本戸籍が編製されたが，その際，同戸籍にD女との婚姻の事実が記載されなかったため，A男は，日本人Y女と婚姻した（後に，AとYの婚姻は，重婚であるとの理由で取り消された）。Yは，婚姻後，A所有の土地建物（本件土地建物）に，A・X・Zと同居していた。

Aが死亡し，その後，Dも死亡した（いずれも遺言はない）。

Xは，相続に基づき，本件土地建物についてどのような持分を主張できるか。この問題を解決するためには，Aから相続によって承継したD女の遺産についてその相続分が問題となり，その前提として，D女とX・Zの間に親子関係が認められるかが問題となる。この親子関係の成否の問題はどの国の法によるか。

〔最判平成12・1・27民集54巻1号1頁を簡略化〕

論 点

Aの遺産の相続については，被相続人Aの死亡時の本国法である日本法による（通則法36条）が，日本法によれば，配偶者と子の相続分は，各2分の1とされる（民法900条1号）。子が複数あるときは各自の相続分は等しいものとされるが，嫡出でない子の相続分は，嫡出である子の相続分の2分の1とされる（当時の同条4号）。したがって，Aの遺産については，Dが2分の1，Xが3分の1，Zが6分の1の割合で相続することになる。

次に問題となるのは，Dの遺産（Aの遺産の2分の1の相続分）の相続である。この問題については，Dの死亡時の本国法である韓国法による（通則法36条）。当時（1990年改正前）の韓国民法によれば，Aの嫡出子であったXは，AとDの再婚により，Dとの間で継母子関係が生じ，XはDの嫡出子と同様に扱われてDの相続人となる。これに対して，日本法によれば，ADの再婚によっても，DX間に親子関係は成立せず，XはDの相続人とはならない。

そこで，DX間の親子関係の成立の準拠法が問題となる。

判　旨

「渉外的な法律関係において，ある一つの法律問題（本問題）を解決するためにまず決めなければならない不可欠の前提問題があり，その前提問題が国際私法上本問題とは別個の法律関係を構成している場合，その前提問題は，本問題の準拠法によるのでも，本問題の準拠法が所属する国の国際私法が指定する準拠法によるのでもなく，法廷地である我が国の国際私法により定まる準拠法によって解決すべきである。

これを本件について見ると，D女の相続に関する準拠法は，旧法例25条〔通則法36条〕により被相続人であるD女の本国法である韓国法である。韓国民法1000条1項1号によれば，D女の直系卑属が相続人となるが，相続とは別個の法律関係であるXらがD女の直系卑属であるかどうか，すなわちD女とXらの間に親子関係が成立しているかどうかについての準拠法は，我が国の国際私法により決定することになる。」

解　説

ある法律問題（本問題）を解決するためにまず決めなければならない不可欠の前提問題であって，国際私法上，本問題とは別個の法律関係を構成しているものを，「先決問題」という。本事例では，Dの遺産の「相続」が本問題，DとXらの間の親子関係の成否が先決問題となる。

先決問題の準拠法については，本問題の準拠法説，従属連結説（本問題準拠法所属国の国際私法による説），独立連結説（法廷地の国際私法による説），折衷説（原則として独立連結説によるが具体的状況に応じ従属連結説による説）が主張されてきたが，本判決は，独立連結説を採用した。

判旨は理由を示していないが，独立連結説の根拠としては，私法上の問題を単位法律関係に切り分けてそれぞれ準拠法を指定するという国際私法の構造や，ある問題が先決問題として争われる場合と本問題として争われる場合とで同一の準拠法が指定されることから判決の内国的調和に適うこと等が挙げられている。

（高杉　直）

10 準拠法相互の関係：相続と物権

事 例

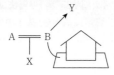

日本在住の日本人Xは，父A（中華民国（台湾）国籍）と母B（日本人）との間に出生した子である。Aが死亡したことにより，Xは，日本所在の土地建物（本件不動産）につき各16分の1の持分を相続によって取得した。

後日，Bは，Xの親権者として同相続に係る持分の全部を2000万円でY（日本法人）に売り渡し，本件不動産につきXからYへ持分移転登記がされた（本件売買契約）。その後，Xは，本件売買契約の無効を主張して同持分移転登記の抹消登記手続をYに請求した。Xの請求は認められるか。なお，中華民国（台湾）法によれば，分割前の遺産は「公同共有」とされ，その間は分割請求が許されず，公同共有物の処分には相続人全員の同意を必要とするとされている。Xは，本件売買契約は，Aの遺産である本件不動産について未だ分割がなされない状態において各相続人の各相続持分を処分するというものであるから，中華民国民法の規定に反し無効である旨を主張している。

〔最判平成6・3・8民集48巻3号835頁を簡略化〕

論 点

相続の準拠法上は分割前の遺産が共同相続人の合有とされ，共同相続人の1人による持ち分の処分が無効とされているのに対して，物権の準拠法上，共同相続人の1人による持ち分の処分が有効とされている場合，相続の準拠法と物権の準拠法の適用範囲を，どのように切り分けるかが問題となる。法性決定の問題でもある。

判 旨

「本件においては，Aの相続人であるXが，その相続に係る持分について，第三者であるYに対してした処分に権利移転（物権変動）の効果が生ずるかどうかということが問題となっているのであるから，右の問題に適用されるべき法律は，法例10条2項〔通則法13条2項に相当〕により，その原因である事実の完成した当時における目的物の所在地法，すなわち本件不動産の所在地法である日本法というべきである。もっとも，その前提として，Xが共同相続した本件不動産に係る法律関係がどうなるか（それが共有になるかどうか），Xが遺産分割前に相続に係る本件不動産の持分の処分をすること

ができるかどうか等は、相続の効果に属するものとして、法例25条〔通則法36条に相当〕により、A（被相続人）の出身地に施行されている民法によるべきである。

……本件の場合、相続の準拠法によれば、本件不動産は共同相続人の合有に属し、Xは、遺産の分割前においては、共同相続人全員の同意がなければ、相続に係る本件不動産の持分を処分することができないというべきところ、右持分の処分（本件売買）がAの遺産の分割前にされたものであり、かつ、右処分につき共同相続人全員の同意を得ていないことは、原審の確定した事実からうかがうことができる。

そうすると、Xが相続準拠法上の規定を遵守しないで相続財産の持分の処分をしたとすれば、その処分（本件売買）に権利移転（物権変動）の効果が生ずるかどうかが次に問題となるが、前示のとおり、この点は日本法によって判断されるべきところ、日本法上は、右のような処分も、処分の相手方である第三者との関係では有効であり、処分の相手方は有効に権利を取得するものと解するのが相当である。けだし、相続の準拠法上、相続財産がいわゆる合有とされ、相続人が遺産分割前に個別の財産の相続持分を単独で処分することができないとされているとしても、日本法上、そのような相続財産の合有状態ないし相続人の処分の制限を公示する方法はなく、一方、日本法上、共同相続人が分割前の遺産を共同所有する法律関係は、基本的には民法249条以下に規定する共有としての性質を有するものとされ（最判昭和30・5・31民集9巻6号793頁参照）、共同相続人の一人から遺産を構成する特定不動産について同人の有する共有持分権を譲り受けた第三者は、適法にその権利を取得することができるものとされているのであって（最判昭和38・2・22民集17巻1号235頁参照）、我が国に所在する不動産について、前記のような相続準拠法上の規定を遵守しないでされた処分を無効とするときは、著しく取引の安全を害することとなるからである。」

解　説

財産権の移転・処分・帰属に関し、相続や夫婦財産制等の包括的な準拠法（総括準拠法）と、物や債権等の個々の財産の準拠法（個別準拠法）との適用関係が問題となる。本判決は、相続準拠法上は処分権がない共同相続人による処分につき、物権準拠法上は処分の相手である第三者との関係では処分が有効とされているとして、各準拠法の適用範囲を画定・配分した上で、結果的に、物権変動を認めた。学説上は、取引安全を重視し「個別準拠法は総括準拠法を破る」として個別準拠法の適用を認める説、両準拠法を累積適用する説等も主張されている。

（高杉　直）

11 失踪宣告

事 例

甲国人男性Aは日本の大学に留学し，卒業後，日本でIT企業を立ち上げ成功を収めていた。その間，留学中に日本で知り合った日本人女性Xと，甲国で婚姻し，日本で婚姻生活を送っていた。婚姻後数年たって，Aは甲国の地元の小学校にパソコンを寄贈するため，単身甲国に帰国した。Aの滞在期間中に，同国沖で大きな地震が発生した。Aの地元の小学校も壊滅的な打撃を受けたと報道され，その時点以来，Aからは一切連絡がない。地震から7年が経過し，Xが，Aとの婚姻を解消するため，日本の裁判所にAの失踪宣告を申し立てた。この申立てに対して，日本の裁判所は管轄を有するのか。また，管轄を有するとして，Aの失踪宣告およびXとAの婚姻の解消には何法が適用されるか。甲国で既に失踪宣告がなされている場合，その扱いはどうなるのか。

〔平成19年司法試験〔第1問〕を基礎に改題〕

論 点

渉外的な事案において，失踪宣告の管轄はいかに認定されるか，準拠法およびその効力はどのように決定されるか，ならびに外国失踪宣告は日本においてどのような扱いを受けるかが問題となる。通則法6条の解釈論である。

解 答 例

Aの本国への帰国は短期間であることがうかがわれる。したがって失踪直前の住所は日本であったことから，最後の住所地である日本の裁判所がAに対する失踪宣告の管轄を有することになる（通則法6条1項）。次に，Aの失踪宣告に対して適用されるのは法廷地法たる日本法であり（同項），その結果，Aの死亡が擬制される。他方，AとXの婚姻の解消については，失踪宣告の準拠法ではなく，婚姻解消の準拠法たる離婚準拠法が適用される。本件の場合，日本法となる（通則法27条ただし書）。最後に，甲国で失踪宣告がなされている場合，非訟事件の承認問題として，民訴法118条を類推適用し同条1号および3号の要件を満たせば，日本でも承認される。本国である甲国の間接管轄（1号）は認められよう。甲国の宣告の効果が日本の公序に反しない限り（3号），日本において承認される。

解　説

(1)　人の所在が分からず生死不明の状態になっている場合，その者に関する法律関係を安定させるため，その者の権利享有主体性を否定する制度が諸国にはある。日本では失踪宣告がそれにあたるが，これに類する宣告制度が諸外国に存在する。このような宣告は人の権利能力にかかわるため，裁判所が関与するとともに，宣告に係る問題の準拠法と，宣告と密接にかかわる問題の準拠法との関係が問題になる。また，外国で，同様の宣告があることにも備える必要がある。

(2)　管轄に関しては，通則法で簡明な規定が定められた。第一に，不在者の最後の住所地が日本にある場合か，不在者の国籍が日本にある場合，原則として管轄を認める（通則法6条1項）。前者は在日外国人，後者は在外日本人が主な対象となろう。日本との関係は深いが最後の住所地が日本にはなかった者が失踪した場合（平成19年司法試験参照）が課題として残る。第二に，不在者の財産が日本にある場合，不在者の法律関係の準拠法が日本法の場合，その他法律関係の性質等から日本に関係のある場合，その対象となる関係に限って例外的に日本に管轄が認められる（同2項）。

(3)　失踪宣告の準拠法は上記(1)のいずれの場合においても日本法となる（通則法6条1項・2項）。ただし，この場合，日本法が適用されるのは，宣告されたことによる直接的な効果，すなわち日本法上の死亡の擬制までである。これに続く間接的な効果（離婚，相続等）はそれぞれの準拠法によって判断される。従前は例外管轄の場合には間接的効果も失踪宣告の準拠法による説が有力であったが，通則法制定過程では，すべての場合において直接効果のみ有すると取り纏められた（一問一答39頁）。なお，原則的管轄が認められた場合，不在者の内外資産，内外の法律関係すべてに日本の宣告の効力は及ぶが，例外的管轄の場合，その効力は実際上日本国内の当該法律関係に限定される。

(4)　最後に，外国で失踪宣告の手続がとられていた場合である。失踪宣告のような非訟事件については，それを明確に対象とする承認規則はないものの，外国での失踪宣告を承認しないということは，複数の管轄原因を認めている通則法6条の趣旨に照らしても妥当ではない。そこで，外国判決の承認に関する民訴法118条のうち，争訟性の低い裁判所の後見的役割が期待される失踪宣告については，その1号（間接管轄）および3号（公序）のみが審査基準となり，それを満たせば承認すべきという考え方が有力である（クエスト国際私法374-375頁等参照）。

（樋爪　誠）

★12 行為能力

事 例

甲国は私法上の成年年齢が21歳である。20歳の甲国人Xが留学先である日本において，次のような契約をしたが，いずれの場合もその取引を取り消したいと考えている。それぞれに適用されるのは何法か。
① 日本において，販売店において，高額な製品を購入した。
② ①において，売主は，Xが未成年であると知っていた。
③ 日本から乙国の業者にメールをし，本を大量に購入した。
④ 日本の不動産業者と，丙国にある不動産の賃貸借契約をした。

論 点

年齢に基づく行為能力の準拠法は何法となるのか，その準拠法と相手方あるいは取引秩序とのバランスをいかに考えるべきかが問題となる。通則法4条の解釈論である。

解 答 例

①の場合，行為能力は当事者の本国法によるので，Xは未成年となる可能性がある（通則法4条1項）。ただし，行為地である日本法上Xが行為能力者であり，Xと相手方が同一の法域に所在しているので，Xは行為地法である日本法に従い成年者として取引したものと扱われる（同条2項）。法域を異にする地の間で行われた取引の場合，行為地が複数となり取引保護の要請が貫徹できないので本国法主義に戻る。したがって，Xは③の場合，未成年のままである。④の場合，不動産に関する取引は当事者に与える経済的影響が小さくないので，行為地と不動産所在地が異なる場合のみ本国法が準拠法として維持される（同条3項）。Xは未成年のままである。最後に②の場合，行為地法の適用の判断にあっては，相手方の主観的要素は考慮されない。悪意かどうかで結論が異なるとすると当事者にかかる負担が大きく，それ自体取引阻外要因となり得る。したがって，この場合は①と同じ状況となるので，Xは成年者として扱われることになる。

解 説

（1） 一般社会における権利享有主体としての権利能力と，とりわけ取引社会における行為主体要件としての意味での行為能力は，おおくの局面で共通に説明できる

可能性があるが，固有の単位法律関係として認める法制が少なくない。そして，人の本拠基準となる規範を抽象的に示すことになるので，その国の属人法に関する理念が象徴的に現われる点にも特徴がある。日本では，権利能力に関する明文の規定を欠くが，行為能力については通則法4条において，原則として本国法主義が採用されている。能力の判断は本人に与える影響が大きいゆえに，慎重かつ正確な判断が要請されるところ，本国法が第一義的に重要な規範として選定されている。

(2) 他方，行為能力制度が取引社会の秩序維持の要請も内包していることには疑いはない。国際私法学において，この要請は本国法と並んで，行為地法の適用の余地はないかという問いとして現れる。通則法では，本人と相手方間が法律行為の当時同一法域内に存する場合には，本国法上未成年であっても，その行為地法上成年であれば成年と扱われる。法例までは内国が行為地である場合に限定されていた法理を拡大したもので，国際私法上の取引保護といわれる（一問一答26-27頁。松岡83-85頁等も参照）。ただし，隔地的法律行為あるいは所在地以外での不動産取引，親族，相続関係においてはこの法理は適用されず，そこでは本国法主義が堅持されている。身分的法律行為は，4条の対象外と解し，この親族・相続の例外は注意規定であるとされる。ただし，婚姻による成年擬制等（澤木＝道垣内162頁等参照），財産法的側面を有する問題は，4条の対象となりうる点に留意すべきである。

(3) 取引保護法理の適用にあたっては，相手の主観は問題とならない。相手方が本人の未成年であることにつき認識があったかを判断するのは困難が伴うためである。客観的な連結点にかかわって当事者の主観が問題とされることはないし（たとえば，通則法17条につき一問一答100頁参照），通則法4条の場合「行為能力者とみなす」という実質法的評価が含まれているので，その適否を当事者の意思に委ねることは妥当ではない。

(4) 通則法4条（法例3条）の規定を適用した事案は多くはないが，同条を類推適用する事例あるいは学説は少なからずみられる（⇒ **13**, **14** 等参照）。本国法と行為地法，本人保護と取引保護に関する国際私法上の利益衡量の意義を端的に示している規定だからであろう（クエスト国際私法202頁参照。松岡81頁も参照）。

（樋爪　誠）

★13 後見開始の審判等

事　例

甲国人夫Aおよび甲国人妻Bは，20年前に来日し，以後，日本において生活をしていた。Aは，来日後しばらくして知り合った甲国人女性との間に子Xをもうけたが，Xを認知していなかった。Xは出生以来日本において生活をしている甲国人である。Aは，精神上の障害により事理を弁識する能力を欠く常況に陥った。Bの請求により，日本の裁判所がAにつき後見開始の審判をする場合，いかなる国の法を準拠法とすべきか。また，Aにつき後見開始の審判をした場合，日本の裁判所は，いかなる国の法を準拠法としてBを後見人として選任することができるか。Bが選任された場合，AによるXの任意認知につき，後見人Bの同意は必要か。

〔平成24年司法試験［第1問］の設問1に関する部分を抽出・簡略化〕

論　点

人が精神障害等により判断能力を著しく欠くこと等により，その行為能力を制限すべきかの判断を要することがある。在日外国人や在外邦人にこのような問題が生じた場合，日本の裁判所はどのような基準で自国の管轄を認め，関連する問題にはいずれの国の法を適用するのか。

解答例

Aは日本に住所を有すると解されるので，日本の裁判所はAの後見開始等の審判に関する国際裁判管轄を有する。その場合，後見開始等の原因およびその効果の準拠法は日本法となる（通則法6条）。誰が被後見人となるかは，原則として本国法によるが（通則法35条1項），日本において後見開始等の審判があった外国人については日本法による（同2項）。本件の場合，日本法によりBは後見人となりうるか判断される。AがXに対する任意認知を単独でなしうるかは非嫡出親子関係の準拠法（通則法29条）により，本件の場合，甲国法によって判断されることになる。

解　説

(1) 人の行為能力を制限する制度としては，年齢に基づく場合と本人の判断能力の低下の場合が挙げられる。前者は未成年の能力制限を考えれば分かるとおり，そ

の判断基準は出生からの年数という事実であるのに対し，後者は日本の成年後見制度のように国家機関が能力制限の判断を行うことが比較的多い。したがって，何れの国の法によって判断するかという問題と同時に，いずれの国が管轄を有するかということを考える必要がある。その際には，行為能力を制限する２つの要請である本人保護と取引保護を，どのように考慮するかという視座が重要になる。

(2) 管轄に関しては，本人保護と取引保護の要請がともに達成されやすい本人の所在地がまず挙げられる。通則法５条でも，本人が日本に住所を有することが，居所と並んで，管轄要件として認められている。次に，同条では，本人が日本の国籍を有するときも管轄の認定要件とされている。これによって，多くの在外日本人には，日本の裁判所が管轄を行使できることになっているが，実際上どれほど本人保護の要請を達成できるかは，議論の残るところである。最後に，財産所在地管轄は認められなかった（一問一答34頁）。これのみでは本人保護の要請を説明することは難しい。

(3) 準拠法に関しては，通則法５条では，管轄原因のいかんにかかわらず，日本で開始の審判がなされる場合は，日本法が適用される。外国人に対しては住所地法として，日本人に対しては本国法として適用されるのではなく，直截に，法廷地法として日本法が適用される。人の能力の低下という繊細な判断をするにあたっては，管轄裁判所の所在地法を適用することが便宜であり，実効性が高いとの見地から日本法が選定されているからである。成年被後見人の能力制限事由があるかの判断と，どのような保護内容となるかは別の単位法律関係と解されているので，日本では前者が通則法５条，後者が同法35条の適用範囲となる（さらにそれぞれの単位法律関係の準拠法につき，澤木＝道垣内168頁参照）。

(4) 本問とは異なり，例えば在外日本人に対して住所地国裁判所が，在日外国人に対して本国裁判所が，能力制限の判断を下す可能性がある。その判断は日本において渉外的効力を有するかどうか，非訟事件の承認問題であるが，日本は明文を欠く。成年被後見人自身が日本で活動する場合の取引保護といった論点を巡って，議論の多いところである（櫻田173-174頁，横山127-128頁参照）。公示制度の不備から承認を否定する立場と成年後見は必ずしも，周知されるものではないから，一定の条件の下に承認する立場がある。

（樋爪　誠）

★14 法　人

事　例

　Xは，錠の製造を業とする日本法人である。Xは「Y社の代表者」と称するAとの間で，X社製錠の米国およびカナダにおける独占販売代理店契約を締結した。ところが，Yがニューヨーク州で設立されたのは契約締結時の約1か月後であり，契約締結時，Yは未だ法人として存在していなかった。その後，上記契約を巡り，XY間に紛争が生じた。契約書には，同契約から生じる紛争は仲裁に付されることが定められていたため（本件仲裁契約），Yは，Xを相手方として仲裁を申し立てた。これに対して，Xは，契約締結時には存在しなかったYを当事者としていることから，本件仲裁契約が不存在であることの確認を求めて，訴えを提起した。発起人（A）が会社（Y）設立前に設立されるべき会社のために，会社（Y）の名において契約を締結すべき能力を有するか否か，さらにはかような権能を欠く場合にいかなる措置をとれば会社（Y）にその効力が及ぶかは，どの国の法によるか。

〔最判昭和50・7・15民集29巻6号1061頁を簡略化〕

論　点

　通則法には「法人」あるいは「会社」に関する明文規定がないと解される。(1)法人の従属法はいかに決定されるのか，(2)法人の従属法の適用範囲はどこまでか，(3)法人の行為能力について自然人と同様に取引保護を図るべきか，の3つが論点である。

判　旨

　「株式会社の設立発起人が，将来設立する会社の営業準備のため，第三者と契約を締結した場合，当該会社が，設立された後において，右契約上の権利義務を取得しうるか，その要件いかん等は，法が会社の株式引受人，債権者等の利益保護の見地に立って定めるものであるから，会社の行為能力の問題と解すべきであり，したがって，法例3条1項〔通則法4条1項〕を類推適用して，右会社の従属法に準拠して定めるべき」であり，「Yは，ニューヨーク州法に準拠して設立され，かつ，本店を同州に設置しているのであるから，Yの従属法はニューヨーク州法というべきである。」

解説

　法人に関しては，歴史的には，法人国籍論が根強かったこと等の影響から，明治期よりいずれの国によって法人格が認められるかという法選択型の規定を欠くことになった。しかし，学説上は，早くから法人も法選択の対象であるとの考え方が有力化した。通則法での明文化は見送られたが，法人に抵触法的処理が必要であるというのが日本の通説であるとみてよい（注釈国際私法Ⅰ139頁以下［西谷祐子］参照）。

　(1)　法人格の判断において基準となるべき法（法人の従属法という）について，大きく次の2説がある。まず，設立準拠法説は，法人設立の際に依拠した法を準拠法とする立場である。設立者の意思が一定反映でき，いずれの国においても同一の法に服するため予見可能性・法的安定性に資する。次に，本拠地法説は法人の本拠がある地の法を準拠法とする立場である。法人の実態的中心地によることができ，取引の安全にも資する。法人の性質論にも合い，概念も明確であり，かつ，民法の外国法人，会社法の外国会社に対する外人法上の規制と整合するという観点から，日本では設立準拠法説が通説である。本判決は，法人の従属法に関して最高裁が言及したものとして注目されるが，いずれの説を採ったか不明であると一般には評されている。

　(2)　次に，法人の従属法はどの範囲まで適用されるのかという点を考える。法人の成立・消滅および法人の組織内部関係についての諸問題，法人がいかなる範囲で権利を享有するか，伝統的には法人の権利能力といわれてきた問題，さらに法人の代表者のいかなる行為が法人に帰属するか，伝統的には法人の行為能力といわれてきた問題，これらは原則として，法人の従属法による。ただし，とりわけ設立準拠法説を前提にした場合，法人の権利能力と行為能力については，取引行為地の秩序とのバランスを図るべきではないかという問題がより顕在化する。

　(3)　法人の行為能力すなわち法人の代表に関する問題は，代理の外部関係（本書**15**）と整合させて論じられることが多い（アルマ国際私法117頁［神前禎］等参照）。ここでも，①従属法によるほか，②当該取引行為の準拠法，③行為地法，④原則①によりながら取引保護規定（通則法4条2項）を類推適用する立場等がある。本判決は取引保護の要請には言及せず，従属法のみで判断すると言明した。しかし，（外国法人の）「代表者と名乗るもの」の行為の当該会社への帰属いかんが，従属法のみで判断されるのは取引保護にもとるであろう。取引保護規定も類推適用されるべきである。

（樋爪　誠）

★15 代理

事　例

　韓国法人Xは船舶αを所有している。αは釜山港を出航後，淡路島沖で機関の故障のため運航不能に陥り，神戸港に入港し，以来同港に停泊していた。整備のめども立たず，経費も尽きてきたので，αの海員全員は韓国に帰国した。Xの「取締役社長」と名乗るAは，日本法人Yに対して，αの買取りを持ちかけた。Xの代表者としてAは，αの機関修理費，乗組員の給料等の経費を支弁するため，Yから5回にわたって融資を受けた。Yはその貸金の一部については船舶先取特権が成立するとして，日本においてαに対する競売を申し立て，競売開始決定がなされていた。これを知ったXは，AはXの代表者ではなく，本件の船舶先取特権は存在しないとして，日本において，競売手続開始決定に対する異議申立てを行った。Aの行為がXに帰属するかは何法によって判断すべきか。

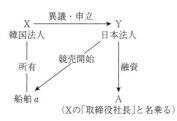

〔神戸地決昭和34・9・2下民集10巻9号1849頁を素材に事実関係を簡略化〕

論　点

　法例以来，法律行為の規定が置かれているが，主に，二当事者間を想定したものである。それでは，いわゆる三面的法律関係については，いかに考えるのか。ここでは実務上重要でありながら明文規定がなく，議論が分かれている任意代理に関して，とりわけ本人と相手方の法律関係に適用される法は何かを確認する。

判　旨

　「任意代理を原因とするものについては，まず法例第7条〔通則法7条～9条〕の適用又は類推適用により代理権を授与する法律行為あるいは第三者に対して他人に代理権を与えた旨を表示した者の責任についてはその表示行為の成立及び効力の準拠法によってこれを決するのか相当」(ママ)であるが，この場合には第三者たる代理行為の相手方にとって，有効な代理権の存否はこれを知ることが必ずしも容易でなく，いきおい渉外的取引の円滑化の要請が脅やかされるに至るべく，かくては国際私法の本旨にももとる結果となるから取引行為の相手方の保護のためには更に法例第3条第2項〔参照，通則法4条2

項）を類推し」代理行為地法によるのが相当である。本事案については，「法例第7条の適用又は類推適用によっては決し得ず，右取引行為法によってのみ定まるところ」，日本法によってはX，A間に前記代理権の授与等の行為があつたものと認められない。

解説

(1) ここで対象となっているのは，任意代理である。特定の法律関係から法により生じる法定代理はその法律関係の法によるという簡明な準則になっているのに対して，任意代理は，代理権の発生が本人―代理人間の授権行為に起因するため，本人，代理人，相手方のそれぞれの関係が個別に論じられてきている。

(2) 本人と代理人の関係は，「内部関係」といわれ，授権行為の準拠法（①）によるのが当然とされている。問題は，本質的には内部関係に属する代理権の範囲等が，本人と相手方，代理人と相手方といった「外部関係」においても，同一の準拠法で対応できるのかという点にあり，多くの議論もここに収斂される。

(3) 本人と相手方の関係にも，①を適用するとなれば，本人保護には資するが，相手方には予見可能性の点で非常に不公平感が残る。そこで，相手方を保護する観点から，代理行為の準拠法（②）によることが考えられるが，②は相手方と代理人の間の法であって制度趣旨には合わない。相手方を保護することから取引保護に根拠を求め代理行為地法（③）によるとの考え方が主張される。しかし，③になると今度は本人保護に疑念が残ることになることから，①を原則としつつ行為能力に関する取引保護の規定を類推して③の趣旨も汲もうとする見解（④）も主張されている（全体像につき溜池316-317頁，山田276-278頁等参照）。ほかにも，1978年代理の準拠法に関するハーグ条約にならい，代理人の営業所所在地法を原則とする立場（⑤）も通則法の審議段階で検討された。本事例は，④の解釈論を詳細に示した判決として注目されるものであるが結論は③にも近い。他方，学説上は，伝統的通説の①から現在は③，④へと主論が転換している。さらに，事務管理に準じて説明する立場など任意代理の議論はなお今後も続いていく様相を呈している（アルマ国際私法233頁［神前禎］等参照）。

(4) 相手方と代理人の関係は，それ自体，固有の法律関係であるので，代理行為の準拠法（上記でいえば②）によるのが本来である。しかし，無権代理・表見代理等において，法適用関係が複雑になる可能性が指摘され，準拠法を一致させることでそれを回避する説も示されている（山田278-280頁等参照）。

（樋爪　誠）

★16　契約：当事者自治

事　例

　在日華僑Aは，B銀行（以下，B）香港支店に対し，Aが代表取締役をしていたC社の代表者として，当座貸越契約の締結を申し込んだ。B香港支店は，Aが東京においてB東京支店と定期預金契約を締結すれば，Bとの間の当座貸越取引をする旨表明した。Aは，東京において，B東京支店との間に数次にわたり本件定期預金契約を締結し，定期預金証書の作成を得るに至った。Aは同定期預金証書を香港に持参し，B香港支店との間に，当座貸越契約を締結し，その担保として，同各定期預金証書の裏面元利金受領署名欄に日付空白のまま署名してこれを交付し，B香港支店との間に質権設定契約を締結した。本件定期預金契約に適用されるのはどの国の法か。

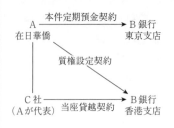

〔最判昭和53・4・20民集32巻3号616頁の一部を抽出，簡略化〕

論　点

(1)契約準拠法に関する当事者自治の原則とは何か，(2)当事者による準拠法選択は明示されたものに限定されるのか。あわせて(3)当事者自治の時間的な範囲について考える。

判　旨

　本件定期預金契約上の債権の準拠法について「当事者の明示の意思表示を認めることはできないが，B東京支店は，当時日本に居住していた華僑のAと円を対象とする本件定期預金契約をし，同預金契約は，B東京支店が日本国内において行う一般の銀行取引と同様，定型的画一的に行われる附合契約の性質を有するものであるというのであり，この事実に加えて，外国銀行がわが国内に支店等を設けて営業を営む場合に主務大臣の免許を受けるべきこと，免許を受けた営業所は銀行とみなされること（銀行法32条）等を参酌すると，当事者は本件定期預金契約上の債権に関する準拠法としてB東京支店の所在地法である日本法を黙示的に指定したものと解すべきである。」

解　説

(1)　契約当事者は契約の準拠法を選択することができる（法例7条1項，通則法

7条)。これを当事者自治の原則という。伝統的には，抵触規則において採用される連結点は，本国あるいは住所といった客観的なものが多かった中で，債権契約に関しては，世界的に，上述のような当事者の主観に基づく連結が認められている。主観主義が認められる根拠としては，契約の多様性ゆえに客観的連結が困難であるあるいは実質法上の自由の抵触法への投影である等種々説かれてきたが（山田315頁以下等参照），近時，法定債権にも拡大していることに鑑みると（通則法16条・21条），債権の任意性にその根源があるといえよう。

（2）契約の成立および効力は，契約締結の当時に，当事者が選択した地の法による（通則法7条）。この選択が，明示的になされた場合，準拠法の確定自体には大きな困難は伴わない。問題は明示の合意がなされない場合であり，本事例もそうであるが，実務的には比較的よく生じる状況であるという。この点，法例7条1項も当事者自治を認めていたが，同条2項は当事者の意思が明らかでない場合には行為地法によるとしていた。1項の主観主義に対して2項では比較的単純な客観主義が採用されたため，契約の多様性に対応できていないとの批判が早くからあった。そして，解釈論上は，明示の意思だけでなく「黙示の意思」も7条1項に含まれるとすることによって，柔軟性が確保されていた。本事例は，最高裁がこの黙示の意思理論を認めたものとして，長らく注目されてきたものである。他方で，黙示の意思という不文の概念は，その基準が不明確でもあり，解釈も多岐に分かれ，規範としての妥当性が問題視されることもあった。通則法は8条において，最密接関係地法によるとの柔軟な客観主義を採用したので，黙示の意思の探求はその必要性の根拠を失ったようにも思われる。しかし，通則法の立法過程においては，黙示の意思理論の有用性を支持する見解もみられた。結局，単に意思表示をしなかっただけで，現実には選択意思が存在したと解される場合には通則法7条1項の「選択」に含まれるという取り纏めがなされた（一問一答45頁）。その観点から本事例を再考すると，東京で行われた日本の銀行と事業者間の附合契約であり，現実の意思はあるようにも解される。Aは香港での融資のための契約であったと主張したが，契約の全体像を徴するものではないと最高裁も否定している。

（3）法例と通則法の大きな相違点として，通則法では準拠法の変更が認められていることが挙げられる（通則法9条）。通則法では法例とはことなり，契約準拠法の確定時期が契約締結の「当時」に限定されたことから，それ以降の準拠法に関する事情の変化は，準拠法の変更があったか否かという観点から規律される。本事例でも，契約締結の当時の準拠法が日本法であっても，本判決とは異なり仮にAもBも訴訟では香港法を根拠にした場合，香港法への変更が認められることになろう。

（樋爪　誠）

★17 客観的連結

事　例

　XとYは，ともに日本法に基づいて設立され，日本に主たる営業所を有する会社であり，Xは銀行業を，Yはリース業を営んでいる。Aは，甲国法に基づいて設立され，甲国に主たる営業所を有し，その地で代表者を定めて登録されたパートナーシップである。Aは，甲国においてマンションの建築・分譲事業をするための資金を得るために，Xとの間で，日本の裁判所を管轄裁判所とし，乙国法を準拠法とする消費貸借契約を締結した。XとYは，XがAに貸し付けた金額の返済につき債務不履行があった場合に備えて，Yを保証人とする保証契約（本件保証契約）を締結した。本件保証契約につき日本法が準拠法となる可能性及び乙国法が準拠法となる可能性について論じなさい。なお，XとYは本件保証契約締結に際して，明示にも黙示にも準拠法を選択していないものとする。

〔平成23年司法試験［第2問］の一部抽出〕

論　点

　本件の消費貸借契約のように明示的に準拠法を選択している場合，あるいは黙示的に準拠法が選択されている場合（⇒16参照）以外の国際的な契約の準拠法はいかに決定されるべきか。通則法8条の解釈，とりわけ最も密接な関係のある地の法（最密接関係地法）および特徴的給付の概念の捉え方が問題となる。

解答例

　本件保証契約の特徴的給付者は保証人（Y）であると解されている一方，そもそも保証契約が特徴的給付の理論に適合的かが検討されうる。本件では特徴的給付者が法人であるので主たる営業所所在地が日本となるのであり，日本法が適用される。これに対して後者の場合，保証契約については，法例のころ，解釈論としては主たる債務の準拠法によるという考え方も有力であり，これを本件にあてはめた場合，乙国法が準拠法となる可能性が生じる。しかし，本件保証契約自体と乙国の関連性は低いと考えられるので，主たる債務の準拠法であることのみから，より密接な関係地法として乙国法を導くことはないと解される。

解説

(1) 準拠法の選択がなされていないか，あるいは，準拠法の選択がなされたがその有効性が否定された場合，法律行為と最も密接な関係を有する法が準拠法となる（通則法8条1項）。その判断は，当該法律行為の当時を基準に行う。法例において，明示の意思がない場合，行為地法によるとされていたのを改め，一般条項的な規定が採用された。法例7条2項の行為地法主義が硬直的すぎるとの批判を受けて，意思主義とは接合しないまったく別の客観的基準を定めたものである。

(2) しかし，最密接関係地法によるというだけでは，裁判規範としてもさらには行為規範としても，予見可能性あるいは法的安定性に十分でないところがある。通則法においては，最密接関係地を推定するものとして，特徴的給付の理論を採用した（同条2項）。

特徴的給付の理論とは，当該契約に特徴的な給付をする者の所在地を契約の最も密接な関係地とするもので，特徴的給付とは，その種の契約を他の種の契約から区分する基準となる給付をいう（一問一答50頁等参照）。しかし，特徴的給付者の所在地（常居所地，あるいは特徴的給付に係る事業所があれば事業所所在地，そのような事業所が複数ある場合は主たる事業所所在地）が最密接関係地の推定としてどの範囲まで妥当するのかは，今後の議論に委ねられている。特徴的給付者が判定しにくいものとして，いわゆる交換型契約，あるいは複合型契約が挙げられる。他方，本事例のような金融関連の契約については特徴的給付の議論より以前から，密接関係法（従前は黙示の指定の対象となる法）に関する議論の蓄積があり，いずれを重視するか，事案ごとの判断を要することも少なくないであろう（溜池380頁等参照）。

この8条2項上の特徴的給付の推定は，不動産を目的とする法律行為（通則法8条3項），消費者契約（通則法11条2項）および労働契約（通則法12条3項）においては機能しない。

(3) 特徴的な給付はあくまで推定であるので，他により密接な関係地があればそれによることになる。その判断材料には，法律行為の当時のあらゆる要素が含まれることになる。順序としては，推定則による準拠法を確定した後，より密接な関係を有する法があるかの判断となるが，それはこの両方の適用結果を考量する意図ではないと解されている。あくまで準拠法確定レベルでの客観的事情の集積度に鑑み，推定が覆るかを判断する（注釈国際私法Ⅰ203頁［中西康］参照）。

（樋爪　誠）

★18 契約の方式

事 例

Xは日本在住の日本人であるが、商用で甲国での長期滞在を計画している。Xは、甲国に在住し、現地で不動産業を営む日本人Yに対して、電話でY所有の物件情報の提供を依頼した。XとY間は、数度のやり取りを行った後、最終的にYからXの希望に沿う物件αの提示があったので、XはYに対して購入の意思を示し、Yもそれに対して応諾した（本件契約）。これらのやり取りは、すべて電話で行われた。XとYの間で本件契約の準拠法に関しては、明示にも黙示にも選択はなされていない。甲国法上、不動産に関する取引は書面によらなければ債権法上無効となる。本件契約は有効に成立しているか、論じなさい。

論 点

通則法10条は法律行為一般の方式について定めているが、国境を越えた契約に関する方式の準拠法はいかに決定されるのか。法律行為一般、意思表示、および契約の方式およびその例外を丹念におさえることが重要となる。

解 答 例

第一に、契約の方式すなわち形式的成立要件の準拠法は、その実質的成立要件の準拠法によることが可能である（通則法10条1項）。したがって、本件の場合、本件契約の最密接関係地法がいずれになるかが問題となる。不動産に関する契約の最密接関係地法が不動産所在地法に推定されていることに鑑みれば、本件契約の方式の準拠法は甲国法と解される。第2に、方式は、行為地法によることも可能である（同2項）。本件契約のような隔地的法律行為の場合、申込地（日本法）か承諾地（甲国法）のいずれかの方式要件を満たせばよいとされる。ただし、物権的法律行為については専らその所在地法による（同5項）。本件契約は、その成立が肯定されうることとなる。

解 説

(1) 通則法10条は「法律行為の方式」について規定しているため、特則がある単位法律関係を除いた、方式全般がその対象となる。契約の方式は、他に規定がないので、10条によって判断される。

(2) 法律行為の方式も成立要件の一部であるので，本来，同一の準拠法によることは合理的である。したがって，成立の準拠法によることが認められている（通則法10条1項）。契約の場合，「成立」において当事者自治が認められているので，結果的に方式の準拠法も当事者が選択した法による場合も増えるが，方式の準拠法自体は客観的連結の分野に属する。次に法律行為の方式をその「成立」の準拠法に一括してよらしめた場合，「成立」の準拠法上の方式要件を行為地において貫徹できない可能性があり，これを理由に法律行為の成立を否定するのは，当事者の利益にも国際私法交通の円滑にも合致しない。そこで，方式には，この成立の準拠法とは別に，「場所は行為を支配する（locus regit actum）」という法諺があり，すべての法律行為において「行為地」を連結点とすることが長らく認められてきた（溜池322頁，山田285頁等参照）。法律行為の方式については，「成立」の準拠法および行為地法（同条2項）というこの2つの準拠法が選択的に適用されている。

(3) 次に，行為地の確定については，対面者間では問題とならない。隔地的意思表示・単独行為および隔地的法律行為の方式に分けて，規定されている。前者については，表意地を行為地とすることに法例のころから解釈論上異論はなく，通則法ではそれが明文化された（通則法10条3項）。後者については，「行為地」をいかに確定するのかにつき，法例のころは，申込地法と承諾地法を累積的に適用する，選択的に適用する，それぞれにつき適用する等，多数の解釈論が示されていた。通則法では，申込地法と承諾地法の選択的適用が採用された（同条4項）。

(4) 最後に，通則法10条5項は法例8条2項ただし書を継承し，動産または不動産に関する物権およびその他登記すべき権利の設定または処分の方式は，専ら同条1項によるとするものである。上記の問題は通則法13条によることになる。なお，対抗要件としての登記・引渡し等は，実質の問題であるので，そもそも10条の問題とはならず，13条の適用対象となるとの説もある（注釈国際私法Ⅰ［神前禎］240-241頁等参照）。

(5) 英米法圏では，保証契約あるいは本件のような不動産売買等に関して，詐欺を防止するために，契約の成立に書面を要求する制定法が存在する（樋口139頁以下等参照）。一般に，書面を要するかどうかという点は，国際契約における方式の問題であり，方式の準拠法の適用対象となる。

（樋爪　誠）

19 消費者契約の準拠法

事例

　Yは，甲国に主たる営業所を有する甲国会社である。Yは，インターネット上に法人および個人顧客向けに英語のほかに日本語表記のウェブサイト（本件サイト）を開設し，本件サイトを通じて日本およびその他の国において自社製品α等の購入の問合せおよび購入ができるようにしている。Yは，日本の弁護士を日本における代表者として定めて外国会社としての登記をし，本件サイトを通じた継続的な取引を行っているが，日本には営業所や財産を一切有していない。

　日本に常居所を有する個人Xは，自宅のパソコンを使って私用のために本件サイトの個人顧客向けページを通じてαを購入する意図で注文を送信して代金を支払った。ところが，本件サイトでは注文の送信前に申込内容の確認を行う措置が講じられておらず，そのため，Xは，申込内容を確認できないままαと類似した別の商品βの注文を送信してしまっていた。その結果，Yからβがx宅に送られてきた。

　日本法には，「電子消費者契約及び電子承諾通知に関する民法の特例に関する法律」（電子消費者契約法）3条の強行規定がある。他方，甲国法には，日本の民法95条と同様の内容の要素の錯誤に関する規定はあるが，電子消費者契約法3条のような規定はない。本件サイト上には「商品の購入に関するお客様と弊社Yとの間に起きるあらゆる紛争については，甲国の国内法がこれに適用されることに同意していただいたものとします。」との表示があり，この表示に基づきZとYが甲国法を準拠法として合意していたとすると，日本の裁判所は，XがYに支払った代金の返還を巡る争いについて電子消費者契約法3条を適用することができるか。

〔平成24年司法試験［第2問］設問2を一部改変〕

論点

　本事例では，(1)本件契約が通則法11条の「消費者契約」に該当するか，(2)同条6項の適用除外に該当しないか，(3)同条の消費者契約の成立に関する準拠法の特例によってどの法が準拠法とされるか，が問題となる。

解　説

(1)　通則法11条は，消費者契約につき，消費者と事業者との間の経済力・交渉力・情報力等の非対称性・格差に鑑み，消費者保護の特則を規定する。同条の「消費者契約」とは，消費者と事業者との間で締結される契約（労働契約を除く）をいい，消費者とは「個人（事業として又は事業のために契約の当事者となる場合におけるものを除く。）」，事業者とは「法人その他の社団又は財団及び事業として又は事業のために契約の当事者となる場合における個人」をいう。

　Xは，自宅のパソコンを使って私用のために契約の当事者となっている個人であるから「消費者」に該当し，Yは，会社であるから「事業者」に該当する。したがって，XY間の本件契約は，消費者契約に該当する。

(2)　通則法11条1項〜5項の消費者保護の規定は，同条6項1号〜4号のいずれかに該当する場合には適用されない。

　しかし，Xは外国に赴いていないから1号・2号に該当せず，その自宅住所（常居所地）も個人（消費者）であることもYに明らかにしていることから3号・4号にも該当しない。したがって，本件契約には，同条1項〜5項の消費者保護の規定が適用される。

(3)　Xは，支払代金の返還の根拠として，申込みの意思表示が錯誤によるものであり，契約が無効であると主張するものと解される。意思表示の錯誤による契約無効は，契約の成立の問題である。

　通則法11条1項によれば，「契約……の成立及び効力について第7条……の規定による選択……により適用すべき法が消費者の常居所地法以外の法である場合であっても，消費者がその常居所地法中の特定の強行規定を適用すべき旨の意思を事業者に対し表示したときは，当該消費者契約の成立及び効力に関しその強行規定の定める事項については，その強行規定をも適用する」。

　本件契約には，甲国法を準拠法とする合意があるが，消費者であるXがその常居所地法である日本法の強行規定である電子消費者契約法3条を適用すべき意思表示をYにすれば，裁判所は電子消費者契約法3条を適用することになる。

（高杉　直）

20 職務発明

事　例

　日本に住所を有する日本人Xは，日本法人Yの日本所在の研究所に勤務時に，特許法（平成16年改正前。以下同じ）35条1項の「職務発明」に該当する発明（本件発明）をし，XY間で，本件発明に係る特許を受ける権利（外国の特許を受ける権利を含む）をYに譲渡する契約を締結した（本件譲渡契約）。Yは，本件発明につき，日本，米国，英国，フランスほか各国で特許権を取得し，複数の企業と実施許諾契約を締結して利益を得た。Xは，Yを退職後，本件発明に係る日本および外国の特許を受ける権利の譲渡につき特許法35条3項所定の相当の対価の支払をYに求めて提訴した。この請求は，どの国の法により判断されるか。

〔最判平成18・10・17民集60巻8号2853頁を簡略化〕

論　点

　職務発明に基づく外国特許を受ける権利の譲渡対価の問題については，従来，日本特許法35条3項を直接適用する説（直接適用説），各特許権の登録国法による説（登録国法説），労働関係ないし雇用契約の準拠法による説（労働関係説），譲渡契約の準拠法による説（譲渡契約説）が対立していた。通則法の下で，いずれの見解が妥当か。

判　旨

　「外国の特許を受ける権利の譲渡に伴って譲渡人が譲受人に対しその対価を請求できるかどうか，その対価の額はいくらであるかなどの特許を受ける権利の譲渡の対価に関する問題は，譲渡の当事者がどのような債権債務を有するのかという問題にほかならず，譲渡当事者間における譲渡の原因関係である契約その他の債権的法律行為の効力の問題であると解されるから，その準拠法は，法例7条1項〔通則法7条に相当〕の規定により，第1次的には当事者の意思に従って定められると解するのが相当である。」

解　説

　職務発明に基づく外国特許を受ける権利の譲渡対価の問題についての従来の学説の根拠・批判は，次の点にあった。第1に，直接適用説は，特許法35条3項を国家の強い政策実現を求める絶対的強行法規と捉えた上で，職務発明活動の中心地が

日本であれば，外国特許を受ける権利にも適用されると主張したが，①当該規定が絶対的強行法規に該当するか疑問，②外国を労務提供地とする従業者からの請求が認められず不都合等と批判された。第2に，登録国法説は，特許を受ける権利の譲渡対価の問題を，特許権の成立・効力に関する問題またはこれに密接に関連する問題と捉えた上で，属地主義の原則ないし特許独立の原則等に基づき，各国の特許法によるべきであると主張したが，①属地主義原則の根拠が不明，②各国の特許を受ける権利ごとに多元的に規律され不都合等と批判された。第3に，労働関係説は，職務発明の問題を使用者と従業者の雇用関係の問題と捉えた上で，従業者保護のため労務提供地法等を準拠法とすべきであると主張したが，①職務発明の保護対象は発明者であり，必ずしも常に労働者保護が妥当する訳でない，②（法例においては）労働関係に関する明文の国際私法規定がない等と批判された。第4に，譲渡契約説は，特許を受ける権利の譲渡対価の問題を，譲渡契約の問題と捉えた上で，法例7条1項によるべきであると主張したが，当事者自治の原則を認めると労働者保護が図れず不当であると批判された。

　本判決は，（通則法制定前の）法例の解釈として，譲渡契約説を支持したが，この立場は，通則法の下でも妥当しよう。すなわち，当事者が当該譲渡契約の当時に選択した地の法による（通則法7条）が，当事者による準拠法選択がない場合には当該譲渡契約の最密接関係地法による（通則法8条1項）。

　ただし，通則法では，「労働契約の特例」（通則法12条）が新設された点に注意を要する。同条により，労働関係に関する明文の国際私法規定の不存在という労働関係説の弱点は克服された。外国特許を受ける権利の譲渡契約のすべてが「労働契約」に該当する訳ではないが，従業者と使用者の格差が明白で従業者の保護を図る必要がある事案については，同条の（類推）適用が認められよう。

　なお，譲渡対象である特許を受ける権利が諸外国でどのように取り扱われ，どのような効力を有するかという問題は，通則法の下でも，当該特許を受ける権利に基づいて特許権が登録される国の法によると解される。例えば，どのような発明に対して特許を受ける権利を認めるか，特許を受ける権利の原始的な帰属者は発明者か使用者か，特許を受ける権利は譲渡可能か等の問題は，当該特許が登録される各国の法が準拠法となろう。

（高杉　直）

21 不法行為

事例

　米国に常居所を有するXは，ある装置の発明（本件発明）について米国特許権（本事例米国特許権）を有している。Y社（日本法人）は，本事例発明の技術的範囲に属するカードリーダー（本件カードリーダー）を日本で製造し，米国に輸出していた。本件カードリーダーは，Yの100％子会社であるA社（米国法人）により輸入され，米国で販売されていた。Xは，Yが本件カードリーダーを米国に輸出する等の行為は，本件米国特許権を侵害するものとして，損害賠償請求の訴えを日本の裁判所に提起した。Xの損害賠償請求は，どこの国の法で判断されるだろうか。

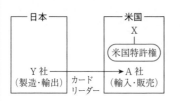

〔最判平成14・9・26民集56巻7号1551頁を一部改変〕

論点

　本事例では，①特許権侵害を理由とする損害賠償請求はどのように法律関係の性質決定を行うべきか（本論点については⇒1で扱う），②不法行為の問題であるとすれば，損害賠償請求は，どこの国の法により判断されるか，③通則法22条の公序による制限を受けるか，が問題となる。

判旨

「本件損害賠償請求について，法例11条1項〔通則法17条は内容変更〕にいう『原因タル事実ノ発生シタル地』は，本件米国特許権の直接侵害行為が行われ，権利侵害という結果が生じたアメリカ合衆国と解すべきであり，同国の法律を準拠法とすべきである。けだし，（ア）我が国におけるYの行為が，アメリカ合衆国での本件米国特許権侵害を積極的に誘導する行為であった場合には，権利侵害という結果は同国において発生したものということができ，（イ）準拠法についてアメリカ合衆国の法律によると解しても，Yが，米国子会社によるアメリカ合衆国における輸入及び販売を予定している限り，Yの予測可能性を害することにもならないからである。」

「本件米国特許権をアメリカ合衆国で侵害する行為を我が国において積極的に誘導した者は，米国特許法271条(b)項，284条により，損害賠償責任が肯定される余地がある。

しかしながら，その場合には，法例11条2項〔通則法22条1項〕により，我が国の法律が累積的に適用される。本件においては，我が国の特許法及び民法に照らし，特許権侵害を登録された国の領域外において積極的に誘導する行為が，不法行為の成立要件を具備するか否かを検討すべきこととなる。

　属地主義の原則を採り，米国特許法271条(b)項のように特許権の効力を自国の領域外における積極的誘導行為に及ぼすことを可能とする規定を持たない我が国の法律の下においては，これを認める立法又は条約のない限り，特許権の効力が及ばない，登録国の領域外において特許権侵害を積極的に誘導する行為について，違法ということはできず，不法行為の成立要件を具備するものと解することはできない。

　したがって，本件米国特許権の侵害という事実は，法例11条2項にいう『外国ニ於テ発生シタル事実カ日本ノ法律ニ依レハ不法ナラサルトキ』に当たるから，Yの行為につき米国特許法の上記各規定を適用することはできない。」

解　説

　(1)　不法行為について，法例11条1項は「原因タル事実ノ発生シタル地」の法を準拠法としていたが，通則法17条は，原則として，加害行為による直接の法益侵害の結果が発生した地（結果発生地）の法を準拠法とする。ただし，客観的事情に照らして，その地で侵害の結果が発生することを通常予見できないような場合には，「加害行為が行われた地」（加害行為地）の法による。本判決では権利侵害という結果は米国で発生されたものとされるため，結果発生地の法は米国法と考えられる。この米国での結果発生は，Yが，Aによる米国での輸入及び販売を予定していることから通常予見し得たものと解されうるが，たとえ予見し得ないとしても，加害行為地が米国であるとすれば，同様に準拠法は米国法となる。

　また，法例の改正により通則法20条の考慮も必要となるが，本事例では，米国よりも明らかに密接な関係を有する地は見当たらない。

　(2)　米国法のように外国法が不法行為の準拠法となる場合，通則法22条により，日本法を累積的に適用する必要がある。すなわち，外国法（本事例では米国法）と日本法の両方で認められなければ，不法行為に基づく損害賠償請求をすることはできない。本判決は，日本法では，登録国外で積極的に特許権侵害を誘導する行為は違法といえないとして，米国特許法上の規定を適用できないとした。通則法22条1項は法例11条2項と同趣旨であり，通則法下においても同様の判断が可能である。ただし，本判決の反対意見は，特許権の侵害を積極的に誘導する行為は，日本の民法でも，特許権侵害の教唆または幇助に該当し，不法行為が成立する場合にあたるものと解する（民法719条2項参照）。

〈藤澤　尚江〉

★22 生産物責任

事　例

　日本のA社は甲国のX社との間で，甲国の港湾都市K市の湾岸部において化学プラントを建設する契約を締結した。K市に所在するAのK支店は，日本のY社との間で，Aが建設する化学プラント用の機械（本件機械）をYが製造し販売する製作物供給契約（本件契約）を締結した。本件機械はK港にてAのK支店に引き渡された。Aの建設した化学プラントは無事Xに引き渡され，可動し始めた。ところが，本件機械の欠陥が原因となり化学プラントが損傷してXに多大な損害が生じた。そこで，Xは，Yに対して日本の裁判所において損害賠償請求を提起することとした。

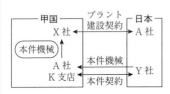

① 日本の裁判所がYの責任を判断するために適用すべき法は，どこの国の法か。
② 訴えが提起された後にXとYとが日本法を明示的に選択したとすれば，裁判所は日本法を適用することができるか。

〔平成22年司法試験［第2問］を一部改変〕

論　点

　本事例では，⑴生産物責任による損害賠償請求は，どこの国の法により判断されるか，⑵訴え提起後の当事者による準拠法の選択は認められるかが問題となる。

解　説

　⑴　不法行為の原則について定める通則法17条では，不法行為の準拠法は結果発生地の法となり，その地での結果の発生が通常予見し得ない場合には，加害行為地の法となる（⇒**21**参照）。しかしながら，生産物責任には，通則法17条の原則を適用することに問題がある。第1に，生産物責任事件では，生産物が生産業者の意図にかかわりなく転々流通し，結果発生地が偶発的に定まることがある。第2に，生産物責任における加害行為地は，当該生産物の生産地をいうのか生産業者の本拠地をいうのか等，その特定が困難である。そこで，生産物責任に関する特例として，通則法18条が設けられた。

本事例では，本件機械は「生産されまたは加工された物」であるから「生産物」に，これを業として製造したYは「生産業者」にあたり，本件機械によりXの「身体」が侵害されたことから，XのYに対する損害賠償請求は，通則法18条の適用対象となる。通則法18条は，原則として生産物の「引渡しを受けた地」（引渡地）の法によることを定める。本事例での「引渡地」の法は，Xが本件機械を引き渡された甲国の法となる。

　もっとも，通則法18条ただし書によれば，その地での生産物の引渡しが通常予見することのできないものであったときには，生産業者等の主たる事業所の所在地の法によることになる。本件機械は，生産業者であるYにより甲国に向けて発送され，その後，Aの甲国にある支店から甲国のXに引き渡されたものであり，甲国における生産物の引渡しが通常予見できないものとはいえない。

　なお，「引渡地」よりも明らかにより密接な関係を有する地が他にある場合には，通則法20条により，その地の法が適用されることになる。しかしながら，本事例では甲国よりも明らかにより密接な関係を有する地は見当たらない。

　以上からは，本事例でのYの責任は，甲国法によることになる。外国法（甲国法）によることから，通則法22条により，日本法の累積適用も必要となる（⇒ **21** 参照）。

　(2)　通則法21条は，不法行為の当事者が，不法行為のなされた後，準拠法を変更することを認める。通則法21条にいう準拠法の変更とは，通則法17条から20条により客観的に選択された準拠法を，当事者の選択した法に変更することを意味する。したがって，訴え提起後に，不法行為の当事者であるXとYとの間で日本法を準拠法として選択することで，通則法18条により選択される甲国法から，日本法へ準拠法を変更することができる。

（藤澤　尚江）

23 名誉毀損・信用毀損

事 例

Xは，マレーシア，シンガポールで活躍する日本人騎手であり，日本に常居所を有していた。日本のY新聞社は，自らが発行する新聞に，Xに現地の暴力団がらみの八百長レースの疑惑がある等という記事（本件記事）を掲載した。本件記事は日本国内のみならず，マレーシアおよびシンガポールのマスコミ，競馬関係者の間においても周知の事実となった。Xは，本件記事により名誉を傷つけられ，騎手としての名声も社会的信用も一挙に失墜させられたとして，Yに対して慰謝料等と謝罪広告を求めた。日本の裁判所は，どこの国の法によりXの請求を判断するか。

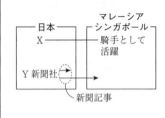

〔東京地判平成4・9・30判時1483号79頁を簡略化〕

論 点

本事例では，名誉毀損・信用毀損により不法行為に基づく損害賠償請求がなされる場合，どこの国の法により判断されるかが問題となる。

解 説

(1) 通則法19条の名誉毀損・信用毀損に関する特例は，次のような理由から設けられた。第1に，名誉・信用毀損の事件では，結果発生地（通則法17条）を特定することが困難である。名誉・信用の毀損が問題となる場合，侵害される法益は物理的な所在を有さず，また，インターネット等の情報手段が発達した現代では，世界中に名誉や信用の毀損を引き起こす情報の拡散も可能である。第2に，名誉・信用毀損の事件では，加害行為地（通則法17条ただし書）の特定も容易ではない。本事例のように，新聞等による名誉または信用の毀損が問題となる場合，その発行地または頒布地のいずれが加害行為地となるのか明らかでない。

通則法19条は，名誉または信用の毀損について，「被害者の常居所地」（被害者が法人その他の社団である場合にあっては，その主たる事業所の所在地）の法による

と規定する。被害者の常居所地法を準拠法とすることで，被害者保護を図ることを目的とする。本事例では，被害者であるＸは日本に常居所を有するため，常居所地法は日本法になる。

(2) 名誉・信用毀損の場合にも，通則法20条の例外条項，21条の当事者自治，22条の特別留保条項の適用がある。もっとも，本事例では，当事者による準拠法の事後的な選択はなく（通則法21条参照⇒**22**参照），通則法19条により選択された準拠法も日本法であるから，日本法の累積適用を考慮する必要もない（通則法22条参照⇒**21**参照）。また，通則法20条を考慮しても，本事例で，Ｘの常居所地である日本以上に，明らかにより密接な関係のある地は見当たらない。したがって，Ｘの請求は，通則法19条に規定されるとおり，Ｘの常居所地法である日本法により判断されることになる。

なお，本事例の参考とした本判決は，準拠法については検討しておらず，日本法が適用されることを当然の前提として判断したものである。

（藤澤　尚江）

24 外国人被害者の逸失利益

事 例

パキスタン国籍を有するXは，就労を目的とし短期滞在の在留資格で日本に入国し，日本の会社Y₁に雇用された（雇用契約の準拠法＝日本法）。在留期間後不法に残留し，Y₁の仕事に従事していたところ，労働災害事故に被災して後遺障害の残る傷害を負った。そこでXは，Y₁に対して債務不履行（安全配慮義務違反）を理由に，Y₂（Y₁の代表取締役）に対して不法行為を理由に，損害賠償を求める訴えを日本で提起した。外国人であるXの逸失利益は，どのように算定されるべきか。

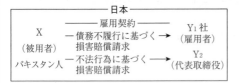

〔最判平成9・1・28民集51巻1号78頁を簡略化〕

論 点

本事例では，労働災害の被害者が不法残留外国人である場合，逸失利益をどのように決定するかについて，⑴準拠法の決定，⑵日本の実質法の解釈が問題となる。

判 旨

「財産上の損害としての逸失利益は，事故がなかったら存したであろう利益の喪失分として評価算定されるものであり，その性質上，種々の証拠資料に基づき相当程度の蓋然性をもって推定される当該被害者の将来の収入等の状況を基礎として算定せざるを得ない。損害の填補，すなわち，あるべき状態への回復という損害賠償の目的からして，右算定は，被害者個々人の具体的事情を考慮して行うのが相当である。こうした逸失利益算定の方法については，被害者が日本人であると否とによって異なるべき理由はない。したがって，一時的に我が国に滞在し将来出国が予定される外国人の逸失利益を算定するに当たっては，当該外国人がいつまで我が国に居住して就労するか，その後はどこの国に出国してどこに生活の本拠を置いて就労することになるか，などの点を証拠資料に基づき相当程度の蓋然性が認められる程度に予測し，将来のあり得べき収入状況を推定すべきことになる。そうすると，予測される我が国での就労可能期間ないし滞在可能期間内は我が国での収入等を基礎とし，その後は想定される出国先（多くは母国）での収

入等を基礎として逸失利益を算定するのが合理的ということができる。そして，我が国における就労可能期間は，来日目的，事故の時点における本人の意思，在留資格の有無，在留資格の内容，在留期間，在留期間更新の実績及び蓋然性，就労資格の有無，就労の態様等の事実的及び規範的な諸要素を考慮して，これを認定するのが相当である。」

解　説

(1)　本事例は，被害者（原告）が外国人であることから渉外性を有する。したがって，準拠法の決定が問題となるが，本判決は，準拠法について判断していない。

　損害賠償請求額の算定は，一般に，実体的な問題として損害賠償請求の準拠法によるとされる。学説には，労働災害による損害賠償請求の準拠法が問題となる場合，①契約違反を理由とする請求については契約準拠法に，不法行為に基づく請求については不法行為準拠法によらせる説，②不法行為責任と性質決定して不法行為の準拠法によるとする説，③契約責任と性質決定して労働契約の準拠法によるとする説，④独自の単位法律関係として条理により事業者の本拠地法によるとする説，⑤労務給付地が日本である限り，準拠法のいかんを問わず，日本法上の保護が及ぶとする説等がある。もっとも，本事例では，いずれの説によるとしても準拠法は日本法となる。

(2)　次に，日本法が準拠法となるとしても，日本の実質法の解釈が問題となる。「損害」の意味自体に争いがあるが，通説・判例は，事故がなければ被害者が置かれているであろう財産状態と，事故があったために被害者が置かれている財産状態との差額と考える（差額説）。

　また，被害者が不法在留外国人である場合，逸失利益の算定に関しては，①平等原則等に基づき我が国での賃金を基準とする立場，②不法在留という事実から母国の賃金水準によるとする立場，③一定期間は日本の賃金により，それ以降は本国の賃金によるとする立場がある。本判決は，事故がなければ得られたであろう収入と事故後に得られる収入との差額が損害額であること（差額説）を前提として，我が国で予想される就労期間については我が国における収入額により，それ以降は出国先の賃金水準によるとしており，③の立場に基づくものと解される。

（藤澤　尚江）

25 債権譲渡

事 例

Y社は、日本に主たる営業所を有する日本の株式会社である。Yは、甲国に主たる営業所を有するA社（設立準拠法＝甲国法）との間で、Aを売主・Yを買主とする冷凍食材に関する売買契約（本件契約）（準拠法＝日本法）を締結した。Aは、Yに対する本件契約上の代金債権を乙国のX銀行（設立準拠法＝乙国法、本店所在地＝乙国）に譲渡した（債権譲渡契約の準拠法＝甲国法）。XがYに対して日本の裁判所で本件契約上の代金債権の弁済を求めたとすれば、XのYに対する対抗要件は、どこの国の法で判断されるか。

〔平成21年司法試験〔第2問〕設問3を一部改変〕

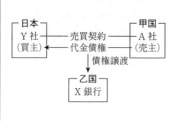

論 点

本事例では、債権譲渡の債務者対抗要件についてどこの国の法が準拠法となるかが問題となる。

解 説

(1) 通則法23条は、債権譲渡の債務者を含む第三者に対する効力の問題（譲受人が譲渡債権の債務者に権利行使できるか、譲受人が二重譲受人や差押債権者に優先できるか等）を対象とし、譲渡に係る債権（譲渡債権）の準拠法によらせる。譲渡債権の準拠法によらせる理由は、第1に、債権譲渡の効力である債権者の交代は、債権の運命の問題であり、第2に、債務者は譲渡される債権の準拠法を知っていることが通常であり、譲渡債権の準拠法に従うことは債務者の不利益とならないからである。

債務者以外の第三者に対する効力に関しては、通則法への改正時、現行法のように譲渡債権の準拠法によるべきとする見解と譲渡人の常居所地法によるべきとする見解とで活発に議論がされた。結果、譲渡債権の準拠法によるべきとされたのは、

次の理由による。すなわち，第1に，債務者に対する効力を譲渡債権の準拠法によらせるのであれば，その他の第三者に対する効力も譲渡債権の準拠法によらせることで，両者を統一的に処理できると考えられたためである。第2に，譲渡債権の準拠法によることに関しては，準拠法が異なる集合債権の譲渡で個々の準拠法に従い対抗要件を具備しなければならなかったり，準拠法が定まっていない将来債権の譲渡を行う際に対抗要件の準拠法まで定まらなかったりするという批判がされていたが，この批判に対しては，準拠法が異なる集合債権や準拠法の定まらない将来債権の譲渡に対する実務上のニーズは通則法への改正時点においては大きくないとされたためである。

(2)　XのYに対する対抗要件は，債権の譲受人が債権の債務者に対して債務の履行を請求できるかという問題であり，債権譲渡の債務者に対する効力として性質決定される。通則法23条が適用され，譲渡債権について適用すべき法による。本事例における譲渡債権とは，本件契約上の代金債権である。契約上の債権は，その契約の効力の問題であるから，代金債権について適用すべき法は本件契約の準拠法である日本法となる。したがって，XのYに対する対抗要件は日本法に従い判断される。

（藤澤　尚江）

26 代用給付権

事 例

　X銀行は、米国占領下の那覇に本店を置く銀行であり、Y社は、名古屋に本社を置く日本の会社である。Yは、沖縄にA社を設立し、AはXから融資を受けていた。その後、Aへの融資拡大のため、YはXとの間に、AがXに対して負う債務を保証する契約（本件保証契約）を締結した。本件保証契約は、保証極度額を25万ドルとするものであった。Aが債務の支払を怠ったため、Xは、本件保証契約に基づく支払を求めて、日本の裁判所に訴訟を提起した。本件保証契約が、ドル建てで債務額が指定されたものであるとき、①Xは、Yに対して日本円での弁済を求めることができるか、②日本円での弁済を求めることができるとすれば、為替相場の基準時はいつの時点となるか。

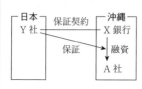

〔最判昭和50・7・15民集29巻6号1029頁を簡略化〕

論 点

　日本の民法403条は、債務者は、外国の通貨で債権額を指定された金銭債権（外国通貨債権）についても、日本の通貨で弁済することができる（代用給付権）旨を定める。本事例では、(1)債権者が、外国通貨債権について、日本の通貨での弁済を請求することができるか、(2)日本の通貨での弁済を請求できるとすれば、いつの時点の為替相場を基準として換算すべきかが問題となる。

判 旨

　「外国の通貨をもって債権額が指定された金銭債権は、いわゆる任意債権であり、債権者は、債務者に対し、外国の通貨又は日本の通貨のいずれによって請求することもできるのであり、民法403条は、債権者が外国の通貨によって請求した場合に債務者が日本の通貨によって弁済することができることを定めるにすぎない。また、外国の通貨をもって債権額が指定された金銭債権を日本の通貨によって弁済するにあたっては、現実に弁済する時の外国為替相場によってその換算をすべきであるが、外国の通貨をもって債権額が指定された金銭債権についての日本の通貨による請求について判決をするにあたっては、裁判所は、事実審の口頭弁論終結時の外国為替相場によってその換算をすべ

きであるから、その後判決言渡までの間に所論のような為替相場の変更があっても、これを判決において斟酌する余地はない。」

解　説

(1)　債権者が、外国通貨債権について、日本の通貨での弁済を請求することができるか（代用給付権を有するか）を考えるにあたっては、まず、代用給付権の有無や内容をいずれの国の法により判断すべきかが問題となる。これに関しては、学説上、①債権の内容に関する問題であるとして、債権自体の準拠法によるとの見解、②どのような履行が許されるかという履行の態様の問題であるとして、債務の履行地法によるとの見解、③代用給付権の存否については履行地法によるとしつつ、換算時期や為替相場等の代用給付権の内容については債権の準拠法によるとの見解、④民法403条は、内国貨幣の内国における流通を保護する貨幣政策的性質を有する規定であり、債務準拠法のいかんを問わず日本で履行されるすべての外国通貨債権に適用されるとする見解等がある。

本判決は、準拠法についての明示の判断を行わず、日本法の解釈論として、債権者も、債務者に対し、外国の通貨または円貨のいずれによっても支払を請求することができると判示する。債権者にも代用給付権を認めた根拠は、判決文からは明らかではないが、次の点にあるとされる。第1に、外国通貨債権といっても、通常、当該通貨の給付に重きを置くものではなく、第2に、民法402条2項・403条からは、わが国においても、日本の通貨による請求・裁判・執行が原則と解され、第3に、外国通貨債権について円貨で請求することは、訴訟手続きの簡便化に資するという点である。

(2)　為替換算時をいつの時点にするかに関しても、次のとおり見解の対立がある。すなわち、①現実の弁済時を基準時とし、裁判上の請求については事実審口頭弁論終結時とする見解、②現実の履行期を基準時とし、債務者による任意弁済であればその弁済の時点、強制執行によるときは配当時等とする見解、③手形法41条や小切手法36条の基本的な考え方に準じ、履行期、支払時、裁判外の請求時または起訴時のいずれを基準時とするか、当事者の選択に任せるとする見解である。本判決は、事実審口頭弁論終結時の為替相場により換算すべきとしており、①の見解によるものである。

（藤澤　尚江）

27 自動車の即時取得

事 例

　ドイツ在住のAは，ドイツで新規登録した自動車（本件自動車）をイタリアで盗まれた。本件自動車は，アラブ首長国連邦の中古車販売業者からBにより購入され，日本に輸入された後，C，Dを経て，Eに譲渡された。Eは本件自動車を新規登録し，その後，F，Gを経て，Yが本件自動車を取得するに至った。
　ドイツの保険会社であるXは，本件自動車の盗難被害に対し，Aらに保険金の全額を支払った。Xは，本件自動車に対する自らの所有権を主張し，Yに対して本件自動車の引渡しを求め，日本の裁判所に訴えを提起した。Yが，本件自動車を即時取得したとして，自らの権利を主張するためには，どこの国の法によるべきか。

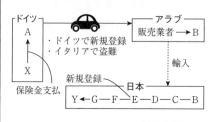

〔最判平成14・10・29民集56巻8号1964頁を簡略化〕

論 点

　即時取得が成立するか否かは所有権（物権）の得喪の問題であり，準拠法は，通常，通則法13条2項に従いその原因事実の完成当時の目的物の所在地法となる。本事例では，物権の目的物が自動車であるとき，①そもそも通則法13条の適用対象となるか，②適用対象となるとすれば，自動車の「所在地」はどこか，が問題となる。

判 旨

　「法例10条2項〔通則法13条2項〕は，動産及び不動産に関する物権の得喪はその原因たる事実が完成した当時における目的物の所在地法によると規定しているが，これは，物権のように物の排他的な支配を目的とする権利の得喪はその原因事実が完成した当時における目的物の所在地国等の利害と密接な関係を有することによるものと解される……。そうすると，目的物が有体物であるときは，同項にいう所在地法は，その物理的な所在地を準拠法選択の連結点とすることに支障があるなどの場合を除き，その物理的な所在地の法をいうものと解するのが相当である。」
　「自動車の所有権取得の準拠法を定める基準となる法例10条2項にいう所在地法とは，

権利の得喪の原因事実が完成した当時において，当該自動車が，運行の用に供し得る状態のものである場合にはその利用の本拠地の法，運行の用に供し得る状態にない場合には，他国への輸送の途中であるなどの事情がない限り，物理的な所在地の法をいうと解するのが相当である。」

「即時取得における所有権取得の原因事実の完成時は，買主が本件自動車の占有を取得した時点である。そして，前記認定事実によれば，B，C，D及びEの本件自動車の所有権取得については，それらの者が本件自動車の占有を取得した時点において，本件自動車が，ドイツにおいては形式的に登録が残っていても，運行の用に供し得る状態になかったことは明らかであるから，本件自動車の所有権取得の準拠法は，本件自動車の各占有取得時におけるその物理的な所在地の法である我が国の法であり，F，G及びYの所有権取得については，同人らが本件自動車の占有を取得した時点においては，Eが既に本件自動車を道路運送車両法に基づいて新規登録し，運行の用に供し得る状態になっていたから，その準拠法は，本件自動車の各占有取得時におけるその利用の本拠地であることが明らかな我が国の法によるというべきである。」

解説

通則法13条は，物権の準拠法をその目的物の所在地法とする。この「所在地」は，原則として，物理的にその目的物が所在する地をいうものと解される。しかしながら，船舶や航空機は，常に移動して多数の国に出入りすることが予定される。したがって，こうした運送手段に関しては，より密接な関連を有するとして船舶や航空機の登録された国（登録国）の法を準拠法とすべきとされる。登録国法によるべきとする主張には，①通則法13条の適用そのものを否定し，条理により登録国法を準拠法として導く見解と，②通則法13条の適用を前提に，「所在地」を登録国とする見解とがみられる。

本事例では，目的物が自動車の場合にも，船舶や航空機の場合と同様に，例外的に扱うべきかが問題となる。裁判所は，まず，目的物が自動車の場合にも，法例10条（通則法13条）が適用され，「所在地」の法に従うことを示した。そして，自動車を，運行の用に供し得る状態にあるものと運行の用に供し得る状態にないものとに分け，前者は，「利用の本拠地」を「所在地」とし，後者は，原則のとおり「物理的な所在地」を「所在地」としたものである。

（藤澤　尚江）

28 債権質

事　例

　日本在住のAは，香港会社であるB社の代表取締役として，BとY銀行（本店所在地＝タイ）の香港支店との間の当座貸越契約を締結した。その担保として，Aは，Y銀行東京支店との間で定期預金契約（準拠法＝日本法）を締結し，定期預金証書をY銀行香港支店に交付し，債権質を設定した。他方，Xは，Aに対して金銭を貸し付けたが，弁済について紛争が生じ，和解は成立したが，Aは和解に定める支払をしなかった。そこで，Xは，和解調書を債務名義として，AがY銀行東京支店に有する本件定期預金につき転付命令を得，この命令の正本がYに送達された。Xは，Yに対し本件定期預金の支払を求めて日本で訴えを提起した。YがXに対して自らの質権を主張するためには，どこの国の法によるべきか。

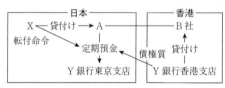

〔最判昭和 53・4・20 民集 32 巻 3 号 616 頁を簡略化〕

論　点

　本事例では，(1)債権質の準拠法はいかにして決定されるべきか，(2)債権質の対抗要件は，債権質の他の問題と区別して準拠法決定されるべきかが問題となる。

判　旨

　「わが法例 10 条 1 項〔通則法 13 条 1 項〕は，動産及び不動産に関する物権その他登記すべき権利はその目的物の所在地法によるものと定めているが，これは物権のように物の排他的な支配を目的とする権利においては，その権利関係が目的物の所在地の利害と密接な関係を有することによるものと解されるところ，権利質は物権に属するが，その目的物が財産権そのものであって有体物でないため，直接その目的物の所在を問うことが不可能であり，反面，権利質はその客体たる権利を支配し，その運命に直接影響を与えるものであるから，これに適用すべき法律は，客体たる債権自体の準拠法によるものと解するのが相当である。」

　「民法 364 条 1 項は，指名債権を目的とする質権の設定を第三債務者その他の第三者に対抗するためには，同法 467 条の規定に従い確定日付のある証書をもって第三債務者

に通知をし又はその承諾を得ることを要するものと定めているが，前記のとおり本件債権質には日本法の適用がある以上，右の規定も適用されるべきは当然である。論旨は，右通知・承諾が債権質の方式にあたるものとして法例8条2項本文〔通則法10条2項〕の適用がある旨を主張するけれども，この通知・承諾は，債権質の効力に関する要件であると解すべきであるから，これを法例8条〔通則法10条〕にいう法律行為の方式にあたるものとする論旨は，その前提において失当である。」

解　説

(1) 債権質の準拠法について，国際私法上の明文の規定はない。学説には，①物権と法性決定し，法例10条（通則法13条）により目的物の所在地法である債務者の住所地法によらせる説，②物権と法性決定するが，法例10条（通則法13条）によらず，条理に基づいて債権自体の準拠法によらせる説，③基本的には②の説によりながら，債務者を含む第三者に対する効力については法例12条（通則法23条は内容変更）によらせる説，④債権譲渡の一種と解し，客体たる債権の準拠法によることを原則としながら，債務者を含む第三者に対する効力については法例12条（通則法23条は内容変更）によらせる説がある。本判決は，債権質を物権に属するものとしながら，第三者に対する効力を含め客体たる債権自体の準拠法（日本法）によるとしており，②の説に属するものと解される。

法例12条は，債権譲渡の第三者に対する効力を債務者の住所地法によらせていたが，通則法23条では，債権自体の準拠法によることとなった。これにより，通則法下では，②〜④のいずれの説によるとしても，債権質は，第三者に対する効力を含めて，客体たる債権自体の準拠法により規律されることとなる。

(2) 第三者対抗要件である通知・承諾については，本判決の示すとおり，債権質の効力の問題であり客体たる債権の準拠法による，とするのが通説である。しかし，確定日付のある証書によるべきかどうかという通知・承諾の方法は，方式の問題と解されうる。

（藤澤　尚江）

29 婚姻の成立

事 例

　甲国人男Ｘと甲国人女Ｙは日本で結婚式を行ったが，これは，甲国法や日本法が定める婚姻の方式に合致するものではなく，この結婚式によって，ＸＹが法律上夫婦となることはなかった。しかし，ＸＹは，夫婦のように日本で生活を続けた。その後，ＸＹ間に子が誕生したことをきっかけに，Ｙは，Ｘに無断で，日本の市役所に，日本法に従った婚姻の届出を行った。これに対して，Ｘは，この届出がＸの届出意思に基づくものではないことを理由に，婚姻が無効であると主張している。届出意思の問題の準拠法はどこの国の法か。

〔最判平成 8・3・8 家月 48 巻 10 号 145 頁を簡略化〕

論 点

　婚姻の成立に必要とされる意思は，婚姻をしようとする意思（実質的婚姻意思）と，婚姻の届出をしようとする意思（届出意思）に分けられる。本事例では，ＸＹ間には実質的婚姻意思はあると考えられるが，Ｘには届出意思はなかったとＸが主張している。実質的婚姻意思は婚姻の実質的成立要件の１つであるので，この問題の準拠法が通則法 24 条 1 項によって判断されることには異論はないと思われる。では，届出意思の準拠法は，通則法のどの規定によって判断されることになるか。

判 旨

　一「原審は，法例（平成元年法律第 27 号による改正前のもの）13 条により婚姻の方式については婚姻挙行地である我が国の法律が適用され，本件届出はＸの届出意思を欠くからＸとＹの婚姻が有効に成立したとはいい難いとしながら，……Ｘが届出意思の不存在を主張することは信義則に反し許されないとして，Ｘの請求を棄却すべきものとした。」
　二「しかしながら，原審の信義則に関する判断は是認することができない。」

解 説

　婚姻の成立要件は，実質的婚姻意思，婚姻年齢，近親婚の禁止，重婚の禁止，再婚禁止期間等の婚姻の実質的要件と，届出の要否等の方式（形式的要件）に分けら

れている。そして，通則法も，婚姻の成立要件の準拠法について，婚姻の実質的成立要件の準拠法と，婚姻の方式の準拠法を別に定めている。すなわち，通則法24条1項には，婚姻の成立は各当事者の本国法によるとする配分的連結を定める規定が置かれている（これについては，**30**を参照）。他方で，同条2項・3項には，婚姻の方式は，当事者の一方が日本人である日本での婚姻の場合には，日本法に従わなければならないとする規定（2項・3項ただし書），そして，それ以外の場合には，挙行地法か当事者一方の本国法に従うものであればよいとする選択的連結を定める規定（2項・3項本文）が置かれている（これについては，**31**を参照）。これらは，法例の規定と同じ内容である。では，届出意思の準拠法は，いずれの規定によって判断されることになるか。

　上掲最判平成8・3・8では，届出意思の問題は，婚姻の方式の準拠法（絶対的挙行地法主義を採用する平成元年改正前法例13条1項ただし書）によって判断されるとした第2審判決（名古屋高判平成4・1・29家月48巻10号151頁）を前提にして，挙行地法である日本法を適用し，届出意思を欠くことを理由に，婚姻を無効とした。

　これに対して，実質的婚姻意思と届出意思の問題は，両方とも，婚姻の実質的成立要件の問題であるとして，その準拠法は通則法24条1項によって決定されると考える見解が主張されている（アルマ国際私法167-168頁［神前禎］）。婚姻意思としていかなるものを必要とするかは各国国内法上様々であり，その一部について方式の準拠法によるとすると，婚姻意思についての各国法の規律によっては不整合な結果を招来しかねないこと等が，その根拠とされている。上掲最判平成8・3・8の第1審判決（名古屋地判平成2・12・26家月48巻10号157頁）では，届出意思の問題は，婚姻の実質的成立要件の準拠法によって判断された。

　さらに，届出の有無自体は方式と法性決定されるべき問題であるが，届出の有効要件として，主観的要件も含めてどのような要件が要求されるかという点は，国際私法上の法性決定の対象となる問題ではなく，方式に適用される準拠実質法の内容に関する問題であるとする見解も主張されている（注釈国際私法Ⅱ11-12頁［横溝大］）。

（北坂　尚洋）

30 婚姻の実質的成立要件

事　例

　4か月前に離婚をした甲国人女Xは，日本人男Yと再婚しようと考えている。日本民法733条1項が定める再婚禁止期間（女性のみ6か月間）が経過する前に，XYは婚姻をすることができるか。なお，甲国法には，再婚禁止期間を定めた規定はなく，甲国法によれば，男女とも，離婚後ただちに再婚することができる。
　　　〔プレテスト第1問，平成21年司法試験[第1問]設問2(1)を改変〕

論　点

　再婚禁止期間の要件は婚姻の実質的成立要件であるから，その準拠法は，通則法24条1項に従って決定される。同項では，婚姻の成立は，各当事者につき，その本国法によるとする配分的連結が採用されている。この規定内容は，明治31年制定の法例当時から採用されているものである。①婚姻の成立を一方の本国法によらしめることの不当性，②婚姻しようとする者については男女両方が考慮されなければならないこと，③他の立法例が同様の方法を採用していたこと等が，この規定の根拠として挙げられていたと説明されている（注釈国際私法Ⅱ2頁[横溝]）。通則法24条1項によれば，甲国人Xについては，甲国法，日本人Yについては，日本法が適用されることになる。では，再婚禁止期間の要件について，この規定はどのように適用されるのか。

解　説

(1)　婚姻の実質的成立要件（実質的婚姻意思，婚姻年齢，近親婚の禁止，重婚の禁止，再婚禁止期間等）には，当事者一方のみに関わる要件である一方的要件と，当事者双方に関わる要件である双方的要件がある。各当事者につき，その本国法によるとする配分的連結において，一方的要件については，それぞれの本国法上の要件のみを具備すればよい。それに対して，双方的要件は，他方当事者にもその要件の具備を要求するものであるので，配分的連結であっても，双方的要件については，一方当事者は，他方当事者の本国法上の要件も具備しなければならないことになる。その結果，双方的要件については，両当事者の本国法が累積的に適用されることになる。このように，ある要件が，一方的要件か，双方的要件かにより，準拠法の決

定方法が異なることになるため，その区別が重要となる。しかし，ある要件がいずれに属するかは必ずしも明らかではない。本事例の再婚禁止期間の要件は，女性のみに関する一方的要件と考えることができる一方で，父性の重複を避けるという規定の趣旨から考えると，再婚相手の男性のみに関する一方的要件とも考えることもできる。さらには，男女両方に関わる双方的要件と考えることもできよう。

　一方的要件か，双方的要件かの区別について，日本では，(a)準拠実質法によって決定する準拠実質法説（木棚照一＝松岡博＝渡辺惺之『国際私法概論〔第5版〕』（有斐閣，2007年）203頁［木棚］）と，(b)国際私法の次元で決定する国際私法独自説（櫻田273頁）がある。(a)は，その区別を準拠実質法の解釈問題と考えるものである。したがって，本事例の再婚禁止期間の要件がいずれの要件かは，ＸＹそれぞれの本国法である甲国法と日本法それぞれに従って判断される。そして，甲国法と日本法によれば，再婚禁止期間の要件が女性のみの一方的要件であるとすると，甲国人女Ｘは，甲国法上の再婚禁止期間の要件だけを具備すればよいことになる。そして，甲国法によれば，女性も離婚後ただちに再婚できるため，ＸＹの婚姻は，再婚禁止期間の要件を理由には禁止されないことになる。これに対して，(b)は，その区別を国際私法独自に行うものである。戸籍実務もこの立場である（注釈国際私法Ⅱ12頁［横溝大］）。具体的に，どの要件が一方的要件で，どの要件が双方的要件かについて，見解が一致しているわけではないが，戸籍実務では，婚姻年齢の要件は一方的要件，近親婚の禁止，重婚の禁止，再婚禁止期間等の要件は双方的要件であると解されている（注釈国際私法Ⅱ12頁［横溝大］）。したがって，戸籍実務と同様に，再婚禁止期間の要件を双方的要件と考えると，ＸＹの本国法が累積的に適用される結果になり，Ｘは，日本法の要件も満たさなければならず，ＸＹの婚姻は，日本民法733条1項の再婚禁止期間の要件を理由に禁止されることになる。

　(a)(b)とは異なり，(c)通則法24条1項を，すべての要件について，両当事者の本国法を累積的に適用するものと解する見解（澤木敬郎＝道垣内正人『国際私法入門〔第7版〕』（有斐閣，2012年）97頁）もある。これによれば，(b)について述べたことと同じ理論構成により，本事例の結論は(b)と同じになる。

　(2)　なお，実質的成立要件を欠く場合，その婚姻が，無効となるか，取り消しうるものとなるかについても，通則法24条1項に従って判断される。その結果，一方的要件については，要件を欠いた当事者の本国法により，双方的要件については，より厳格な効果を定める法によることになる。平成21年司法試験［第1問］設問2(1)を参照。

（北坂　尚洋）

★31 婚姻の方式

事 例

　日本人女Xは，甲国人男Yと日本にある甲国領事館で，甲国法に従って，甲国領事の関与の下に婚姻を挙行した。しかし，ＸＹは，日本法が定める婚姻の届出をしなかった。ＸＹが甲国領事館で行った婚姻は，方式上，日本で有効とされるか。なお，甲国法によれば，婚姻は，甲国の市町村長に届け出ることにより方式上有効となるほか，甲国外にいる甲国の領事は，甲国人間での婚姻または甲国人と外国人との婚姻を挙行することができる。

〔サンプル問題第1問設問1，平成21年司法試験［第1問］設問3を改変〕

論 点

　日本民法が定める婚姻の方式は，日本戸籍法の定めるところにより届け出ること（739条1項）と，外国にいる日本人間での婚姻については，その国に駐在する日本の大使，公使または領事に届出をすること（741条前段）である。これに対して，甲国法によれば，婚姻は，甲国の市町村長に届け出ることによって方式上有効となるほか，甲国外にいる甲国の領事は，甲国人間での婚姻または甲国人と外国人との婚姻を挙行することができる。つまり，本事例の婚姻の方式の準拠法が日本法であれば，甲国法に従って甲国領事の関与の下に行われたＸＹの婚姻は，日本法が定める婚姻の方式のいずれにも合致しないため，方式上有効ではないことになる。それに対して，その準拠法が甲国法であれば，ＸＹの婚姻は，甲国外にいる甲国の領事による甲国人と外国人の婚姻であるので，方式上有効となる。そのため，ＸＹの婚姻の方式の準拠法は，日本法か，甲国法かが問題となる。

解 説

（1）　婚姻の方式とは「法的に婚姻が有効に成立するための当事者または第三者の外面的表現方法」であり，具体的には，書面または口頭による国家機関への届出等がこれに当たる（櫻田276頁）。そして，その準拠法は，通則法24条2項・3項に定められている。同条2項・3項によれば，当事者の一方が日本人である日本での婚姻の方式は，挙行地法である日本法が定める方式に従わなければならない（2項・3項ただし書）が，それ以外の場合の婚姻の方式の準拠法は，挙行地法または

当事者の一方の本国法である（2項・3項本文）。

　通則法24条2項・3項と同じ内容の規定であった法例13条2項・3項の趣旨は，次のように説明されている。すなわち，法例13条2項・3項本文で，絶対的挙行地法主義が緩和され，当事者一方の本国法によることも認められた理由としては，①絶対的に挙行地法によらなければならないとすることは，当事者にとって不便であること，②挙行地法のみによるべきとするほど，婚姻の方式の公序性を厳格に考える必要はないこと，③本国では有効とされているのに日本では無効である跛行婚の現出を避けることが望ましいことが挙げられている（南56頁）。また，当事者の一方が日本人である日本での婚姻の方式は，挙行地法である日本法が定める方式に従わなければならないとする日本人条項と呼ばれる法例13条2項・3項ただし書が置かれた理由として，次の点が挙げられている。すなわち，①日本人は，日本国内で他方当事者の本国法である外国法の方式によって婚姻した場合であっても，事後的な届出（報告的届出）をしなければならないとされており，このことは，挙行地法である日本法の方式を要求することと実際上差異はなく，挙行地法である日本法の方式を要求しても当事者に格別の困難を強いることにならないこと，②日本人が外国法の方式によって有効に婚姻したにもかかわらず，その報告的届出がなされないまま放置され，戸籍に記載されない事例が増えることに懸念があること等が挙げられている（南57-58頁）。これらの説明は，法例13条2項・3項と同じ内容の規定である通則法24条2項・3項にも妥当するものとなろう。

　本事例は，日本人と甲国人間の日本国内の甲国領事館での婚姻であり，当事者の一方が日本人である日本での婚姻である。したがって，通則法24条2項・3項ただし書より，その方式の準拠法は日本法である。日本法によれば，本事例のような甲国領事館での甲国領事の関与の下での婚姻は方式上有効とはされておらず，本事例の婚姻は方式上有効ではないことになる。

　(2)　かりに，本事例のＸが甲国人女であるとすると，ＸＹの婚姻の方式は，通則法24条2項・3項本文より，挙行地法である日本法，または，当事者一方の本国法である甲国法のいずれかによればよい。したがって，この場合には，ＸＹの婚姻は，方式上有効となる。

（北坂　尚洋）

★32 夫婦財産制

事　例

　日本に住んでいた日本人女Ｘと甲国人男Ｙは，日本で婚姻し，日本で同居を始めた。婚姻から6年目のある日，ＸＹは，その夫婦財産制の準拠法を甲国法とすることに合意し，その旨と2人の署名，そして，日付を書面に記載した。ＸＹの夫婦財産制の準拠法はどこの国の法か。

論　点

夫婦財産制の準拠法を定める通則法26条をどのように適用するか。

解　説

　夫婦財産制の準拠法は，婚姻の効力（一般的効力・身分的効力）の準拠法を定めた通則法25条とは別に，通則法26条に定められている。ここでいう夫婦財産制には，夫婦財産契約と法定財産制の両方が含まれる（注釈国際私法Ⅱ37頁［青木清］）。同条1項は，婚姻の効力を定めた25条を準用して夫婦財産制の準拠法を決定するとし，同条2項は，一定の条件の下に，夫婦が準拠法を選択することを認めている（限定的当事者自治）。つまり，2項に従った法選択があるときは，夫婦が選択した法によるが，それがないときには，1項が定める準拠法によることになる。

　通則法26条と同じ内容の規定であった（ただし，解釈の明文化等の変更はある）法例15条の趣旨は，次のように説明されている。婚姻の効力の準拠法に関する規定を準用する法例15条1項本文は，夫婦財産制を婚姻の効力の一環として考えたものであり（南71頁），また，限定的な当事者自治を認める同項ただし書は，夫婦財産制が財産関係でもあるため当事者自治を認めるのに適していることや他の立法例にも同様の規定があること等に基づくものである（南74頁）等と説明されている。法例15条1項と同じ内容の規定である通則法26条1項・2項にも，この説明が妥当するといえよう。このように，通則法26条1項・2項は，夫婦財産制の身分法的側面と財産法的側面の両方を考慮して準拠法を定めている。

　本事例では，ＸＹが婚姻をした日から，婚姻後6年目のある日にＸＹが夫婦財産

制の準拠法を選択するまでの間，通則法26条2項が定めている法選択はＸＹ間にはないと考えられる。この場合，ＸＹの夫婦財産制の準拠法は，同条1項によって決定される。同項は，婚姻の効力を定めた25条の準用によって，夫婦財産制の準拠法を決定する。すなわち，①夫婦の同一本国法，②夫婦の同一常居所地法，③夫婦の最密接関係地法が段階的に適用される。本事例では，26条1項によれば，夫婦の同一常居所地法である日本法がＸＹの夫婦財産制の準拠法になる。

　他方で，ＸＹは，婚姻から6年目のある日に，夫婦財産制の準拠法を選択した。26条2項によれば，同項が定める要件に従って，夫婦がその夫婦財産制の準拠法を選択した場合，選択後は，夫婦財産制の準拠法は選択されたその法による。ここでいう同項が定める要件として，まず，その準拠法選択は，夫婦が署名した書面で日付を記載したものによらなければならない。これは，準拠法特定のために明確性を確保すること等を目的として定められたものであると説明されている（注釈国際私法Ⅱ41頁［青木清］，法例の規定について，南75頁）。また，夫婦が選択できる準拠法は無制限ではなく，①夫婦の一方が国籍を有する国の法，②夫婦の一方の常居所地法，③不動産に関する夫婦財産制については，その不動産の所在地法のうちから，夫婦は準拠法を選択することができると定められている。このような量的制限が加えられたのは，夫婦財産制は，通常の財産関係とは異なり，夫婦共同体との関連が強いからであると説明されている（櫻田286頁，法例の規定について，南75頁）。本事例では，ＸＹの法選択は，26条2項の要件を満たす。したがって，ＸＹによる夫婦財産制の準拠法の選択後は，ＸＹの夫婦財産制の準拠法は甲国法になる。なお，同項によれば，この準拠法選択は，将来に向かってのみ効力を有する。

　もっとも，同条3項・4項では，夫婦財産制の準拠法が外国法である場合，夫婦以外の者（第三者）への夫婦財産制の対抗力の制限が定められている。すなわち，同条3項によれば，外国法による夫婦財産制は，日本においてなされた法律行為および日本にある財産については，善意の第三者に対抗できず，この場合，第三者との関係については日本法が適用される。他方で，同条4項によれば，外国法による夫婦財産契約は，日本で登記されれば，第三者に対抗することができる。これらの規定は，内国取引保護と夫婦の利益の保護の調整を図ったものであると説明されている（注釈国際私法Ⅱ43頁［青木清］，法例の規定について，南79頁）。

〔北坂　尚洋〕

33 離　婚

事　例

　甲国人女Xと日本人男Yは，甲国で婚姻し，日本で同居を始めた。しかし，同居直後から，YがXを激しく叩くことが多くなり，生命の危険を感じたXは，婚姻から数年が経ったある日，近くに住む友人の家に逃れ，そこで生活をするようになった。そして，それ以来，XYの別居状態が続いている。XY間には子はない。このような状況において，Xが，Yとの離婚，および，Yに対して慰謝料を請求する場合，その準拠法はどこの国の法か。

〔神戸地判平成 6・2・22 家月 47 巻 4 号 60 頁を改変〕

論　点

　離婚の準拠法は通則法 27 条によって決定されるが，27 条の適用範囲に，離婚の成立に関する問題（離婚の許否，離婚の方法，離婚原因）や，婚姻の解消という効力の問題が含まれることには異論はないと思われる（横山 260-261 頁）。これに対して，離婚に付随して生じる効力に関する問題のうち，どれが 27 条の適用範囲に含まれるかについては争いがある。本事例は，離婚の成立および離婚による婚姻の解消という効力の準拠法と，離婚に付随して生じる慰謝料請求の準拠法を問うものであり，特に，後者について，27 条が規律するかが問題となる。

判　旨

　一「本件離婚請求の許否，その方法及び成立要件に関しては，法例 16 条本文，14 条〔通則法 27 条本文，25 条〕に則り，同人らの常居所地法であるわが国民法が準拠法になる。」

　二「本件慰謝料請求中，離婚に至るまでの個々の行為を原因とする慰謝料請求に関しては，一般不法行為の問題として法例 11 条 1 項〔通則法 17 条本文〕に則り不法行為地法であるわが国民法が，また，離婚そのものを原因とする慰謝料請求に関しては，その実体がいわゆる離婚給付の一端を担うものとして離婚の効力に関する法例 16 条本文，14 条〔通則法 27 条本文，25 条〕に則り前記説示と同じく常居所地法であるわが国民法が，それぞれ準拠法になる。」

解　説

(1)　通則法27条本文によれば，離婚の準拠法は，婚姻の効力の準拠法と同じルールによって決定される（25条の準用）。すなわち，①夫婦の同一本国法，②夫婦の同一常居所地法，③夫婦の最密接関係地法が段階的に適用される。この規定と同じ内容であった法例16条本文の趣旨は，両性（夫婦）の平等を考慮して準拠法を定めたものと説明されており（南91頁），この説明は，通則法27条本文にも妥当するといえよう。

本事例では，27条本文により，夫婦の同一常居所地法である日本法が離婚の準拠法となる。したがって，本事例では，27条によって準拠法を決定することに異論がないと思われる離婚の成立および離婚による婚姻の解消の準拠法は，日本法となる。

なお，27条ただし書には，夫婦の一方が日本に常居所を有する日本人である場合，離婚は日本法によるとする日本人条項が置かれている。このただし書きは，法例16条ただし書と同じ内容であるが，通則法27条本文の③のみに優先して適用されると説明されている。この規定は，戸籍吏が協議離婚届を処理する便宜を考慮したものであると説明されている（注釈国際私法Ⅱ63頁［青木清］，法例の規定について，南92-93頁）。

(2)　離婚の際の慰謝料請求に関するすべての問題が，27条によって判断されるかについては争いがある。(a)まず，上掲神戸地判平成6・2・22のように，離婚そのものを原因とする慰謝料請求と，離婚に至るまでの個々の行為を原因とする慰謝料とを分けて，前者は，離婚の準拠法によるが，後者は，個々の行為の準拠法（例えば，暴行により損害が発生した場合には，不法行為の準拠法）によるとする見解がある（横山264-265頁）。これによれば，本事例では，前者の準拠法は，離婚の準拠法である日本法（27条本文：夫婦の同一常居所地法），後者の準拠法は，不法行為の準拠法である日本法（17条本文：加害行為の結果が発生した地の法）になる。もっとも，通則法における解釈としては，後者の準拠法については，明らかに密接な関係がある他の地の法がある場合について定めた通則法20条によって，離婚の準拠法が附従的に適用される場合もありえよう（横山264頁）。(b)これに対して，前者と後者の問題を区別せず，両方は一括して離婚の準拠法によって判断されると考える見解もある（注釈国際私法Ⅱ60頁［青木清］）。これによれば，本事例では，前者の問題と後者の問題の両方について，離婚の準拠法である日本法（夫婦の同一常居所地法）が準拠法になる。

(3)　離婚の準拠法と通則法42条の公序条項について，平成26年司法試験［第1問］設問1を参照。

（北坂　尚洋）

34 内縁解消

事　例

　X女とY男は，日本に住所を有する甲国人である。XとYは，結婚式を挙げ，内縁関係に入った。しかし，Yは，それ以前よりA女と関係があったにもかかわらず，それを秘してXと婚約していた。また，Yは，Xと同棲後もAとの関係を絶たず，常に外泊を続け，Xに対しては一片の愛情も示さず，Xの下に寄りつかないようになった。さらに，Yは，Aを連れてきて一緒に暮そう等とXに言い出した。Xがこれに反対すると，Yは，たとえXと別れてもAとは別れないと言明したため，Xは両親と相談するため実家に帰った。その後，円満に解決するために種々の交渉がなされたが，Yの聞くところとならなかった。そこで，Xは，内縁の不当破棄を理由に，Yに損害賠償を請求しようと考えているが，その準拠法はどこの国の法か。

〔最判昭和 36・12・27 家月 14 巻 4 号 177 頁の事案〕

論　点

　内縁とは，「実質上は夫婦でありながら，婚姻の届出を行っていないため法律上の婚姻とは認められない男女の関係」と説明されているが（法令用語研究会編『法律用語辞典〔第 4 版〕』（有斐閣，2012 年）890 頁），内縁を巡る問題の準拠法について定める明文規定は日本にはない。本事例のように，内縁の不当破棄を理由にして損害賠償が請求される場合，その準拠法はどの規定によって判断されるか。

判　旨

　「Xの本訴において主張する請求は，YのXに対する内縁関係破棄の不法行為を原因とするものである」が，「その債権の成立及び効力は，その原因たる事実の発生した地の法律によるべきものであることをまたないところであるから（法例〔平成元年改正前法例〕11 条参照），原審が本件の原因たる事実の発生した日本の法令を適用して判断するに至ったのは，正当というべきであ」る。

解　説

　(1) 通則法には，内縁の準拠法に関する明文規定はない。そして，内縁の準拠法をどのように判断するかについては，大別すると，次の 4 つの見解が主張されている。

(a)　まず、その他の親族関係の準拠法を定める通則法33条によって内縁の準拠法を判断するという見解がある（アルマ国際私法182頁［神前禎］）。当事者2人が関係する場合、通則法33条の条文は、両当事者の本国法の累積的適用を意味すると解されている（アルマ国際私法200頁［神前禎］）ので、この見解によれば、本事例では、ＸＹとも甲国人であることから、内縁の不当破棄に基づく損害賠償請求は、ＸＹの本国法である甲国法によって判断されることになる。

　(b)　次に、婚姻に関する規定を類推適用して内縁の準拠法を決定するとする見解がある（櫻田302頁）。この見解によれば、婚姻の不当破棄の準拠法は、離婚の準拠法を定めた通則法27条の類推適用によって決定されることになる。そして、本事例では、夫婦の同一本国法である甲国法が、内縁の不当破棄に基づく損害賠償請求の準拠法となる。

　(c)　さらに、内縁を国際私法上は婚姻の概念に包摂して考えればよいと考える見解も主張されている（注釈国際私法Ⅱ9頁［横溝大］）。この見解によれば、内縁に関する準拠法は、婚姻に関する準拠法と同じになる。内縁が国際私法上は「婚姻」に含まれると考える点で、(b)とは異なるが、本事例の結論は(b)と同じになる。

　(d)　最後に、内縁が法律上問題となるのは不当破棄等の具体的な局面においてであるから、それぞれの局面で、準拠法を決定すれば足りるとする見解がある（澤木敬郎＝道垣内正人『国際私法入門〔第7版〕』（有斐閣、2012年）111頁、百選64［河野俊行］）。この見解に立つ場合、内縁の不当破棄に基づく損害賠償請求は、不法行為に基づく損害賠償として請求されることになり、本判決と同様に、不法行為の準拠法（通則法では17条）によって判断されることになる。つまり、加害行為の結果が発生した地の法（通則法17条本文）である日本法が、本事例の内縁の不当破棄に基づく損害賠償請求の準拠法になる。

　(2)　なお、通則法には、婚約の準拠法に関する明文規定もないため、婚約の準拠法をどのように判断するかについても議論がある。婚約とは、「将来において婚姻をすることの合意」と説明されており（法令用語研究会編『法律用語辞典〔第4版〕』（有斐閣、2012年）426頁）、ここでも、内縁の準拠法と同様の議論がなされている。もっとも、内縁と婚約の違いに注意をすることが必要であろう。婚約の準拠法については、注釈国際私法Ⅱ8-9頁［横溝大］や百選63［林貴美］等を参照。

（北坂　尚洋）

35 親子関係の成立

事 例

甲国人男Aは，甲国人女Bと婚姻し，AB間には，嫡出子である甲国人Cが誕生した。他方で，Aは，日本人女Dとも男女関係があり，AD間には，非嫡出子である日本人Eが誕生した（AはEを認知した）。その後，Aは，Bと離婚し，同年，甲国人女Fと婚姻した。甲国法によれば，FC間には嫡出親子関係（継母子関係）が成立し，また，FE間には非嫡出親子関係（嫡母庶子関係）が成立するとすると，本事例において，FC間の親子関係の成立，および，FE間の親子関係の成立の問題は，甲国法によって判断してもよいか。

〔最判平成 12・1・27 民集 54 巻 1 号 1 頁の事案の一部を簡略化〕

論 点

通則法には，親子関係の成立の準拠法を定める規定は 5 つある。嫡出親子関係の成立の準拠法は 28 条，非嫡出親子関係の成立の準拠法は 29 条，準正の成立の準拠法は 30 条，養親子関係の成立の準拠法は 31 条，そして，その他の親族関係の成立の準拠法は 33 条によって判断される。これらのうち，28 条と 29 条は，どのような順序で適用されるか。また，本事例の継母子関係や嫡母庶子関係のような親子関係の成立の準拠法は，どの規定によって判断されるか。

判 旨

一「親子関係の成立という法律関係のうち嫡出性取得の問題を一個の独立した法律関係として規定している旧法例〔平成元年改正前の法例。以下，同じ〕17 条，18 条の構造上，親子関係の成立が問題になる場合には，まず嫡出親子関係の成立についての準拠法により嫡出親子関係が成立するかどうかを見た上，そこで嫡出親子関係が否定された場合には，右嫡出とされなかった子について嫡出以外の親子関係の成立の準拠法を別途見いだし，その準拠法を適用して親子関係の成立を判断すべきである。」

二「旧法例 17 条によれば，子が嫡出かどうかはその出生当時の母の夫の本国法によって定めるとされており，同条はその文言上出生という事実により嫡出性を取得する嫡出親子関係の成立についてその準拠法を定める規定であると解される。そうすると，出生以外の事由により嫡出性を取得する場合の嫡出親子関係の成立については，旧法例は

準拠法決定のための規定を欠いていることになるが，同条を類推適用し，嫡出性を取得する原因となるべき事実が完成した当時の母の夫の本国法によって定めるのが相当である。」

三「旧法例18条1項は，その文言上認知者と被認知者間の親子関係の成立についての準拠法を定めるための規定であると解すべきであるから，その他の事由による親子関係の成立については，旧法例は準拠法決定のための規定を欠いていることになる。その他の事由による親子関係の成立のうち，血縁関係がない者の間における出生以外の事由による親子関係の成立については，旧法例18条1項，22条の法意にかんがみ，親子関係を成立させる原因となるべき事実が完成した当時の親の本国法及び子の本国法の双方が親子関係の成立を肯定する場合にのみ，親子関係の成立を認めるのが相当である。」

解　説

(1)　判旨一は，平成元年改正前法例の解釈として，実親子関係の成立を判断する際には，まず，嫡出親子関係の成立の準拠法を定めた旧法例17条により，嫡出親子関係が成立するかどうかを判断し，そこで嫡出親子関係の成立が否定された場合に，非嫡出親子関係の成立の準拠法を定めた旧法例18条等により，親子関係の成立を判断すると判示している。このような解釈は，通則法にも当てはまると考えられている（注釈国際私法Ⅱ68頁［佐野寛］）。つまり，通則法でも，実親子関係の成立を判断する際には，まずは，嫡出親子関係の成立の準拠法を定める28条によって，嫡出親子関係が成立するかどうかを判断することになる。

(2)　判旨二は，出生以外の事由により嫡出性を取得する場合の嫡出親子関係成立の準拠法，判旨三は，血縁関係がない者の間における嫡出以外の親子関係成立の準拠法についての判示である。前者については，通則法（および，平成元年改正後の法例）の下では，準正の準拠法を定めた通則法30条を類推適用して準拠法を決定する見解（注釈国際私法Ⅱ103頁［佐野寛］，百選65［青木清］）がある。また，後者については，その他の親族関係の準拠法を定めた通則法33条によって準拠法を決定する見解も主張されている（注釈国際私法Ⅱ144頁［河野俊行］）。

(3)　なお，上掲最判平成12・1・27で問題となった1990年以前の韓国民法における継母子関係と嫡母庶子関係について，最高裁調査官解説では，両方とも嫡出親子関係であると説明されている（最判解平成12年（上）25頁）。これに対して，百選65［青木清］では，嫡母庶子関係の成立により，その子は非嫡出子という法的地位が変更されるわけではないと説明されている。

（北坂　尚洋）

36 嫡出否認

事　例

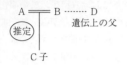

日本人男Aと甲国人女Bは，日本で婚姻し，日本で同居を始め，婚姻3年目に，BはCを日本で出産した。しかし，Cが誕生してから10か月が経ったある日，Bは，C，そして，秘密に交際をしていた甲国人男Dとともに，甲国に突然移住した。これをきっかけに，日本に残されたAは，Cが遺伝上はDの子であることを知った。そこで，Aは，Cの出生を知ったときから1年6か月が経ったある日，日本の裁判所に，嫡出否認の訴えを提起した。日本法によれば，CはABの嫡出子とされ，嫡出否認の訴えは認められない（日本民法777条参照）が，甲国法によれば，CはABの嫡出子と推定されるが，嫡出否認の訴えは，夫が，子の出生を知ったときから，2年以内であれば提起可能であり，本事例では嫡出否認の訴えが認められるとする。この場合，Aの訴えは認められるか。

論　点

通則法28条1項は，夫婦の一方の本国法で子の出生当時のものによって子が嫡出子とされるとき，その子を夫婦の嫡出子とすると定めており，嫡出親子関係の成立（肯定）についてのみを定めている。では，嫡出親子関係の否定である嫡出否認の問題も，この規定によって判断されるか。

解　説

(1) 通則法28条1項は，嫡出親子関係の成立について，夫または妻（父または母）の本国法の選択的連結を採用している。この規定と同じ内容の規定であった法例17条1項の趣旨は，次のように説明されている。すなわち，子の嫡出性の問題は父母両方の利益と密接に関係していることから，法例17条1項は，両性平等の理念を考慮し，父母双方の本国法を準拠法とするとともに，同項は，複数の選択肢を用いて嫡出親子関係の成立を容易にすることが子の利益に適うという考え方を基礎としていると説明されている（南103頁）。これと同じ内容の通則法28条1項にも，この説明が妥当するといえよう（注釈国際私法Ⅱ74頁［佐野寛］）。

(2) 通則法28条1項の文言は，嫡出親子関係の成立（肯定）について規定する

ものである。しかし，親子関係の成立とその否定は表裏の関係の問題であるから，嫡出親子関係の否定である嫡出否認の問題にも，同条が適用されると解されている（注釈国際私法Ⅱ72頁［佐野寛］，法例の規定について，南108頁）。法例17条1項について，水戸家審平成10・1・12（家月50巻7号100頁）も，この立場によるものである。ここでいう嫡出否認の問題には，嫡出否認の許否，否認権者，否認権の行使期間等の問題が含まれる（注釈国際私法Ⅱ72頁［佐野寛］，法例の規定について，南109頁）。

　もっとも，嫡出否認の問題に同項をどのように適用するかについて，見解が一致しているわけではない。

　通説は，父母の一方の本国法のみによって嫡出子とされるときには，その法によって否認されれば嫡出性は否認されるが，父母双方の本国法によって嫡出子とされるときには，その両方の法によって否認が認められなければ，嫡出性は否認されないと考える（注釈国際私法Ⅱ72頁［佐野寛］，法例の規定について，南108頁）。上掲水戸家審平成10・1・12も，この立場によるものである。この見解は，嫡出親子関係の成立を容易にすることが子の利益に適うと考える条文趣旨に合致する解釈となろう。この見解によれば，本事例では，Cは，日本法と甲国法の両方によって嫡出性が肯定されており，それを否認するためには，日本法と甲国法の両方がその否認を認める場合でなければ，嫡出否認は認められないことになる。そして，本事例では，日本法が定める否認権行使の期間を過ぎているので，日本法によれば，嫡出否認は認められず，通説によれば，Aの訴えは認められないことになる。

　これに対して，嫡出親子関係の肯定が子の利益に常に適うことになるわけではなく，真実の親子関係への配慮も必要であるとの観点から，嫡出性を否認する場合にも，準拠法の選択的適用を認めるべきとの見解が主張されている（横山271頁）。つまり，夫婦の一方の本国法が嫡出否認を認める場合には，他方がそれを認めていなくても嫡出否認を認めるべきと考えるものである。この見解によれば，本事例では，甲国法によれば嫡出否認が認められるので，Aの訴えは認められることになる。

（北坂　尚洋）

37 非嫡出子

事 例

　日本人男Aは，日本に留学していた甲国人女Bと知り合い，交際を始めた。そして，ＡＢの間には子Ｘが誕生した。しかし，Aは，Bと婚姻することなく，また，Xを認知することもなく，死亡した。Xは，Aの死後2年6か月目に，検察官を被告として日本の裁判所に認知の訴えを提起した。この死後認知の訴えの準拠法はどこの国の法か。なお，Xは，出生以来日本において生活をしている甲国人であり，また，甲国法によれば，子は，父の死亡日から2年以内に限り，検察官を被告として認知の訴えを提起することができる。

〔平成24年司法試験〔第1問〕を改変，最判昭和50・6・27家月28巻4号83頁を改変〕

論 点

　本事例の死後認知の準拠法が甲国法であるとすると，本事例の死後認知の訴えは，Aの死亡日から2年6か月目に提起されており，出訴期限を父の死亡日から2年とする甲国法の要件を満たさないため，不適法となる。これに対して，その準拠法が日本法であるとすると，出訴期限を父の死亡日から3年とする日本法（民法787条ただし書）の要件を満たすため，出訴期限については適法となる。このため，本事例の死後認知の準拠法がどこの国の法であるかが問題となる。

解 説

(1)　認知の準拠法は，通則法29条に定められている。同条1項前段と2項前段によれば，①子の出生時の認知者の本国法，②認知時の認知者の本国法，③認知時の子の本国法のいずれかによればよいことが原則とされている。同条は，非嫡出親子関係の成立の準拠法一般を定めるものであり，認知による非嫡出親子関係の成立の準拠法だけでなく，事実主義に基づく非嫡出親子関係の成立の準拠法も定めている。そのうち，事実主義に基づく非嫡出親子関係の成立の準拠法は，同条1項前段により，子の出生時の親と考えられる者の本国法によるとする単純連結が採用されている。他方，認知による非嫡出親子関係の成立の準拠法については，同条1項前段と2項前段では，上述の①②③の選択的連結が採用されている。この認知の準拠

法は，認知の許否，認知の方法（任意認知・裁判認知），認知の要件等の準拠法を定めるものであり，死後認知の訴えの出訴期限もこの準拠法によって決定される（注釈国際私法Ⅱ91頁［佐野寛］）。この規定と同じ内容であった法例18条1項前段と2項前段の趣旨は，認知保護の考えに基づくものと説明されており（南119頁），通則法29条1項前段と2項前段も同じ趣旨ということができよう。

本事例では，①②は日本法（同条3項後段によれば，②の認知者が認知前に死亡したとき，②は，その死亡当時における認知者の本国法である），③は甲国法であるので，通則法29条によれば，日本法または甲国法のいずれかによればよいことになる。したがって，本事例の死後認知の訴えは，出訴期限については適法となる。

(2) もっとも，同条1項後段および2項後段によれば，認知による非嫡出親子関係の成立については，認知の当時の子の本国法によれば，その子または第三者の承諾または同意があることが認知の要件であるときは，その要件をも備えなければならない。これは，セーフガード条項と呼ばれている。上述①②③の選択的連結だけによるとすれば，専ら認知者の本国法によって認知が認められる場合には，例えば，認知される子本人やその母の承諾が子の本国法上要求されていても，それは必要とされず，子の保護に欠けるおそれがあるために設けられた規定であると説明されている（注釈国際私法Ⅱ98頁［佐野寛］，法例の規定について，南121-122頁）。本事例では，①②の日本法によって，認知が認められるとしても，認知の当時の子の本国法である甲国法上の子または第三者の承諾または同意の要件をも備えなければ，死後認知は認められない。

(3) なお，任意認知等の場合における認知の方式の準拠法は，親族関係の方式一般の準拠法を定めた通則法34条によって決定される。同条によれば，認知の方式は，認知の成立の準拠法（1項：上述の①②③）か，行為地法（2項）のいずれかによればよい。

（北坂　尚洋）

38 代理母関係

事例

日本に住む日本人女Aと日本人男Bは，日本で婚姻し，日本で同居していた。病気のため，子ができなかったABは，甲国に住む甲国人夫妻CD（Cが夫，Dが妻）と代理懐胎契約を締結し，ABの受精卵をDに移植した。そして，Dが子EFを懐胎・出産した。甲国法によれば，EFは依頼したABの嫡出子となるが，日本法によれば，EFは，分娩したDとその夫Cの嫡出子になるとすると，EFは誰の嫡出子となるか。

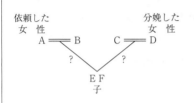

〔最決平成19・3・23民集61巻2号619頁の事案を簡略化〕

論点

嫡出親子関係の成立の準拠法を定める通則法28条1項は，「夫婦の一方の本国法で子の出生の当時におけるものにより子が嫡出となるべきときは，その子は，嫡出である子とする。」と定めている。本事例のような生殖補助医療技術により誕生した子の嫡出親子関係の成立を判断する場合，同項の夫婦とは，ABとCDの2夫婦が考えられることになるが，どちらの夫婦が基準となるのか。

判旨

「ABとEFとの間の嫡出親子関係の成立については，ABの本国法である日本法が準拠法となるところ（法の適用に関する通則法28条1項），日本民法の解釈上，AとEFとの間には母子関係は認められず，ABとEFとの間に嫡出親子関係があるとはいえない。」

解説

本事例のような生殖補助医療技術により誕生した子の嫡出親子関係の成立を判断する場合，通則法28条1項の夫婦とは，依頼した夫婦を指すのか，それとも，依頼を受けた夫婦（分娩した女性とその夫）を指すのかについては，2つの見解が主

張されている。

　まず，通則法 28 条と同じ内容の規定であった法例 17 条について，国際私法上，準拠法決定の基準となる者は，依頼を受けた夫婦（分娩した女性とその夫）であると考えて，嫡出親子関係の成立の準拠法を決定する見解がある（溜池良夫『国際私法講義〔第 3 版〕』（有斐閣，2005 年）503 頁）。これによれば，本事例では，準拠法決定の基準となる者は，分娩した D とその夫 C であるから，甲国法により，CD と EF との嫡出親子関係の成立および AB と EF との嫡出親子関係の成立の両方を決定することになる。その結果，甲国法によれば，CD と EF との嫡出親子関係は成立しないが，AB と EF との嫡出親子関係が成立するので，EF は AB の嫡出子となる。

　これに対して，それぞれの夫婦について通則法 28 条 1 項を適用し，EF との嫡出親子関係の成立を考える見解がある（注釈国際私法Ⅱ 82-83 頁［佐野寛］）。これによれば，AB と EF との嫡出親子関係の成立は日本法，CD と EF との嫡出親子関係の成立は甲国法によって判断されることになる。上掲最決平成 19・3・23 は，依頼した夫婦と子の嫡出親子関係の成立については，依頼した夫婦の本国法を基準としており，この立場に立つものといえよう。しかし，この見解によれば，親となりうる者ごとに嫡出親子関係の成否を判断するため，父母の重複や不存在が発生することになる。本事例でも，AB と EF との嫡出親子関係の成立を日本法によって判断すると，日本法では，EF は，分娩した D とその夫 C の嫡出子になるので，AB と EF との間には嫡出親子関係は成立せず，他方で，CD と EF との嫡出親子関係の成立を甲国法によって判断すると，甲国法によれば，EF は依頼をした AB の嫡出子となるので，CD と EF との間にも嫡出親子関係が成立しないことになる。つまり，EF は，AB と CD のいずれの嫡出子にもならないという結果になる。しかし，この場合，この見解は，通則法 42 条の公序条項が発動されると考える。すなわち，本事例では，CD と EF との嫡出親子関係について，甲国法を適用する結果は日本の公序良俗に反すると考え，CD と EF との嫡出親子関係の成立を認めることになる。

　　　　　　　　　　　　　　　　　　　　　　　　　　　（北坂　尚洋）

★★ 39　養子縁組

事　例

　甲国人女Bは，甲国人男との間に嫡出でない甲国人子Aを甲国で出産した。Bは，その2年後，甲国で日本人Xと知り合い，そこで甲国民法の定める方式に従い婚姻した。Bは，Xとの婚姻直後にAと来日し，Xとともに平穏な生活を日本で営んできた。Xは，BとAが来日して5年が経過した時にAと養子縁組をすることを決意した。Xは，Aとどのようにして養子縁組をすることができるか。

　なお，甲国国際私法からの反致は認められず，甲国民法は，日本民法の定める普通養子縁組に相当する制度を有しているほか，次の①②の趣旨の規定を有している。
　①　夫婦が未成年者を養子とする場合であっても，共同で縁組をする必要はない。ただし，未成年者を養子とするには，家庭裁判所の許可を得なければならない。
　②　縁組は，甲国の戸籍管掌者に届け出ることによって，その効力を生ずる。

〔平成25年司法試験［第1問］設問1を一部改変〕

論　点

　本事例では，養子縁組の準拠法と国際裁判管轄が問題となる。準拠法に関しては，通則法31条1項前段による養親の本国法に加え，同後段に定める事項につき子の本国法も適用しなければならない。さらに異国籍の夫婦が共同で養子縁組をする場合には，養親ごとにその本国法を適用し，養子縁組の成否を判断しなければならない。このように複数の準拠法を適用しなければならない場合には法の適用が複雑になる。

解　説

　まず，XがAと養子縁組をすることができるかは，養親たるXの本国法である日本法による。日本民法795条によると，配偶者のある者が未成年者を養子とするには，当該未成年者が配偶者の嫡出子である場合または配偶者がその意思を表示できない場合以外は，夫婦で養子縁組をしなければならない。ここでは，XとBの婚姻は通則法24条により有効に成立し，Aが29条によりBの非嫡出子であることを前提とする。

　次に，31条1項後段により，Aの本国法である甲国法上，養子もしくは第三者の承諾もしくは同意または公的機関の許可その他の処分が養子縁組の成立要件とさ

れている場合には，これらも充足する必要がある。

　ところで，日本民法上ＸがＢとともにＡを養子としなければならないとしても，ＢＡ間の養子縁組の成否については，Ｂの本国法である甲国法による（31条1項前段）。仮に，ＢＡ間の養子縁組が成立しないときは，夫婦で養子縁組をすることができないことから，ＸＡ間の養子縁組も不成立となる。もっとも，諸般の事情を考慮し，実質的にみて夫婦共同縁組の要請を充足できるとして単独での養子縁組を許可した裁判例がある（東京家審平成15・3・25LEX/DB28082167）。

　諸国の法制上，養子縁組をするには，当事者間の合意により成立する契約型と，裁判所等の公的機関の決定を成立にあたり必要とする決定型の二種類の方法がある。いずれの方法によるかは養親の本国法による（31条1項前段）。日本法と同様に，甲国法も規定②から当事者間の合意により養子縁組を成立させることができる。したがって，通則法34条により，ＸＡ間とＢＡ間の養子縁組はともに日本法上の方式，すなわち，戸籍法の定めるところによりこれを届け出ることによって成立する（民法799条・739条）。

　なお，甲国法の規定①ただし書から，養子縁組の成立にあたり裁判所の許可を要する（日本民法上は養子が配偶者の直系卑属であれば家庭裁判所の許可は不要である（民法798条ただし書））。そのため，国際裁判管轄が問題となるが，成文規定がないため，条理により決定される。学説においては，家事事件手続法161条を根拠に養子の住所地国に管轄を認める見解や，子の福祉および家事事件手続法161条の趣旨から養子の住所地国，または縁組後の共同生活を重視して養親の住所地国に管轄を認める見解等が主張されている。裁判実務においては，養子および養親の住所地として日本に管轄を認めたものが多いが，養子の住所地や養親の住所地として日本に管轄を認めたもの，養親や養子の住所地に加え，日本国籍を有することも挙げて管轄を認めたもの等様々である。

　養子縁組の成立にあたり裁判所の介入が求められているのは，子の福祉に資する養子縁組であるか否かをチェックするためである。養親または養子のいずれかの住所が日本にある場合には原則として日本に管轄を認めてよいと思われるが，子の福祉の観点からのチェック機能を裁判所が果たせない場合には，管轄を否定すべきであろう。本事例においては，養親および養子ともに日本に一定期間居住しており，養子縁組について日本の裁判所に国際裁判管轄があることは明らかである。

　　　　　　　　　　　　　　　　　　　　　　　　　　　　（林　貴美）

40 親子間の法律関係

事　例

　日本人男性Ｙと甲国人女性Ｘは日本で婚姻して共同生活を始め，Ｘは子Ａ（日本国籍と甲国籍の二重国籍）を出産した。しかし，その後ＸＹ間の関係は悪化した。
　Ｘは，Ｙに対し，離婚と自らをＡの親権者に指定することを求めている。Ｙは，Ａとの面会交流が自由に認められるならば，離婚およびＸが親権者となることに異存はないと述べている。離婚に伴う親権者の決定および面会交流の問題はどの国の法によるか。

〔平成 18 年司法試験〔第 1 問〕設問 3 を一部改変〕

論　点

　本事例では，離婚に伴う親権者の決定に関する準拠法と面会交流の準拠法が問題となっている。いずれも法律関係の性質決定に関するものであるが，特に前者は，これが離婚の効果あるいは親子間の法律関係の双方に関わるようにも考えられるため，いずれの準拠法によるかに関して議論があった問題である。

解　説

　(1)　**離婚に伴う親権者の決定**　　夫婦が離婚した場合における未成年の子に対する親権や監護権の分配・帰属の問題は，離婚に付随する問題であり，離婚と密接な関係を有する。そのため，この問題も離婚の効果の問題（通則法 27 条）と考えることも可能である。他方，親権や監護権の内容や行使方法とも密接に関係することから，親子間の法律関係の問題（通則法 32 条）とも考えられる。
　問題とされている法律関係が通則法において設定されているどの単位法律関係に含まれるかという問題は，いわゆる法律関係の性質決定という国際私法の総論的問題である。法律関係の性質決定については，法廷地実質法や準拠実質法によるとする立場もあるが，日本においては国際私法の機能と目的とを考慮して独自に決定されるべきであると考えられている。このような立場から，通説は，各抵触規則の趣旨，連結点の定め方や規定相互の関係に照らして解釈する（詳細は⇒**1**参照）。
　では，離婚に伴う親権者の決定に関してはどのように性質決定されるべきか。こ

こで考えられるのは，離婚準拠法（27条）と親子間の法律関係の準拠法（32条）である。平成元年の改正前は，法例では，離婚については夫の本国法主義が，親子間の法律関係については父の本国法主義が採用されていた。しかし，平成元年の改正の際に，両性の平等の観点も考慮した上でともに段階的連結を採用する規定とされ，通則法はそれらを引き継いでいる。

もう少し詳しくみると，27条は，離婚という婚姻関係の解消が問題となっていることから，夫と妻双方に密接な関係を有する連結点が設定されている。これに対して，32条は，親と子という複数の当事者間に密接な関係を有する連結点を設定するとともに，子の保護の観点から子と密接な関係を有する子の国籍や子の常居所にも配慮した規定となっている。

したがって，離婚に伴う子の親権者の決定に関しては，夫婦の利害関係の調整に重点を置いた連結方法を採用した27条よりも，子の保護に配慮する32条によるべきであるとの結論が導かれることになる。通説および裁判例（近時のものとして前橋家審平成21・5・13家月62巻1号111頁）もこの立場である。親権の帰属は，親権等の内容や行使方法とも密接不可分であり，両者を別個の準拠法によらせるべきでなく，こういった観点からも妥当な結論であろう。

以上のように32条の親子間の法律関係の準拠法によるとする見解に立つ場合，本事例においては，二重国籍を有する子Aの本国法を38条1項ただし書によって特定する必要がある。本事例におけるAの本国法は，日本法であり，したがって，32条の準拠法は，YとAの同一本国法である日本法となる。

（2） 面会交流　32条は，以上のような親権者の決定という問題のみならず，身分関係であるか，財産関係であるかに関わりなく，親子間のあらゆる法律関係に適用される（ただし，親子間の扶養義務については，扶養義務の準拠法に関する法律による）。面会交流もその1つであり，親子間の法律関係の準拠法によるものと考えられている。法例下のものであるが，離婚後の面会交流に関し，親子間の法律関係の準拠法に関する法例21条を適用した裁判例がある（京都家審平成6・3・31判時1545号81頁，東京家審平成7・10・9家月48巻3号69頁）。

（林　貴美）

41 子の引渡し

事 例

甲国在住の甲国人Xは日本人Yと婚姻し，Aが誕生した。その後，XのYに対する暴力が原因で二人の関係は悪化した。Xが甲国裁判所にYとの離婚訴訟を提起した直後，YはAを連れ日本に帰国した。甲国裁判所は，YがAを日本に連れ出したため，Aに対する暫定的な単独監護権をXに付与するとともに，Yに対し，AをXの下に戻すことを命じる決定を下した。

〔最決平成22・8・4家月63巻1号97頁を一部改変〕

論 点

婚姻関係が破綻した両親の一方がそれまでの常居所地国から子を連れて他国へ移った場合，他方はどのようにして子を取り戻すことができるだろうか。ハーグ国際私法会議による1980年の「国際的な子の奪取の民事上の側面に関する条約」(以下，条約)に日本も加盟し，これを実施するための法律（国際的な子の奪取の民事上の側面に関する条約の実施に関する法律。以下，法）が平成26年4月1日から施行されている。

解 説

外国に残された親の一方が日本の裁判所で子の引渡しを求める方法としては，条約加盟前には，家事事件手続のほか，外国裁判所で子の引渡しを命ずる判決が出ている場合にはその外国判決の執行を求める方法等があった。しかし，いずれの方法も比較的時間がかかり，その間に新たな環境で子の監護状況が安定してしまえば，日本の裁判所では，同意なく連れ帰ったという事実はあまり重視されず，子の引渡しが命じられない傾向があると指摘されていた。

そこで，より迅速な対応を求め，刑事罰に裏付けられた強力な手段を伴う人身保護請求が申し立てられたりもした（最判昭和60・2・26家月37巻6号25頁，最決平成22・8・4家月63巻1号97頁）。しかし，人身保護法は本来非常応急的な特別の救済方法であり，これに基づく請求が認められるためには一定の要件を必要とする（最判平成5・10・19民集47巻8号5099頁，最判平成6・11・8民集48巻7号1337頁）。それらの要件を充足しない場合には，原則として家事事件手続によらなければならない。

これに対して、条約の下では、常居所地国法上認められる監護権を侵害するような連れ去りまたは留置がある場合には、当該監護権者は子がいる国の中央当局に子の返還援助を申請することができる（法4条）。

　本事例の場合、Xは、常居所地国法である甲国法（甲国国際私法も含む）によりその監護権を侵害されているとみなされるときには、日本の中央当局を担う外務大臣に対し、子の返還に関する援助に加え、さらに常居所地国法上認められる子との接触（面会交流）に関する援助を申請することができる（法16条）。外務大臣は、外国返還援助の決定をし（法6条）、子の所在を特定した上で、返還に向け問題の有効的な解決をもたらすための協議の斡旋等の支援を行う（法9条）。

　しかしこれが功を奏しない場合には、Xは、次の段階として、Yに対し甲国にAを返還することを命ずるよう家庭裁判所に申し立てることになる（法26条）。本条約の下では迅速に子を返還することこそが緊要であり、監護権に関する判断は子のもとの常居所地国で行うべきであると考えられている。そのため、家庭裁判所は、XとYのいずれが監護権者として望ましいかという実質的判断はせずに（条約19条）、子をもとの常居所地国である甲国に返還する旨の決定を原則として下さなければならない（法27条）。

　もっとも、申立人Xによる子の返還が認められない返還拒否事由も列挙されている（法28条）。①返還申立てが子の連れ去りまたは留置の時から1年を経過した後にされたものであり、かつ、子が新たな環境に適応していること、②子の連れ去りまたは留置の時に申立人が現実に監護権を行使していなかったこと、③申立人が連れ去りまたは留置の前にこれに同意し、またはその後にこれを承諾したこと、④子の返還が子の心身に害悪を及ぼすことその他子を耐えがたい状況に置くこととなる重大な危険があること、⑤子が常居所地国に返還されることを拒んでいること、⑥子の返還が人権および基本的自由の保護に関する基本原則により認められないことである。なお、甲国が非締約国である場合には、条約加盟前の方法により処理されることになる。

参考文献

・早川眞一郎「『子連れ里帰り』の行方――ハーグ子奪取条約と日本」森島昭夫＝塩野宏編『変動する日本社会と法』（有斐閣、2011年）141頁

（林　貴美）

★42 扶　　養

事　例

　中国人夫Ｙと日本人妻Ａの間にＸ（中国と日本の二重国籍）が生まれた。ＹとＡは留学のため来日し、その後Ｘも来日した。ＹとＡは、その後別居状態となり、Ｙは中国に赴き中国の裁判所でＡに対する離婚判決を得たが、同時に、Ｘに対して、Ｘが中国法により成年に達する日の前日まで月額17万円の扶養料を支払うべきこと等が命じられた。
　そこで、Ｘは、Ｙに対して、Ｘが中国法により成年に達した日から大学を卒業するまでの間の扶養料の支払いをさらに日本で求めた。この請求は認められるか。Ｘ・Ｙともに日本に居住しているものとする。

〔東京高決平成 18・10・30 判時 1965 号 70 頁を一部改変〕

論　点

　本事例では、日本在住の外国籍を有する親子間の扶養義務に関する国際裁判管轄と準拠法の決定が論点となっている。夫婦、親子その他の親族関係から生じる扶養義務の準拠法については、通則法ではなく（通則法 43 条 1 項）、ハーグ国際私法会議の 1973 年の「扶養義務の準拠法に関する条約」を国内法化した「扶養義務の準拠法に関する法律」が適用される点に注意を要する。

判　旨

　一　まず国際裁判管轄に関しては、ＸおよびＹは、「いずれも、中国の国籍を有するが、日本に住所を有する……から、本件については日本に国際裁判管轄が認められる」。
　二　次に、準拠法に関しては、「本件のような親族関係から生じる扶養義務については、扶養義務の準拠法に関する法律 2 条が指定する法によるところ、同条 1 項本文は『扶養義務は、扶養権利者の常居所地法によって定める。』と規定している。……Ｘが 18 歳に達したときの常居所は日本にあることは明らかである。そして、扶養権利者の常居所地法である日本の法律がその準拠法となるところ、日本の民法 820 条、877 条 1 項に基づき、未成熟子は、要扶養状態にあるとき、先ず親から扶養ないし養育を受けることが可能であり……Ｙに対する扶養請求が認められるから、扶養義務の準拠法に関する法律 2 条 1 項ただし書の適用の余地はない。」

解説

(1) 国際裁判管轄　扶養に関する国際裁判管轄に関する成文規定がないため，当事者間の公平，裁判の適正・迅速を期するという理念の下，条理により決定される。学説においては，相手方（扶養義務者）の住所地国のみならず（被告住所地主義），扶養権利者たる申立人の利益保護や，扶養権利者の生活状態の調査や扶養料額の算定等に必要な資料の収集の観点から，申立人（扶養権利者）の住所地国にも認めるべきであるとする見解も有力であり，比較法的にもこのような立場がみられる。また，子の養育費が問題となる場合，親子関係事件として子の福祉を重視すべきであるとして子の住所地を基準として考慮するものもある。裁判例においては，統一的な基準はたてられていない。

(2) 準拠法の決定　扶養義務の準拠法に関する法律（以下，法）は，扶養権利者保護の観点から，原則として扶養権利者の常居所地法を準拠法とする（法2条1項本文）。さらに，常居所地法により扶養を受けることができないときは，当事者の共通本国法が適用され（同項ただし書），これによっても扶養を受けることができないときは，法廷地法である日本法による（法2条2項）。扶養権利者保護のため扶養を受ける機会を増やそうという国際私法上の配慮に基づくものである。このような観点から，ここにいう扶養を受けることができないときとは，法律上扶養義務が課せられていない場合や個別的に裁判により義務を課し得ない場合をいい，事実上扶養を受けられない場合ではない。

なお，通則法の規定は，通則法39条本文を除き，夫婦，親子その他の親族関係から生ずる扶養義務には適用されない（通則法43条1項）。そのため，本法において総則的な規定が一部定められている（法7条・8条）。重国籍者の本国法に絞りをかける通則法38条1項に相当する規定はなく，本法にいう共通本国法（法2条1項ただし書，3条1項）の決定方法は，通則法における同一本国法（通則法25条）とは異なる。ここでも扶養権利者保護の見地から，できる限り扶養義務の存否に関し判断する準拠法の選択肢を増やすため，他方と共通する国籍があれば，それが共通本国法とされる。したがって，本事例では，XとYには中国法という共通本国法があることになる。

また，AがYに対して離婚後扶養を申し立てた場合には，「その離婚について適用された法律」による（法4条）。離婚後扶養が各国の法制上離婚自体と密接に関連しているからである。

（林　貴美）

43 後　見

事　例

　Aは現在15歳であり，日本と甲国の国籍を有している。日本国籍を有する母Bは甲国籍を有する父Cと20年前に日本において婚姻し，両者の間にAが出生した。Aの出生後に勤務地が甲国になったCは，AおよびBとともに甲国において暮らし始めたが，しばらくしてCが急死した。甲国において生計を立てることができなくなったBはAを伴い日本に帰国し，日本においてAを養育していたところ，Aが13歳の時，Bもまた死亡した。現在，Bの母Xが日本においてAを監護養育している。XはAの後見人になることを望んでいる。
　日本の裁判所は，Aの後見人としてXを選任するための国際裁判管轄を有しているか。また，有すると仮定した場合，XをAの後見人に選任するために日本の裁判所はいかなる国の法を適用すべきか。甲国国際私法からの反致は認められないものとする。

〔平成22年司法試験〔第1問〕設問1を一部改変〕

論　点

　本事例は，未成年者を被後見人とする後見人の選任についての国際裁判管轄の基準を問うと同時に，後見人の選任に関する準拠法の決定とその適用を問う問題である。

解　説

　後見とは，事理弁識能力の不十分な者（被後見人）に後見人を付すことによってこれらの者を保護する制度をいう。より詳細にみれば，精神上の障害により判断能力が不十分な者を保護するための成年後見と親権を行う者を欠く未成年者を保護するための未成年後見に分けられる。本事例では後者の未成年後見が問題となっている。

(1) **国際裁判管轄**　まず，未成年者を被後見人とする後見人選任の国際裁判管轄が問題となる。通則法35条は直接に管轄を定めるルールを含んでおらず，他にも後見人選任の国際裁判管轄を定める明文の規定は存しない。また，依拠すべき判例法も確立されておらず，条理によって決定される。

かつての通説は，手続と実体の密接不可分な関係から準拠法と管轄の並行性を必要とし，被後見人の本国法主義にあわせ被後見人の本国に原則的裁判管轄を認め，例外的に日本法が適用される場合には日本に国際裁判管轄を認めた。しかし，被後見人の保護が生活の本拠のある居住地国において最も効果的に行われるものであることや，後見制度が被後見人と関係を持つ一般社会の公益維持に奉仕するものであることから，被後見人の常居所地国の管轄を原則とすべきであるとの見解が今日では多数説である。国内土地管轄についてではあるが，家事事件手続法176条もまた未成年被後見人の住所地に後見事件の管轄を認めている。裁判例も被後見人の常居所地国である日本に管轄を認めたものがある。ただし，未成年者の保護に資するとして常居所地国に加え本国にも管轄を認める見解や，その必要性が生じた場合に限り，本国や財産所在地国に例外的に管轄を認める見解も主張されている。

　(2)　準拠法　　後見は，被後見人の不十分な能力を補充しこれを保護する制度である。このような観点から，通則法35条1項は，後見について被後見人の本国法を適用する（なお，法廷地法による例外については同条2項）。

　被後見人の本国法は，後見の開始の原因，後見人の選任・解任，後見人の職務や権限，後見人と被後見人間の権利義務関係，後見の終了等に適用される。したがって，Aについて後見が開始するか，XがAの後見人に選任されうるかはすべてAの本国法である日本法による（通則法35条1項・38条1項）。

　日本民法838条1号によると，後見は，未成年者に対して親権を行う者がないとき，または親権を行う者が管理権を有しないときに開始する。親権を行う者がないか，または管理権を有しないかは，親権に関する準拠法，すなわち，通則法32条による点に注意を要する。この点，親権（32条）と後見（35条）とで異なる連結点が採用されているため，両者がうまく接合しない場合がある。例えば，親権の準拠法によればある原因により親権者を欠き後見が開始するにもかかわらず，後見の準拠法上そのような原因では後見が開始しない場合である。そのような場合には，未成年後見は，子の保護のために親権を補充する二次的な制度であることから，保護を必要とする未成年者がいる以上，親権者を欠くとする親権の準拠法に従い，たとえ後見の準拠法上後見開始原因がないとしても，後見を開始すべきである。また，後見の準拠法によれば後見が開始するが，親権の準拠法によれば親権者がなおも存在する場合には，35条を適用する余地はない。未成年後見が親権を補充する制度であることから，親権による保護を優先すべきだからである。

（林　貴美）

★★ 44　相　続

事　例

　A（甲国に居住する甲国人）は，観光のために来日したところ，Y（日本に居住する日本人）の過失によりその運転する自動車にはねられ死亡した。後日，Aの妻X（甲国人）が来日し，Yに対して損害賠償を求める訴えを日本の裁判所に提起した。Xは，「AがYに対して有する慰謝料請求権を相続により取得した」と主張している。Xは，当該慰謝料請求権を相続できるか。
　AとXの婚姻は有効に成立し，Aには父母も兄弟姉妹も子もいないものとし，甲国の法が次の趣旨の規定を有しているものとする。
甲国国際私法第P条
　相続については，死亡当時における被相続人の常居所地法による。
甲国民法第Q条
　①　配偶者および子が第1順位の相続人に，子がいないときは，直系尊属が第2順位の相続人に，直系尊属がいないときは，兄弟姉妹が第3順位の相続人となる。
　②　慰謝料請求権を譲渡または相続することはできない。

〔平成23年司法試験［第1問］設問1(3)，設問3を一部改変〕

論　点

　被相続人のどのような財産が相続財産を構成するか，という問題は，相続準拠法による。しかし，相続財産とされる財産にもそれぞれその財産を支配する準拠法がある。そこで，両者の関係が問題となる。
　本事例での相続準拠法は通則法36条により被相続人Aの本国法である甲国法であり（甲国国際私法P条により日本法に反致は成立しない（通則法41条）），不法行為準拠法は通則法17条により加害行為の結果の発生地法である日本法となる。慰謝料請求権は，日本民法によると相続されるが（最判昭和42・11・1民集21巻9号2249頁），甲国民法Q条②によると相続されない。そのため，不法行為に基づく損害賠償請求権が相続されるか，という問題について，ともにこの問題に関係すると思われる不法行為準拠法と相続準拠法をどのように適用するかが問題となる。

解　説

　かつての通説は，相続財産の構成は相続準拠法によるとしながらも，個々の権利義務が相続の客体性ないしは被相続性を持つものであるかどうかは，権利義務の属性に関する問題として当該権利義務自体の準拠法によって定められるとし，相続準拠法と個別財産準拠法を累積的適用する。学説においては，このような法適用の理論的基礎をドイツ国際私法上明文の規定で認められている「個別準拠法は総括準拠法を破る」という原則に求めるものもある。日本においても規定はないものの，不文の原則としてこれを採用していると解するのである。

　大阪地判昭和 62・2・27 判時 1263 号 32 頁は，不法行為に基づく損害賠償請求権が相続されるかという問題について，相続準拠法と不法行為準拠法の「いずれかを優先的に適用すべきものとする根拠」が見当たらないとして，両準拠法が債務の相続性を認めていることを要するとし，結果的に両準拠法を累積的適用している。

　これに対し，かつての通説的見解を精査すれば必ずしも累積的適用説にはならず，また，その理論的基礎とされていた「個別準拠法は総括準拠法を破る」という原則についても日本はこれを継受しておらず，根拠となり得ないといった指摘がある。さらに，1 つの問題を相続と不法行為の問題というように二重に性質決定して両準拠法をいたずらに累積的に適用することは法適用を複雑にするだけであり，回避すべきであるといった批判もなされている。

　そこで，不法行為と相続の準拠法の適用範囲を明確にし，両準拠法を配分的に適用することが有力に主張されている。しかし，配分的適用説の問題は，どのように配分し，現実にそのような適用が実現可能であるかにある。ある説は，①相続財産がどのような属性を持つかは相続準拠法が決定し，②そのような属性を個々の財産がもつか否かは当該個別財産準拠法によるとする。また，①権利義務の存続性と一般的な移転可能性は当該権利義務自体の問題として個別財産準拠法により，これにより存続性と移転可能性が肯定されることを前提に，②当該権利義務が相続財産に含まれるかは相続準拠法に依拠させる見解も主張されている。

　さらに，個別財産準拠法のみを適用する見解もある。債権譲渡等の他の領域における財産権の移転可能性の問題との整合性という観点から，この説を根拠付ける見解も近時みられる。この見解に関しては，財産の種類を問わずすべてを包括的に被相続人の属人法に依拠させる相続統一主義との整合性をいかに説明するかが問題となりうるであろう。

（林　貴美）

★★ 45　遺　言

事　例

　甲国人男Aは甲国人女X₁と婚姻し，二人の間に甲国人子X₂が誕生した。ところが，AとX₁の夫婦関係は悪化し，Aは家を出て日本人女Y₁と暮らすようになった。その後，AとY₁の間に日本人子Y₂が生まれた。2011年10月ごろからAは病に伏せ，2013年9月30日に死亡した。Aの死亡後，「この遺言をもってY₂を認知するとともに，私の遺産はY₁およびY₂に遺贈する。遺言執行者には，Y₁を指定する。」旨のAの録音により作成された2013年3月1日付の遺言の存在が明らかになった（以下，本件遺言）。

　X₁およびX₂は，本件遺言をした時点においてAは遺言能力を欠いていたこと，また録音による遺言は認められないことを理由に，本件遺言は無効である旨の確認訴訟を提起した。この遺言をめぐる準拠法はどうなるか。

〔平成20年司法試験問題［第1問］を改変〕

論　点

　遺言に関しては，通則法で遺言の準拠法に関する37条がある。さらに，遺言の方式に関しては，ハーグ国際私法会議による「遺言の方式に関する法律の抵触に関する条約」を国内法化した「遺言の方式の準拠法に関する法律」による。通則法37条の適用範囲はそれほど広くないため，渉外的な遺言に関しては，37条の適用範囲，そしてそれに含まれない遺言に関する問題についてどのように法適用されるかを理解する必要がある。

解　説

　渉外的要素を有する遺言の問題は，意思表示としての遺言自体の問題と遺言の内容となる法律行為の問題（遺言の実質的内容の問題）とに二分される。通則法37条1項に定める「遺言の成立及び効力」とは，意思表示としての遺言の成立および効力，すなわち遺言能力，遺言の撤回の可否，遺言の効力発生時期等に関する規定であると解されている。これに対して，本事例における遺言のように，遺贈や認知といった遺言の内容となっている法律行為については，それぞれの準拠法による。遺言で定めることができる内容は遺贈のような相続に関わる法律行為のみでなく，例

えば日本民法上，認知のほか，信託，後見人の指定等をすることも可能なように，多様な内容を有しうる。そのため，遺言でなされたという一事でもって，遺言の内容をなす法律行為について一律に37条1項に基づいて遺言者の本国法に依拠させるのは妥当でないからである。

さて，本事例では遺言能力が問題となっている。遺言能力は，詐欺や強迫等による意思表示の瑕疵や遺言の効力発生時期等の問題とともに，37条1項の遺言の成立時の遺言者の本国法である甲国法による。このほか，本事例では問題となっていないが，遺言の撤回については37条2項が適用される。

Xらは，録音による遺言は無効である旨も主張しているが，これは遺言の方式の問題である。遺言の方式の準拠法に関する法律は，遺言を方式上できるだけ有効にしようとする，いわゆる遺言保護の観点から制定されている。そのため，行為地，遺言の成立または死亡当時の遺言者の国籍・住所地・常居所地，不動産に関する遺言については不動産所在地という多数の連結点からの選択的連結を採用し，いずれかの法に適合するときは，遺言は方式上有効である（遺言の方式の準拠法に関する法律2条。例えば，韓国民法1067条は録音による遺言を認めている）。

以上の検討により遺言が有効に成立していることが判明した場合には，次に遺言の内容が問題となる。冒頭でも述べたように，遺言で認知をすることができるか等，認知の成否に関しては，認知に関する通則法29条による。また，遺贈の有効性は相続に関する問題として通則法36条による。

本遺言では遺言執行者を遺言者が指定しているが，遺言執行に関する問題は，遺言内容の実現に関するものであるから，それぞれの遺言内容の準拠法によると解される。遺言執行の要否，遺言執行者の選任の要否，その職務，権限，解任の可否等も，遺言内容を構成する法律行為の準拠法に従って判断されることになる。しかし，これによると，遺言内容が複数にわたる場合には各法律行為の準拠法ごとに個別に遺言執行の問題が判断されることになるため，遺言において一般的・包括的な遺言執行が求められている場合には最も密接な関連を有する法律行為の準拠法に依拠させることも有力に主張されている。さらに，通説とは異なり，遺言内容をなす行為は専ら相続ないし相続財産に影響を及ぼすとしてすべて一律に相続準拠法に依拠させる見解もあり，これによると，遺言執行に関わる問題も常に相続準拠法によることになる。

なお，本遺言が有効である場合には，Xらが遺留分を主張することも考えられるが，これは相続の問題であり，36条による。 （林　貴美）

Column ①：アメリカやイギリスの弁護士資格にも目を向けよう

　法曹志望の皆さんの多くは日本国内を念頭に置いていると思われるが，国際取引という側面からみると外国に目を向ける選択肢も考えられる。日本の司法試験は難関だが，英米ではそれほどでもない。国際取引の準拠法は，日本法ではなくイギリス法かアメリカ法（特にニューヨーク（NY）州法）になることが圧倒的に多いため，国際社会で活躍するにはむしろ英米法曹資格の取得が近道になるかもしれない。

　英語がネイティブでない限り，海外資格を取っても箔付け効果しかないという意見もあるが，そうとも限らない。実際，法曹志望を諦めて就職した法学部卒業生が留学や駐在の機会を利用し NY 州弁護士資格を取得する話はそう珍しくはないし，日本の資格を持たずに英米の資格だけで活躍する生粋の日本人（英語が大して達者でない方も案外多い）を筆者は何人も知っている。また，アジア進出する日本の大手法律事務所の現地拠点では，日本法よりも英米法の知識の方が重要で英米資格が物をいうそうだ。日本人の取得先で最も多い NY 州では，認定大学の法学修士（LL.M., 8 か月で取得可能）を取得し，8 月と 2 月に年 2 回行われる試験のどちらかに合格すれば（合格率は 7～8 割，受験回数無制限），司法修習なしで取得できる。また，留学しなくても日本の弁護士資格を持つ方には既にカリフォルニア州司法試験の受験資格があるらしい。一発試験に弱い方には，多少留学期間は長くなるものの，一定以上の学業成績で資格を得られるイギリスで取得を目指すことも考えられるし，マレーシア等英連邦諸国の資格を取れば，イギリスの資格に振り替えることも可能である。ただし，資格取得要件は年によって変わりうるため，受験される方は正確な情報を掴んでからにされたい。

　留学はお金がかかるので躊躇する方もあろうが，諦めることはない。まずは法科大学院や法学研究科の交換留学制度をチェックしよう。例えば，応募倍率の高いアイビーリーグの一流大学（100 倍以上ともいわれる）と交換留学制度があれば，一般入試を経ず優先入学できる上，学費も米国の 4 分の 1 の日本の授業料で済み，単位の相互互換や奨学金等のメリットがある。法学部卒業後に就職される方も，就職先で留学はもとより，駐在の機会を掴んで夜間コースで単位を取る手もある。また，英連邦諸国の物価の安い国で資格を取得したり，大学授業料が無料のドイツ，フランス語圏，あるいは物価の安い他の言語圏で当地の法曹資格を取得する手もある。さらに，米国大学の日本校で必要単位の半分程度を取得してから留学することで留学期間を短縮する手もある。（⇒ *Column* ⑪ 参照）

（久保田　隆）

Column ②：ロシア留学で得られた経験

　司法機関，法律事務所，官公庁，民間企業等々，法律家の活動範囲は今後も益々広がっていくものと思われる。日本のみならず世界で活躍する法律家も増えていくであろう。

　皆さんの中にロシアと国際取引をしたことのある方はおられるだろうか。これまでにロシアと接点のあった方は多くないかもしれないが，ロシアは日本の隣国であり，商社を含む日本企業はロシアと多様な国際取引を行っている。国際取引において避けて通れないもの，それは契約交渉である。契約交渉，それは国際取引の醍醐味ともいえる。日本人は交渉が上手ではないといわれることもあるが，交渉力を上げる方法がある。

　私は，2年間ロシア（モスクワ）に留学する幸運を得た。商社の法務部から派遣されたのである。それは実に得がたい経験であった。世界には自分とは異なる論理で動いている人々がいるという現実をよく理解することができた。しかも，その論理はしばしば自らの想像を超えてくる。ロシア人との契約交渉では，日本の常識からすればリーズナブルではないと感じられる事象がまま起きる。しかし，同じ事象が，ロシア人にとっては極めてロジカルな帰結であることが多い。ロシア人による有名な詩がある。

　　　　知もてロシアは解し得ず
　　　　並の尺では測り得ぬ
　　　　そはおのれの丈を持てばなり
　　　　ロシアはひたぶるに信ずるのみ

　要するに，ロシアを理解することなどできないといっている。このような国の人々との契約交渉は，タフである。しかし，タフだからこそ，鍛えられる。鍛錬の先に開けてくるものがある。法科大学院における日々の鍛錬と通じるところがあるかもしれない。

　皆さんが，複眼的な視点を持った，度量の広い法律家になられんことを切に願う。

（三井物産／河合　かわい）

Column ③：映画で学ぶ 1 ── Other People's Money で愉快に学ぶ M&A

　M&A といえばビジネス上の重要性は増すばかりだが，解説書を読んでも Due Diligence の細かな解説の羅列が多くてなかなか頭に入らない。そこで，コメディで楽しく学んでみよう。1991 年公開のアメリカ映画「Other People's Money」（監督 N. F. Jewison，主演 Daniel DeVito，ワーナー映画でビデオや DVD あり）はこれに最適の教材である。

　ガーフィールドは敵対的買収を生業とするニューヨークの乗っ取り屋（日本でいえば一昔前の村上ファンドの村上氏）。ドーナツ好き・美女好きな彼が買収対象に選んだ会社はアメリカの片田舎ロードアイランド州にある New England Wire & Cable（NEWC）。同社の鋼材ビジネスに将来性はないが，無借金経営で環境問題も起こしていないので，株価が安い今のうちに株を買い占めて経営権を握り，NEWC を清算して全資産をお金に代えれば儲かると考えるガーフィールド。一方，NEWC は会社を清算されては従業員が路頭に迷うので大反対。そこで，NEWC 会長ジョーゲンソンは，敵対的買収の防衛策として娘でやり手美人弁護士のケートに買収阻止を依頼する。ケートは会社登記簿を敵対的買収に対する保護の手厚いデラウェア州に移すこと等を提案するが，頭の固いジョーゲンソンは受け入れず，限られた選択肢の中でケートはガーフィールドとの交渉に挑む。一方，ガーフィールドはケートに一目ぼれ。ここから M&A とラブコメディの 2 つが小気味良く交錯し始める。

　第 1 回戦はケートの申し出でガーフィールドとの間で一時的に双方の株式購入休止を合意。しかし，双方とも約束を守らず，ガーフィールドの株式持分が増加する。第 2 回戦はケートが軽微な証券取引規則違反を盾にガーフィールドの一時取引停止を勝ち取り，NEWC 側が保有株式を若干増加。最終的な勝負は株主総会での決選投票に持ち込まれる。ここでのジョーゲンソンとガーフィールドのスピーチは，「会社は従業員のものか株主のものか」という会社法の本質命題を分かりやすく示したもので見応えがある。多数決で結局はガーフィールドの勝利となるが，これでケートとの繋がりが切れた彼は意気消沈。しかし，ケートの計らいでホワイトナイトとして登場した日本企業の登場で，あっと驚く，双方ともにハッピーな逆転劇が用意されていた。

　日本経済は今まさに復活し始めたが，映画作成当時の日本のバブル経済の隆盛を知らない若手諸君が多いと思う。バブル経済を知る筆者は，単なる M&A 学習にとどまらず，日本の若者に対する励ましのエールとしてもこの映画を贈りたい。

（久保田　隆）

Column ④：映画で学ぶ 2 —— Gung Ho で愉快に学ぶ海外進出と昔日の日本社会

　日本企業の海外進出といえば，現在は東南アジアやアフリカが注目を浴びているが，以前は欧米（特にアメリカ）が中心であった。進出先では日本との文化的相違から多くの摩擦が生じるが，これを理解することは国際取引には不可欠である。そこで，コメディなのでやや誇張はあるが，1986 年公開のアメリカ映画「Gung Ho」（監督 Ron Howard，主演 Michael Keaton，パラマウント映画でビデオ・DVD あり）で，日米の文化的相違を学んでみよう。

　日本経済が絶好調だったころ，米国経済は不況の最中にあり，ある田舎町では住民の雇用を支えていた自動車工場が閉鎖されて活気を失っていた。そこで，主人公ハントは日本に出向き，日本企業「圧惨自動車」に工場進出を請願する。彼がみた日本は精神主義教育，質問のない無反応な会議等米国社会とは相当異なり，誘致作戦も失敗と思われた。しかし結局，圧惨自動車は仮進出し，工場長・高原以下の社員が町にやってきた。ここから文化摩擦が始まる。気楽に仕事し家族の用事ですぐ早退する米国人には，朝のラジオ体操や野球試合での円陣等はもとより，私生活よりも会社の仕事を優先する日本のモーレツ社員ぶりが受け入れられず，給料カットにも承服できない。日本人女性とは異なり，ハントのアメリカ人の彼女は，仕事の会議で退席を求められると激怒してしまう。工場撤退が現実化しつつある中，ハントは高原との間で，日本の過去最大月産量を上回る業績を上げれば雇用確保と昇給（ただし，1 台でも不足すれば賃上げゼロ）という条件を勝ち取るが，アメリカ人労働組合に説明する際，目標業績を下回っても部分昇給ありと嘘の説明をしてしまう。それが後に日本人社員とアメリカ人社員の間の火種となり，労組がストライキに入って工場撤退が現実化してしまった。絶望的な状況下，ハントと高原の 2 人だけで残りの生産に努める姿に共鳴したアメリカ人労働者が職場に戻り，結局のところ，雇用確保と給料アップを勝ち取る。

　現在の日本は相当アメリカ化が進んだので，皆さんはここに描かれた昔日の日本社会に対して違和感を覚えるかもしれない。しかし，現在の日本でも多少の影響は残っており，欧米人と比べれば職場会議での発言も少なく，「地獄の特訓」等と銘打つ社員教育セミナーも軍隊的性格もサービス残業も存在する。ライフ・ワーク・バランスを確保する上で法律の役割は今後も増すであろう。

（久保田　隆）

第Ⅱ部　国際民事手続法

1. 国際家事事件（**46～49**）
2. 国際的財産事件の管轄問題（**50～64**）
3. 国際民事手続上のその他の問題（**65～71**）

46 離婚事件の国際裁判管轄権

事　例

甲国人男Yは日本人女Xと日本で婚姻し，日本で生活をしていた。しかし，Yは，日本で甲国人女Aと知り合い，Aと一緒に甲国に戻ってしまった。そして，現在は，YAは甲国に，Xは日本に住所を有している。Xは，日本の裁判所に離婚の訴えを提起することができるか。

論　点

国際的な離婚事件について，どのような場合に，日本の裁判所が国際裁判管轄権を有するか。現在，これについての明文規定が日本にはないため，条理によってこれを判断しなければならないことをまずは指摘しなければならない。そして，最高裁判決や下級審判決，および，学説をもとに，その基準を説明し，それに本事例を当てはめて，結論を導くことになる。

判　旨

最大判昭和39・3・25民集18巻3号486頁（同旨，最判昭和39・4・9家月16巻8号78頁）

「思うに，離婚の国際的裁判管轄権の有無を決定するにあたっても，被告の住所がわが国にあることを原則とすべきことは，訴訟手続上の正義の要求にも合致し，また，いわゆる跛行婚の発生を避けることにもなり，相当に理由のあることではある。しかし，他面，原告が遺棄された場合，被告が行方不明である場合その他これに準ずる場合においても，……被告の住所がわが国になければ，原告の住所がわが国に存していても，なお，わが国に離婚の国際的裁判管轄権が認められないとすることは，わが国に住所を有する外国人で，わが国の法律によっても離婚の請求権を有すべき者の身分関係に十分な保護を与えないこととなり……，国際私法生活における正義公平の理念にもとる結果を招来することとなる。」

最判平成8・6・24民集50巻7号1451頁

　一「離婚請求訴訟においても，被告の住所は国際裁判管轄の有無を決定するに当たって考慮すべき重要な要素であり，被告が我が国に住所を有する場合に我が国の管轄が認められることは，当然というべきである。しかし，被告が我が国に住所を有しない場合であっても，原告の住所その他の要素から離婚請求と我が国との関連性が認められ，我

が国の管轄を肯定すべき場合のあることは，否定し得ないところであり，どのような場合に我が国の管轄を肯定すべきかについては，国際裁判管轄に関する法律の定めがなく，国際的慣習法の成熟も十分とは言い難いため，当事者間の公平や裁判の適正・迅速の理念により条理に従って決定するのが相当である。そして，管轄の有無の判断に当たっては，応訴を余儀なくされることによる被告の不利益に配慮すべきことはもちろんであるが，他方，原告が被告の住所地国に離婚請求訴訟を提起することにつき法律上又は事実上の障害があるかどうか及びその程度をも考慮し，離婚を求める原告の権利の保護に欠けることのないよう留意しなければならない。」

二「所論引用の判例（最大判昭和 39・3・25 民集 18 巻 3 号 486 頁，最判昭和 39・4・9 集民 73 号 51 頁）は，事案を異にし本件に適切ではない。」

解説

(1) 離婚事件の国際裁判管轄権に関する明文規定は，日本にはないと解されている（人事訴訟法 29 条 1 項によれば，民事訴訟法の中の国際裁判管轄規定は，離婚の訴え等の人事に関する訴えには適用されない）。したがって，離婚の訴えについて，どのような場合に，日本の裁判所が国際裁判管轄権を有するかは，条理によって判断されなければならず，ここでは，判例や学説が重要な役割を果たすことになる。後述するように，上記の 2 つの最高裁判決の関係については議論はあるが，いずれによっても，本事例では，原告である X の住所地が日本であるとして，日本の裁判所の国際裁判管轄権は肯定されると思われる。また，学説では，例えば，夫婦の最後の共通住所地が日本であり，かつ，現在も夫婦の一方だけがまだ日本に居住している場合には，日本の裁判所の国際裁判管轄権が肯定されるとの見解が主張されている（横山 375 頁）。この見解によっても，本事例では，ＸＹの最後の共通住所地が日本であり，かつ，Xの住所地が日本であるため，日本の裁判所の国際裁判管轄権が肯定されることになろう。

(2) なお，上掲最大判昭和 39・3・25 と最判平成 8・6・24 の文言には相違があることから，これらの判決の関係をどのように理解すべきかについて議論がある。特に，最判平成 8・6・24 が，最大判昭和 39・3・25 を「事案を異にし，本件に適切ではない」と判示したことから，この点をめぐって，さまざまな理解がなされている。これについては，松岡編 323-324 頁［北坂尚洋］や百選 104［櫻田嘉章］等を参照。

（北坂　尚洋）

★47 外国離婚判決の承認

事　例

　日本人男Xと甲国人女Yは、日本で婚姻し、甲国で婚姻生活を送っていた（XY間には子はいない）が、婚姻後しばらくしてその婚姻関係は破綻した。Xは日本に戻り、現在XとYはそれぞれ日本と甲国に居住している。両者がそれぞれの本国で別居を始めて5年が経過したころ、Xとの離婚を決意したYは、甲国裁判所に離婚訴訟を提起し、訴状は適法にXに送達された。甲国裁判所での裁判で、Xは、甲国裁判所の国際裁判管轄権を争ったが、甲国裁判所は、その管轄権を肯定し、XとYとを離婚する旨の判決を言い渡した。甲国裁判所の離婚判決を日本で承認するための要件の1つである国際裁判管轄権は甲国に認められるか。

〔平成21年司法試験〔第1問〕を簡略化〕

論　点

　外国離婚判決の承認の判断の際には、外国判決の承認要件を定めた民事訴訟法118条がそのまま適用されるか。また、管轄権（間接管轄権）の要件はどのようにして判断されるか。

解　説

　(1)　財産関係事件に関する外国判決は、民事訴訟法118条が定める5つの要件（①確定判決の要件（柱書）、②管轄権（間接管轄権）の要件（1号）、③送達・応訴の要件（2号）、④公序良俗の要件（3号）、⑤相互保証の要件（4号））のすべてを満たす場合のみ、日本で承認される。では、外国離婚判決の承認も、同法118条に従って判断されることになるのだろうか。

　この点について、同法118条が規定するすべての要件を満たす場合に外国離婚判決は日本で承認されるとする見解（118条全面適用説）（山田鐐一『国際私法〔第3版〕』（有斐閣、2004年）472頁）と、同条4号を除く要件で承認を判断すべきとする見解（相互保証要件不要説）（櫻田300頁）が主張されている。

　118条全面適用説は、財産関係事件に関する外国判決の承認と同じ要件で、相互保証の要件（4号）も含めて、外国離婚判決の承認を判断しようとする見解である。

この見解は，相互保証要件不要説のように，一部の要件のみを排除することは解釈論としては不自然であること等をその根拠とする。戸籍実務もこの立場である（昭和51年1月14日法務省民二第280号民事局長通達）。この見解に立つ裁判例としては，東京地判昭和46・12・17（判時665号72頁）等がある。

これに対して，相互保証要件不要説は，外国判決の承認要件のうち，相互保証の要件以外の要件によって，外国離婚判決の承認を判断するものである。この見解は，相互保証の要件は，強制執行を念頭に置く規定であり，離婚判決については強制執行は必要でないこと，身分関係に関しては，特に不均衡な身分関係が発生する状況（外国では離婚が認められているが，日本では離婚が認められない状況）の発生を防止すべきであるから要件を緩和すべきであること等をその根拠とする。この見解に立つ裁判例としては，横浜地判昭和46・9・7（下民集22巻9・10号937頁）がある。

(2) いずれの見解によるとしても，管轄権（間接管轄権）の要件を満たすかを審査しなければならないが，ここでは財産関係事件の外国判決と同様の議論がなされている（櫻田300頁）。すなわち，その基準は，判決国法ではなく，承認国法によって判断されるが，その承認国法の基準は，直接管轄権の基準と同じであると考える見解（鏡像理論）と，直接管轄権の基準よりも緩やかな基準であると考える見解に分かれる（財産関係事件に関する外国判決承認の管轄権の要件については⇒**66**を参照）。日本には離婚事件の直接管轄権の基準を定めた明文規定は存在しないと考えられているから，いずれの見解でも，条理に従って，どのような場合に甲国の裁判所が，本事例の離婚の訴えについて管轄権を有するかを判断するしかない（直接管轄権については⇒**46**を参照）。その際，**46**で述べた最大判昭和39・3・25や最判平成8・6・24，その他の下級審判，学説を参考に考えることになる。

最大判昭和39・3・25と同じ基準によれば，本事例では，甲国は間接管轄権を有さないことになると思われる。それに対して，夫婦の一方がまだ居住している夫婦の最後の住所地に間接管轄権を認めると考えれば，本事例では，甲国は間接管轄権を有することになろう。

参考文献

・クエスト国際私法314頁-315頁
・松岡編324頁-326頁〔北坂尚洋〕

（北坂　尚洋）

★★ 48　親子関係事件の国際裁判管轄権

事　例

　日本に住所を有する日本人男Xは，日本で会社を経営している。Yは，日本に住所を有する甲国人男であり，Xが経営する会社で勤務している。XとYは，YがXの養子となることに合意し，養子縁組の届出が住所地の市役所になされ，日本民法上の普通養子縁組を行った。しかし，会社の経営を巡る意見の相違から，XとYは不和になった。そして，縁組から2年目，XはYに対して離縁を求める訴えを日本の裁判所に提起した。この訴えについて，日本の裁判所は国際裁判管轄権を有するか。

論　点

　離縁を求める訴えについて，どのような場合に，日本の裁判所は国際裁判管轄権を有するか。親子関係事件には，本事例のような普通養子縁組の離縁の訴えのほか，普通養子縁組の許可の申立てや特別養子縁組の成立の申立て等，様々な事件があるので，その事件の性質を見極めて検討することが必要となる。

解　説

　(1)　国際裁判管轄権について定めた民事訴訟法の規定は，離婚の訴え，嫡出否認の訴え，認知の訴え，普通養子縁組の離縁の訴え等の人事訴訟法に定められている訴え（人事に関する訴え）には適用されない（人事訴訟法29条1項）。そして，身分関係事件の国際裁判管轄権に関する明文規定はないと考えられており（横山374頁），条理に従ってこれを判断するしかない（なお，後見開始の審判の申立ての国際裁判管轄権規定は，通則法5条，失踪宣告の審判の申立ての国際裁判管轄規定は，通則法6条にある。前者については，**13**，後者については，**11** を参照）。

　離婚の訴えの国際裁判管轄権については，最高裁判決や学説では，様々な見解が主張されているが，当事者間の衡平という観点から，被告住所地が日本であれば，日本の裁判所は国際裁判管轄権を有するとするという点では一致している（離婚の訴えの国際裁判管轄権に関する最高裁判決については⇒**46**を参照）。そして，離婚の訴えと同様に，日本では人事訴訟事件とされ，かつ，争訟性の強い事件である離婚

の訴え以外の人事訴訟事件においても，被告住所地が日本であれば，日本の裁判所の国際裁判管轄権は肯定されると考えられている（司法研修所編『渉外家事・人事訴訟事件の審理に関する研究』（法曹会，2010年）7頁。横山376頁も同趣旨と思われる）。したがって，争訟性の強い訴訟事件である普通養子縁組の離縁の訴えの国際裁判管轄権についても，被告住所地管轄が肯定されよう（離縁の訴えではないが，中華民国人間の養子縁組無効確認事件であった神戸地判平成3・1・30判タ764号240頁は，傍論として，被告住所が管轄原因となる旨を判示している）。本事例では，被告であるYは日本に住所を有するので，本事例の訴えについて，日本の裁判所が国際裁判管轄権を有するとする結論が導かれるものと思われる。

(2) なお，例えば，日本民法に定められている普通養子縁組の許可の申立てや特別養子縁組の成立の申立て（以下では，普通養子縁組の許可の申立て等という）等の事件は，日本では審判事件とされており（家事事件手続法161条・164条），普通養子縁組の離縁とは別の事件類型とされている。また，争訟性の強さという点でも，普通養子縁組の離縁の訴えと，普通養子縁組の許可の申立て等の性質は同じではない。普通養子縁組の許可の申立て等について，どのような場合に，日本の裁判所が国際裁判管轄権を有するかを定めた明文規定はないと考えられているので（横山374頁），これも条理によって判断するしかない。学説では，養子の住所地，または，養親の住所地が日本である場合，日本の裁判所は国際裁判管轄権を有するとする見解が主張されている（横山377頁）。普通養子縁組の許可の申立て等の国際裁判管轄権については，百選106〔西島太一〕や司法研究所編『渉外養子縁組に関する研究』（法曹会，1999年）等も参照。

参考文献

・クエスト国際私法345頁-347頁
・松岡編327頁-330頁［北坂尚洋］

（北坂　尚洋）

★49 相続事件の国際裁判管轄権

事　例

日本人女X（申述人）と甲国人男A（被相続人）は，日本で婚姻した。XとAは結婚した時からAが死亡するまで日本に住所を有していた。Aは，日本で貿易商を営んでおり，甲国内には財産は一切ないが，日本国内の住所地には，家財道具，銀行預金約 30 万円と債権 140 万円を有しており，他方，Xの債務（債権者はいずれも日本の金融機関）は約 3500 万円であった。このような状況の中で，Aは日本で死亡した。Xは，日本の家庭裁判所に，相続放棄の申述を行おうと考えているが，この申述について，日本の裁判所は国際裁判管轄権を有するか。

〔神戸家審平成 6・7・27 家月 47 巻 5 号 60 頁の事案を簡略化〕

論　点

相続放棄の申述について，どのような場合に，日本の裁判所は国際裁判管轄権を有するか。相続事件には，本事例のような相続放棄の申述のほか，相続権確認請求の訴え等，様々な事件があり，その事件の性質を見極めて検討することが必要になる。

判　旨

「Aの最後の住所地が神戸市であるから，本件相続放棄申述についてはわが国に裁判管轄があ」る。

解　説

民事訴訟法 3 条の 3 第 12 号は，①相続権に関する訴え，②遺留分に関する訴え，③遺贈その他死亡によって効力を生ずべき行為に関する訴えについては，相続開始の時の被相続人の住所が日本国内にあるときには，日本の裁判所は国際裁判管轄権を有すると定めている。同法 3 条の 3 第 13 号も，④相続債権その他相続財産の負担に関する訴えで，第 12 号以外のものについて，同じことを定めている。しかし，これらの対象になる訴えは，相続権の存否確認訴訟や遺留分減殺請求訴訟等の訴訟事件であり，本事例のような相続放棄の申述等の非訟事件（日本では，相続放棄の申述の手続は，家事事件手続法に定められている）は，ここには含まれない。したがって，本事例の相続放棄の申述について，日本の裁判所が国際裁判管轄権を有する

かどうかを民事訴訟法のこれらの規定によって判断することはできない。

相続放棄の申述について，どのような場合に，日本の裁判所が国際裁判管轄権を有するかについて定める明文の規定はないので，これは，条理に従って判断されている（南敏文「渉外相続放棄と限定承認申述の受理」野田愛子ほか編『家事関係裁判例と実務 245 題』（判例タイムズ社，2002 年）432-433 頁）。そして，これについて，学説では，次のような見解が主張されている。

(a) かつては，準拠法の所属国に国際裁判管轄権を認めるとする並行原則が主張された（川上太郎「渉外相続非訟事件の国際裁判管轄」民商法雑誌 61 巻 6 号（1970 年）966 頁は，これを原則とする）。相続放棄の準拠法は相続の準拠法を定めた通則法 36 条（法例 26 条，平成元年改正前法例 25 条）によって決定されるので，この見解によれば，本事例では，被相続人の本国である甲国が国際裁判管轄権を有し，日本の裁判所は国際裁判管轄権を有さないことになる。しかし，理論的には，国際裁判管轄権の有無は，準拠法の決定に先行すべきものであり，準拠法とは別に決定すべきであろう。

(b) これに対して，被相続人の最後の住所地が日本である場合や，遺産所在地が日本である場合には，相続放棄の申述について，日本の裁判所は国際裁判管轄権を有するとする見解が主張されている（山田鐐一『国際私法〔第 3 版〕』（有斐閣，2004 年）578 頁）。上掲神戸家審平成 6・7・27 も，被相続人の最後の住所地が日本であることを理由に，日本の裁判所の国際裁判管轄権を肯定している。

(c) さらに，被相続人の最後の住所地が日本である場合のほか，相続人の住所地が日本にある場合，遺産または相続債務が日本にある場合，被相続人が日本人である場合には，日本の裁判所は国際裁判管轄権を有するとする見解も主張されている（南・前掲論文 433 頁）。

本事例に関しては，被相続人の本国のみが国際裁判管轄権を有する立場に立たない限りは，日本の裁判所の国際裁判管轄権が肯定されることになろう。

参考文献

・クエスト国際私法 396 頁-398 頁
・松岡編 337 頁-339 頁［北坂尚洋］

（北坂　尚洋）

50 裁判権免除：商業取引

事　例

　日本法人Xらは，Y国代理人であるA社との間で，Y国にコンピューター等を売り渡す旨の売買契約（以下「本件各売買契約」という）を締結した後，売買代金債務を消費貸借の目的とする準消費貸借契約（以下「本件各準消費貸借契約」という）を締結したとして，日本の裁判所に，Y国に対して貸金元本等の支払を求める訴訟を提起した（本件訴訟）。Y国代理人A社名義の注文書には，本件各売買契約に関して紛争が生じた場合にはY国は日本の裁判所で裁判手続を行うことに同意する旨の条項が記載され，本件各準消費貸借契約書には，そこに記載された契約条件以外の条件は注文書のままとする旨の記載があった。
　Y国は，自らは主権国家であり日本の民事裁判権に服することを免除されると主張して，訴えの却下を求めた。Y国の主張は認められるか。

〔最判平成18・7・21民集60巻6号2542頁〕

論　点

　本件訴訟について，外国国家であるY国は我が国の民事裁判権に服することを免除されるか。

判　旨

　「外国国家は，その私法的ないし業務管理的な行為については，我が国による民事裁判権の行使が当該外国国家の主権を侵害するおそれがあるなど特段の事情がない限り，我が国の民事裁判権から免除されないと解するのが相当である。」
　「また，外国国家の行為が私法的ないし業務管理的なあるか否かにかかわらず，外国国家は……私人との間の書面による契約に含まれた明文の規定により当該契約から生じた紛争について我が国の民事裁判権に服することを約することによって，我が国の民事裁判権に服する旨の意思を明確に表明した場合にも，原則として，当該紛争について我が国の民事裁判権から免除されないと解するのが相当である。」
　「Y国が……本件各売買契約を締結し……本件各準消費貸借契約を締結したとすれば，Y国のこれらの行為は，その性質上，私人でも行うことが可能な商業取引であるから，その目的のいかんにかかわらず，私法的ないし業務管理的な行為に当たるというべきである。」

解説

　外国国家に対する民事裁判権免除は国際慣習法上確立された原則であるが，その範囲については，①国家は，免除特権を自ら放棄して応訴した場合以外は，法廷地国に存在する不動産を目的とする権利関係に関する訴訟等を除き，他国の民事裁判権に服することを免除されるとする絶対免除主義（大決昭和3・12・28民集7巻12号1128頁）と，②国家の活動を「主権的行為」と私法的商業的な性質を持つ「私法的ないし業務管理的な行為」に分け，主権的行為についてのみ裁判権免除を認める制限免除主義がある。本判決は，「外国等に対する我が国の民事裁判権に関する法律」（以下，主権免除法）施行前のものであるが，大審院決定を変更して制限免除主義に立った上，「主権的行為」と「私法的ないし業務管理的な行為」の区別の基準について，行為性質基準説（当該行為が国家のみが行える性質のものであれば主権的行為，私人でも行える性質のものであれば私法的ないし業務管理的な行為とする説。他に行為の目的を判断基準とする行為目的基準説等がある）に立つことを明らかにした。

　現在では，本事例は主権免除法の適用によって解決されることとなり（同法制定の契機であり，我が国も批准している「国及びその財産の裁判権からの免除に関する国際連合条約」は現在未発効である），A社がY国の代理人であると認められれば，商業的取引に関する裁判手続（主権免除法8条）として，またY国が書面による契約によって裁判権に服することについての同意を明示的にした場合（同法5条1項2号）として，Y国の裁判権免除は否定されることになろう。

　なお，本判決が採った行為性質基準説の考え方は主権免除法下でも妥当すると解される。また，私法的ないし業務管理的な行為でも「特段の事情」があれば裁判権が免除される場合があるとする本判決の解釈が，主権免除法下でも維持されるかどうかは注目に値する（立法担当者は，民事裁判を我が国で行うことが外国等の主権を侵害することとなるような極めて例外的な場合には「商業的取引」に該当しないとされる余地があるとしている。飛澤知行編著『逐条解説　対外国民事裁判権法』（商事法務，2009年）37頁）。

参考文献

・飛澤知行編著『逐条解説　対外国民事裁判権法——わが国の主権免除法制について』（商事法務，2009年）37頁

（佐藤　剛史）

51 原則管轄

事　例

　Aは，マレーシアにおいて，マレーシア法人Y社の運行する航空機（国内線）による航空運送切符を購入してこれに搭乗したが，この航空機がマレーシア国内で墜落したことにより死亡した。日本に住むAの遺族Xらは，航空運送契約の債務不履行によりAの取得した損害賠償請求権を相続したとして，日本の裁判所に，Yに対する損害賠償請求訴訟を提起した。
　我が国の裁判所に国際裁判管轄は認められるか。なお，Yはマレーシア国内に本店を置きつつ東京都内にも営業所を有している。

〔最判昭和 56・10・16 民集 35 巻 7 号 1224 頁〕

論　点

平成 23 年改正民訴法下における法人の原則管轄。

判　旨

　「思うに，本来国の裁判権はその主権の一作用としてされるものであり，裁判権の及ぶ範囲は原則として主権の及ぶ範囲と同一であるから，被告が外国に本店を有する外国法人である場合はその法人が進んで服する場合のほか日本の裁判権は及ばないのが原則である。しかしながら，その例外として，わが国の領土の一部である土地に関する事件その他被告がわが国となんらかの法的関連を有する事件については，被告の国籍，所在のいかんを問わず，その者をわが国の裁判権に服させるのを相当とする場合のあることをも否定し難いところである。そして，この例外的扱いの範囲については，この点に関する国際裁判管轄を直接規定する法規もなく，また，よるべき条約も一般に承認された明確な国際法上の原則もいまだ確立していない現状のもとにおいては，当事者間の公平，裁判の適正・迅速を期するという理念により条理にしたがって決定するのが相当であり，わが民訴法の国内の土地管轄に関する規定，たとえば，被告の居所……，法人その他の団体の事務所又は営業所……，義務履行地……，被告の財産所在地……，不法行為地……，その他民訴法の規定する裁判籍のいずれかがわが国内にあるときは，これらに関する訴訟事件につき，被告をわが国の裁判権に服させるのが右条理に適うものというべきである。」
　「……Yは，マレーシア連邦会社法に準拠して設立され，同連邦国内に本店を有する

会社であるが，Bを日本における代表者と定め，東京都港区……に営業所を有するというのであるから，たとえYが外国に本店を有する外国法人であっても，Yをわが国の裁判権に服させるのが相当である。」

解　説

　本判決は，国際裁判管轄に関する規定のなかった平成23年改正前民訴法下で，法の不存在を条理で補うべきであるとする管轄配分説を基本に，民訴法の国内土地管轄規定の定める裁判籍が我が国にある場合には我が国の国際裁判管轄を認めるのが条理に適うとする逆推知説類似の考え方を採用した。本判決は，平成23年改正前民訴法の国内土地管轄規定において，外国会社の普通裁判籍は「日本ニ於ケル事務所，営業所」によると定められていた（旧民訴法4条3項。なお現行民訴法4条5項参照）ことから，被告である外国会社の営業所が日本にあれば我が国に国際裁判管轄が認められると考えたものと理解される。

　本判決の基本理念と「特段の事情」法理を採用した最判平成9・11・11（⇒**62**）を引き継ぎ，これをさらに具体化したのが，平成23年改正民訴法に定める国際裁判管轄に関する各規定である。もっとも，その3条の2第3項は，法人の原則管轄として，①主たる事務所または営業所が日本国内にあるとき，②事務所もしくは営業所がない場合またはその所在地が知れない場合には代表者その他の主たる業務担当者の住所が日本国内にあるときに，我が国の国際裁判管轄を認めており，本判決の上記理解とは異なる定めを置いている。本事例では，Y社の「主たる営業所」はマレーシア国内にあるから，現行民訴法下では法人の原則管轄が肯定されることはなく，その他の管轄原因（同法3条の3第3号・第4号・第5号，3条の4第1項）を検討することになる（ただし，本事例の下で同法3条の3第4号および第5号が認められることはなかろう）。

（佐藤　剛史）

52 義務履行地管轄

事 例

Y5（米国ハワイ州のパートナーシップ）は，ハワイ州内に所有する土地（本件土地）の売却を日本法人Y1，Y2らに委託した。Y1らは，日本法人X1およびX2（X1の代表者）に買い主の探索と交渉を委託した。その後，本件土地は，日本法人Y4を仲介人として，日本法人Y3に売却された。Xらは，Xらが本件土地の売却について排他的な交渉および契約締結の権原を授与されていたにもかかわらず，Yらは，Xらへの代理手数料の支払を免れるため，売主Y5と買主Y3（日本法人）との間で直接売買契約を締結する形をとったと主張して，Yらに対し，共同不法行為に基づく損害賠償または商法512条に基づく手数料の支払を求めた。

Y5は我が国の国際裁判管轄を争い，訴え却下を求めた。Xらは，国際裁判管轄の原因として不法行為地および義務履行地を主張した。

〔東京地判平成7・4・25判時1561号84頁〕

論 点

・管轄原因事実と本案の要件事実の重なる場合の処理。
・管轄原因として義務履行地は契約上明示されている必要があるか。

判 旨

「不法行為地の裁判籍のように，管轄原因たる事実と請求原因事実とが符合する場合の国際裁判管轄の決定に際しては，原告の主張のみによってこれを肯定し，被告に実体審理について応訴の負担を強いるのは，その性質上相当ではなく，管轄原因事実について一応の証明が必要と解すべきであり，被告が日本国内において不法行為を行ったことにつき実体審理を必要ならしめる程度の心証を持つに至った場合には，右管轄原因事実の証明ありとして管轄を肯定して差し支えないものというべきである。」

「本件では，Y5が日本国内において不法行為を行ったことにつき，管轄原因としての一応の証明すらされているということはできないから，Y5につき，不法行為地の裁判籍を日本国内に認めることはできない。」

「不法行為事件の国際裁判管轄を決定するに際し，民事訴訟法5条の義務履行地を基準とすることは，これを否定すべきものと解する。」

「契約上の債務については，義務履行地が契約上明示され，あるいは契約内容から一

義的に明確であるというような特段の事情のないかぎり，義務履行地としての国際裁判管轄を日本国内に認めることは，前記説示のように当事者間の公平を失することになり，条理にも反する結果となると考えられるところ，本件においては，右のような事情は認められない。」

「したがって，Y5につき，義務履行地の裁判籍を日本国内に認めることはできない。」

解説

不法行為に基づく損害賠償請求訴訟において，管轄原因として不法行為地が主張された場合，管轄原因事実の証明が本案の要件事実の証明と重なることとなる。このような場合について，本判決は，管轄原因事実について「一応の証明」が必要であるとしたが，その後，最判平成13・6・8民集55巻4号727頁（⇒ **56**）が，客観的事実関係証明説を採用し，「一応の証明」説は採らないことを明らかにした。

契約上の債務の履行請求訴訟において，管轄原因として義務履行地が主張された場合，その義務履行地が契約内容から一義的に明確であることを要するか，あるいは本案の準拠法によって義務履行地が指定される場合でも足りるかについては，本判決当時，学説裁判例は分かれていた。この点について，現行民訴法3条の3第1号は，「契約において選択された地の法によれば当該債務の履行地が日本国内にあるとき」も，義務履行地管轄を肯定することとした。したがって，仮に本事例においてXらとYらとの契約において日本法が準拠法として選択されていれば，持参債務の原則（民法484条）によって我が国が義務履行地となる結果，現行民訴法の下では，義務履行地を原因とする我が国の国際裁判管轄が肯定され，あとは，我が国での審理判断を拒否すべき「特別の事情」（民訴法3条の9）の有無の問題となる。

参考文献

・神前禎「[渉外判例研究] 不法行為に基づく損害賠償請求と国際裁判管轄」ジュリスト1118号（1997年）131頁
・岡野祐子「管轄原因事実と請求原因事実とが符合する場合の国際裁判管轄の決定」『平成8年度重要判例解説』ジュリスト臨時増刊1113号（1997年）284頁

（古田　啓昌）

53 財産所在地管轄

事 例

　日本法人Xは，米国ハワイ州法人Y$_1$との間で，Y$_1$のブランド製品をXが日本で販売する旨の販売代理店契約の締結に向けて基本合意書（レター・オブ・インテント）を締結し，契約前払金18万米ドルをY$_1$に送金した。Y$_1$は，販売代理店契約が締結されない場合には契約前払金をXに全額返還することを約し，米国ハワイ州法人Y$_2$はY$_1$の契約前払金返還債務を保証した。その後，販売代理店契約の交渉は決裂したことから，Xは，Y$_1$およびY$_2$に対し，前払金返還約束または不法行為に基づき18万米ドルの支払を求め，さらに契約締結上の過失または不法行為に基づき約6940万円の支払を求めて，訴訟を提起した。

　Yらは我が国の国際裁判管轄を争い，訴え却下を求めた。Xは，Y$_1$は日本国において本件ブランドの商標を登録しているところ（本件商標権），その財産的価値は約4500万円であり，本件における請求額との均衡は取れている等として，Y$_1$との関係で財産所在地等を原因とする国際裁判管轄を，Y$_2$との関係で主観的併合等を原因とする国際裁判管轄を主張した。なお，Xは，本件訴訟提起に先立って，本件商標の仮差押えを行っている。

〔東京地判平成15・9・26判タ1156号268頁〕

論 点

　被告の財産が日本にあることを理由として，我が国の国際裁判管轄が肯定されるのは，どのような場合か。

判 旨

　「Y$_1$は，我が国において本件商標権を有しているところ，本件商標権については，特許庁の所在地をもって，民訴法5条4号の財産の所在地とみなされるから（商標法77条2項，特許法15条），少なくとも，被告の財産の所在地（民訴法5条4号）の裁判籍が我が国内にあるものと認められる。」

　としながらも，本件における販売代理店契約の締結交渉の経緯に照らせば，Y$_1$は我が国の裁判所に提起されることは全く予期していなかったこと，米国ハワイ州の裁判所に訴えを提起させることがXに過大な負担を課すことになるともいえないこと，書証の取り調べ・証人尋問についても米国の裁判所で審理することが迅速な審理に資すること，

X・Y₁間の基本合意書はハワイ州の法律が契約準拠法となるので同州の裁判所において審理をすることが最も合理的であること，Y₁は，日本国内に支店，営業所を有しておらず，また，その代表者，役員および従業員も，日本国内に住所，居所を有していないこと等を挙げて，「我が国の国際裁判管轄を否定すべき特段の事情があると認めるのが相当である。」として，訴えを却下した。

解説

民訴法5条4号は，日本に生活の本拠を有しない者に対する権利の保護を確実ならしめ権利の実行を容易にするために設けられた規定であり，被告も自己の財産が所在する場所であれば，提訴されても不意打ちにならないと説明されている。しかし，例えば，第三者が主債務者の委託を受けずに提供した物上担保の目的物が日本に所在するからといって，日本に住所を有しない主債務者が日本で提訴されることは，不意打ちになる可能性が高い。差押え可能財産についても，外国会社の従業員が日本出張中にホテルに会社の廉価な所有物（会社から貸与された事務用品とか少量の商品見本とか）を忘れた場合に，その忘れ物の所在地に国際裁判管轄を認めるのは合理的とはいいがたい。

そこで，民訴法3条の3第3号は，担保の目的の所在地を管轄原因とはせず，また，差押え可能財産の価額が著しく低いときを明文で除外した。その上で，さらに，「特別の事情」（民訴法3条の9）による訴え却下の可能性を残した。本判決は平成23年民訴法改正前の事案であるが，本件商標権の価額が著しく低いとはいいがたい（Xの主張によれば約4500万円の価値があり，仮差押えの対象ともなっている）ことからすれば，現行法下においても，本判決の判断枠組みは引き続き妥当するものといえよう。

参考文献

・国友明彦「[渉外判例研究] 契約書案中の国際的専属管轄合意を特段の事情として考慮した事例」ジュリスト1364号（2008年）162頁
・松下淳一「[商事判例研究] 外国会社への損害賠償請求訴訟の国際裁判管轄（否定例）」ジュリスト1311号（2006年）196頁

（古田　啓昌）

54 営業所等所在地管轄

事例

　日本国政府は，昭和61年11月，昭和天皇の天皇在位60年を記念して，額面10万円の金貨910万枚を発行した。しかし，この金貨の純金含有量は当時の時価で1枚当たり4万円程度であり，発行当初から偽造のおそれが懸念されていたところ，実際に，10万枚以上の大量偽造事件が発覚した。コイン商X（日本法人）は，上記偽造金貨の取引（本件取引）に関連して損失を被ったとして，本件取引に関与した外国銀行Y（スイス法人）に対して不当利得金3234万円の返還を求めた。
　Yは，本件取引に関与したのはスイスの営業所であって，日本の営業所は全く無関係である等として，訴えの却下を求めた。Xは，Yは日本における代表者を定め，東京都千代田区に営業所を設置しているから，日本の裁判管轄に服すると主張した。
〔東京高判平成12・12・20金商1133号24頁〕

論点

　外国法人が日本国内に営業所を有していることを理由として日本の国際裁判管轄が肯定されるのは，当該営業所が問題となっている取引に関与していた場合に限られるか。

判旨

　「Yは本件訴えが提起された当時東京都千代田区に営業所を有していたから，民事訴訟法附則4条1項，旧民事訴訟法4条3項による裁判籍が日本の国内に存在したものと認められる。したがって，本件においては原則として日本の国際裁判管轄を肯定すべき事実関係が存在するということができる。」
　とした上で，「日本の裁判管轄を否定すべき特段の事情の有無」について検討し，本件における不当利得返還請求の準拠法はスイス法となること，スイスにおける銀行実務が争点となること，予想される証人等はスイス国内に集中していること，Yの日本の営業所は本件取引に関与していないこと，Xはコイン商として諸外国においていくつもの取引を行っている会社であり，外国で訴訟を追行する能力がないとはいえないこと等を指摘して，我が国の国際裁判管轄を否定した。

解説

　民訴法は，法人その他の社団または財団の普通裁判籍について，「その主たる事務所又は営業所」の所在地によるとしつつ（民訴法4条4項），「外国の社団又は財団の普通裁判籍は，前項の規定にかかわらず，日本における主たる事務所又は営業所」によると規定している（民訴法4条5項）。そのため，民訴法4条5項の規定を，そのまま国際裁判管轄の判断に用いると，日本国内に事務所等を有する外国法人は，常に日本国内に普通裁判籍を有することとなり，日本における事務所等とは全く無関係な事件についても，日本の国際裁判管轄に服することとなる。そのため，外国法人の日本における事務所等を原因として国際裁判管轄を肯定する場合に，当該事務所等と事案との「業務関連性」（民訴法5条5号参照）を要求すべきか否かが問題となっていた。本判決は，この点について，業務関連性は不要であるとした上で，「特段の事情」によって我が国の国際裁判管轄を否定したものである。

　しかし，本判決のような手法に対しては，「特段の事情」の機能を肥大化させ，予測可能性を害するという批判があった。そこで，平成23年改正民訴法は，法人その他の社団または財団に対する訴えは，「その主たる事務所又は営業所」が日本国内にあるときは，日本の裁判所に提起することができるとした上で（民訴法3条の2第3項），「事務所又は営業所を有する者に対する訴えでその事務所又は営業所における業務に関するもの」は，当該事務所等が日本国内にあるときは，日本の裁判所に提起することができるものとした（民訴法3条の3第4号）。本事例においては，Yの主たる営業所はスイスに所在しているから民訴法3条の2第3項には該当せず，また，Yの日本における営業所は本件取引に関与していなかったというのであるから民訴法3条の3第4号にも該当しない。それゆえ，本事例は，現行法下においては，「特別の事情」（民訴法3条の9）の有無を検討するまでも無く，管轄原因なしとして，訴えが却下されることになろう。

参考文献

・小野寺規夫「外国銀行に対する不当利得返還訴訟について日本の国際裁判管轄権が否定された事例」判タ1125号（2003年）236頁
・山田恒久「[渉外判例研究]不当利得返還請求訴訟の国際裁判管轄が否定された一事例」ジュリスト1242号（2003年）140頁

（古田　啓昌）

★★ 55 事業活動地管轄

事　例

　Yは，甲国に主たる営業所を有する甲国の会社である。Yは，インターネット上に法人および個人顧客向けに英語のほかに日本語表記のウェブサイト（本件サイト）を開設し，本件サイトを通じて日本およびその他の国において自社製品であるα等の購入の問合せおよび購入ができるようにしている。Yは，日本の弁護士を日本における代表者として定めて外国会社としての登記をし，本件サイトを通じた継続的な取引を行っているが，日本には営業所や財産を一切有していない。

　Xは，日本に主たる営業所を有する日本の会社である。Xは，本件サイトからαの購入の問合せをし，Yの主たる営業所から日本に派遣された担当者と交渉の上，Yと東京において売買契約を締結した（本件売買契約）。Xは，αを受領してYに代金を支払ったが，αに瑕疵があったため，損害を被った。Xは，Yに対して債務不履行を理由として損害賠償を求める訴え（本件訴訟）を日本の裁判所に提起した。XとYとの間には裁判管轄に関する合意はなく，民訴法3条の3第1号に掲げる管轄原因が日本にないとした場合に，本件訴訟に関して日本の裁判所の国際裁判管轄権を基礎付ける事由はあるか。

〔平成24年司法試験［第2問］設問1を改変〕

論　点

　裁判管轄に関する合意はなく，民訴法3条の3第1号（義務履行地）による国際裁判管轄が生じないとした場合に，外国の事業者が我が国の国際裁判管轄に服するのは，どのような場合か。

解　説

　日本において取引を継続してしようとする外国会社は，日本における代表者を定めなければならず，そのうちの1人以上は日本に住所を有する者でなければならない（会社法817条1項）。外国会社の日本における代表者は，当該会社の日本における業務に関する一切の裁判上または裁判外の行為をする権限を有しているが（同条2項），それ自体は我が国の国際裁判管轄を基礎付けるものではない。そこで，平成23年改正民訴法3条の3第5号は「日本において事業を行う者（日本において

取引を継続してする外国会社……を含む。)」に対する訴えについて，当該訴えが「その者の日本における業務に関するもの」であるときは，我が国の国際裁判管轄を認めることとした。

　本事例においては，Yの主たる事務所は甲国に所在しているから，本件訴訟について民訴法3条の2第3項（被告の住所等）による国際裁判管轄は生じない。また，Yは日本には営業所や財産を一切有していないから，民訴法3条の3第3号（財産所在地）や同条第4号（営業所所在地）による国際裁判管轄も生じない。

　しかし，Yは，インターネット上に法人および個人顧客向けに日本語表記の本件サイトを開設し，本件サイトを通じて日本において自社製品a等の購入の問合せおよび購入ができるようにしており，さらに，日本の弁護士を日本における代表者として定めて外国会社としての登記をして，本件サイトを通じた継続的な取引を行っているというのであるから，民訴法3条の3第5号にいう「日本において事業を行う者」に該当すると考えられる（同号にいう「事業」とは，一定の目的を持って反復継続的に遂行される同種の行為の総体を指すものとされている）。また，本件訴訟は，aに瑕疵があったとして，本件売買契約の債務不履行を請求原因としているところ，Xは，本件サイトからaの購入の問合せをし，Yの主たる営業所から日本に派遣された担当者と交渉の上，東京において本件売買契約を締結したというのであるから，本件訴訟はYの「日本における業務に関するもの」であるということができる（同号にいう「業務」とは，営業所等において事業に関して反復継続して行われる個々の行為を意味するものとされている）。

　したがって，本件訴訟について，民訴法3条の3第5号によって日本の裁判所の国際裁判管轄を基礎付けることが可能である。

参考文献
・一問一答53頁以下

（古田　啓昌）

56 不法行為と管轄事実の証明

事 例

　日本法人X（株式会社円谷プロダクション）は，ウルトラQ，ウルトラマン等のテレビ映画（本件著作物）の日本における著作権者であり，文学的及び美術的著作物の保護に関するベルヌ条約（以下，ベルヌ条約）により，ベルヌ条約の同盟国であるタイ王国においても著作権を有する。Yは，タイ王国に在住する自然人であって，日本において事務所等を設置しておらず，営業活動も行っていない。Yが代表者を務めるチョイヨ・フィルム社は，Xが本件著作物の利用を許諾した株式会社バンダイ等に対し，「チャイヨ・フィルム社は，本件著作物の著作権を有し，又はXから独占的に利用を許諾されているから，株式会社バンダイ等が本件著作物を利用する行為は，チャイヨ・フィルム社の独占的利用権を侵害する」旨の警告書（本件警告書）を送付し，そのころ，本件警告書は，日本における各社の事務所に到達した。
　Xは，Yに対し，本件警告書が日本に送付されたことによりXの業務が妨害されたことを理由とする不法行為に基づく損害賠償（本件請求①），Xが本件著作物につきタイ王国において著作権を有することの確認，Yが本件著作物の利用権を有しないことの確認等を求める訴えを東京地方裁判所に提起した。

〔最判平成13・6・8民集55巻4号727頁〕

論 点

　不法行為に基づく損害賠償請求訴訟につき民訴法の不法行為地の裁判籍の規定に依拠して我が国の裁判所の国際裁判管轄を肯定するために証明すべき事項（民訴法3条の3第8号参照）。

判 旨

　「我が国に住所等を有しない被告に対し提起された不法行為に基づく損害賠償請求訴訟につき，民訴法の不法行為地の裁判籍の規定（民訴法5条9号，本件については旧民訴法15条）に依拠して我が国の裁判所の国際裁判管轄を肯定するためには，原則として，被告が我が国においてした行為により原告の法益について損害が生じたとの客観的事実関係が証明されれば足りると解するのが相当である。けだし，この事実関係が存在するなら，通常，被告を本案につき応訴させることに合理的な理由があり，国際社会に

おける裁判機能の分配の観点からみても、我が国の裁判権の行使を正当とするに十分な法的関連があるということができるからである。

本件請求①については、Xが本件警告書を我が国内において宛先各社に到達させたことによりYの業務が妨害されたとの客観的事実関係は明らかである。よって、本件請求①について、我が国の裁判所の国際裁判管轄を肯定すべきである。」

解説

裁判管轄の原因事実（管轄原因）と本案の請求原因事実（本案要件）とが符合する場合の処理については、①管轄審査の段階でも符合事実のすべてについて本案と同等の審理・証明を要するとする管轄原因証明必要説（ただし、この見解を実際に採用した学説・判例は見当たらない）と、②原告が符合事実について理論的な整合性を持って主張すれば、その主張事実が存在するものと仮定して管轄権の有無を判断すれば足りるとする管轄原因仮定説が対極にあり、その中間に、③原告が主張する管轄の原因となる事実について一定の審理・証明を要するとする管轄原因審理説がある。管轄原因審理説は、③-1管轄審査の段階における審理・証明の程度について、証明の程度を軽減して「一応の証明」で足りるとする見解と、③-2審査すべき事実の範囲を一定の客観的事実に限定した上で、当該客観的事実につき本来の証明を要するとする見解（客観的事実証明説）とに分かれる。

国際裁判管轄における管轄原因と本案要件の符合について、本判決以前の下級審裁判例の多くは一応の証明説を採っていたが、管轄原因仮定説を採ったものもあった。学説上は、一応の証明説が多数説であったとされるが、客観的事実証明説も有力であった。本判決は、「不法行為の存在又は不存在を一応の証明によって判断するというのでは、その証明の程度の基準が不明確であって、本来の証明に比し、裁判所間において判断の基準が区々となりやすく、当事者ことに外国にある被告がその結果を予測することも著しく困難となり、かえって不相当である。」として、それまでの多数説であった一応の証明説を否定し、「原則として、被告が我が国においてした行為により原告の法益について損害が生じたとの客観的事実関係が証明されれば足りる」としたものである。

参考文献

・最高裁判所判例解説民事篇平成13年度（下）（2004年）475頁［髙部眞規子］
・百選190頁［髙橋宏志］

（古田　啓昌）

57 専属管轄（取締役の責任追及の訴え）

事　例

　シンガポール法人Xは，その役員（マネジング・ディレクター）であった日本人Y対し，Xに対する信任義務違反または背任行為を理由とする損害賠償を求める訴えを，シンガポール高等法院に提起した（以下，別件訴訟）。Yは，当時，東京に住所を有していたところ，別件訴訟の召喚状等の送達を国際司法共助に基づいて適式に受けたにもかかわらず，何ら応訴しなかった。シンガポール高等法院はYに対し75万米ドルの支払等を明示するX勝訴の判決を言い渡した。Yは同判決に対して不服申立てをしなかった。Xは，別件訴訟判決につき我が国での強制執行の許可を求める執行判決請求訴訟を東京地方裁判所に提起した。

〔東京地判平成18・1・19判タ1229号334頁〕

論　点

　我が国の国際民訴法の原則からみて，シンガポール高等法院は別件訴訟について国際裁判管轄を有するか。

判　旨

　「民事訴訟法118条1号所定の『法令又は条約により外国裁判所の裁判権が認められること』とは，我が国の国際民事訴訟法の原則から見て，当該外国裁判所の属する国（以下「裁判国」という。）がその事件につき国際裁判管轄（間接的一般管轄）を有すると積極的に求められることをいうものと解され，その有無については，当事者間の公平，裁判の適正・迅速を期するという理念により，条理に従って決定するのが相当であって，具体的には，基本的に我が国の民事訴訟法の定める土地管轄に関する規定に準拠しつつ，個々の事案における具体的事情に即して，当該外国判決を我が国が承認するのが適当か否かという観点から，条理に照らして判決国に国際裁判管轄が存在するか否かを判断すべきものである（最判平成10・4・28民集52巻3号853頁参照。）。」
　「本件についてみるに，別件訴訟は，会社であるXが，その取締役であったYに対し，取締役が会社に対して負うところの様々な信任義務に違背したことを理由とする損害賠償請求訴訟であって，我が国の商法268条1項が定めるところの取締役の責任を追及する訴訟である。そして，その管轄は同項により本店所在地の地方裁判所に専属するものであるから，別件訴訟の管轄は，シンガポール共和国の裁判所に専属することとなる。」

「Yは，商法268条1項の専属管轄の規定は日本法に基づいて設立された会社における日本での裁判についてのものであるとして，シンガポール共和国の裁判所に専属管轄があることを争うが，前記のとおり，間接的一般管轄の有無については，基本的に我が国の民事訴訟法の定める土地管轄に関する規定に準拠すべきものであるから，商法268条1項の規定に従うべきといえ，他方，個々の事案における具体的事情を勘案しても，同項の規定を排斥すべき事情は認め難い。

また，その他Yが主張する諸々の事情も，前記判断を覆すほどの事情に該当するとはいえない。」

「以上によれば，本件判決は，民事訴訟法118条1号の要件を具備していることになる。」

解説

平成23年改正民訴法は，①会社法第7編第2章に規定する訴え（同章第4節および第6節に規定するものを除く），②一般社団法人および一般財団法人に関する法律第6章第2節に規定する訴え，および，③その他これらの法令以外の日本の法令により設立された社団または財団に関する訴えでこれらに準ずるものの管轄権は，日本の裁判所に専属する旨を規定している（民訴法3条の5第1項）。これらの訴えについては，法律関係の画一的処理の必要性が高く，専ら日本の裁判所で審理判断することが迅速かつ適正な紛争の解決につながると考えられるからである。このうち，①会社法第7編第2章に規定する訴え（同章第4節および第6節に規定するものを除く）には，会社の設立無効，株主総会の決議取消し等会社の組織に関する訴えの他，取締役の責任追及の訴えも含まれる。

本判決は，平成23年民訴法改正前の事案であり，かつ，我が国の裁判所の直接管轄では無く，外国裁判所の間接管轄が問題となった事案であるが，我が国の国際民訴法の原則上，法人からその取締役に対する責任追及の訴えは，法人設立国の専属管轄に属する旨を判示しており，現行の民訴法3条の5第1項と整合的である。

参考文献

・宮廻美明「[商事判例研究] 世界各地での訴訟提起が防御権の侵害か否か争われた事例」ジュリスト1362号（2008年）132頁

（古田　啓昌）

58 消費者事件

事　例

　日本在住の自然人であるXらは，スイス法人であるY銀行のチューリッヒ本店に口座（本件口座）を開設して金員を預託していたところ，Yからスイス証券取引所で上場されている株式に対する投資の勧誘を受け，株式を取得した。その後，当該株式の価値が下落したことから，Yの勧誘行為は適合性原則及び説明義務に違反する違法なものであったとして，Yに対し，不法行為に基づく損害賠償を請求した。
　Yは，Xらは本件口座の開設に当たり，本件口座開設契約に関連して生ずる紛争についてはスイス連邦チューリッヒの裁判所を第1審の専属的管轄裁判所とする合意（本件管轄合意）をしたと主張して，訴えの却下を求めた。なお，本件口座が開設されたのは，平成24年4月1日より前（平成13年ころ）であった。

〔東京高判平成25・9・18LLB/DB判例秘書登載〕

論　点

民訴法3条の7第5項は，本件管轄合意に適用されるか。

判　旨

　「改正法附則2条2項によれば，上記新設に係る民事訴訟法3条の7の規定は，平成24年4月1日の改正法の施行前にした国際裁判管轄に関する合意には適用しないと規定されているところ，その趣旨は，この条項を適用すると，消費者契約に関する紛争を対象とする合意が有効とされる範囲が限定されることになる（同条5項）など，改正法の施行前に国際裁判管轄の合意をした当事者に対して事後的に不利益を負わせるおそれがあるためであると解される。そこで，この改正法附則規定の不遡及の法意によっても，改正法の施行前にされた国際的専属的裁判管轄の合意が，消費者と事業者との間の情報の質及び量並びに交渉力に格差があると認められる消費者契約（消費者契約法1条参照）に関する紛争を対象とするものであるとの事情だけでは，当該合意について直ちに無効となることはないと解するのが相当である。」
　「したがって，民事訴訟法3条の7第5項が新設された法意を参酌すれば，前掲

最高裁昭和50年11月28日第三小法廷判決が判示する『管轄の合意がはなはだしく不合理で公序法に違反するとき等の場合』には，消費者と事業者との間の構造的な格差に基づき消費者にとって一方的に不利益な国際的専属裁判管轄の合意がされた場合も，当然含まれるとの控訴人らの主張は，上記の改正法規定の新設の趣旨及び改正法附則規定の法意のいずれから見ても，失当であるというほかない。」

解　説

　平成23年法律第36号によって新設された民訴法3条の7第5項は，将来において生じる消費者契約に関する紛争を対象とする国際裁判管轄合意は，

　①　消費者契約締結時の消費者の住所地の裁判所を指定するとき（ただし，専属的管轄合意は附加的管轄合意とみなす）

　②　消費者が当該合意に基づいて提訴し，または当該合意を援用したとき

に限って効力を有するものとしている。この規律によれば，本件管轄合意は効力を有しないことになる。

　しかし，民訴法3条の7の規定は，改正法施行前にされた国際裁判管轄合意には適用されない（平成23年法律第36号附則2条2項）。したがって，本件管轄合意の効力は，平成23年改正前の法によって判断されることになる（将来において生じる個別労働関係紛争を対象とする国際裁判管轄合意についても同様）。本判決は，この理を明らかにした上で，従前の最高裁判例（最判昭和50・11・28民集29巻10号1554頁。本書**61**）の枠組みにしたがって，本件管轄合意を有効と判断し，本件訴えを却下した。なお，東京地判平成26・1・14判時2217号68頁も，同様に，平成23年改正法の施行前にされた国際裁判管轄合意につき民訴法3条の7第5項の適用を否定している。

参考文献

・一問一答143頁，190頁
・出井直樹「消費者契約に関する訴え」新しい国際裁判管轄法制51頁

　　　　　　　　　　　　　　　　　　　　　　　　　　（古田　啓昌）

59 個別労働関係

事 例

　Xは甲国人であり、Yは甲国法に基づき設立されて甲国に主たる営業所を有する会社である。Xは、Yとの間で勤務期間の定めのない雇用契約（本件雇用契約）を締結した。その後、Xは、Yの命令に従い甲国内にあるYの複数の支店において勤務した後、日本と乙国における営業を統括する東京支店への配置転換を命じられた。Xは、Yの東京支店に配置転換後、日本と乙国の顧客に対する営業の責任者として好成績を上げていたが、来日後6年が経過した時にYを任意に退職した。Yは、Xが退職後に顧客を奪取することを懸念し、Xとの間で次の①から③の合意を含む競業避止特約（以下，特約）を締結し、YはXに競業避止の代償として特別退職金を支払った。①「Xは、2年間、日本と乙国における同業他社には就職しない」、②「Xは、特約に違反した場合には、特別退職金を返還する」および③「特約から発生する一切の紛争については、甲国又は日本の裁判所が管轄権を有する」。しかし、Xは、退職の約半年後、乙国に主たる営業所を有し、Yと競業関係にある会社Aの勧誘に応じて、Aと雇用契約を締結するに至った。Xは、Aの乙国営業所に勤務するため、乙国に住所を有している。

　Yが、特約に基づき、Xに対して特別退職金の返還を求める訴え（本件訴訟）を日本の裁判所に提起した場合、日本の裁判所は国際裁判管轄権を有するか。前記③の管轄権に関する合意（本件管轄合意）がなかった場合と対比して論じなさい。

〔平成25年司法試験［第2問］設問2を改変〕

論 点

・事業主からの労働者に対する訴えについて、我が国の国際裁判管轄が認められるのは、どのような場合か。
・個別労働関係民事紛争を対象とする国際的裁判管轄合意が有効とされるのは、どのような場合か。

解 説

　労働者は事業主との関係で弱い立場にあることが多い（契約関係において対等な当事者とはいいがたい）。それゆえ、労働契約法や労働基準法は労働者保護のための

実体規定を数多く定めている。仲裁法や通則法も，労働者保護の観点から，労働契約の特例（仲裁法附則4条・通則法12条）を置いている。従前，労働関係に関する訴えについての特則は存在せず，その国際裁判管轄も他の通常の訴訟と同じ枠組みで規律されることになっていたが，平成23年民訴法は労働者保護の観点から一定の特則を設け，労働者から事業主に対する訴訟の国際裁判管轄を拡大する一方で（民訴法3条の4第2項），事業主から労働者に対する訴訟の国際裁判管轄を制限している（同条第3項）。

　本事例においては，本件訴訟提起当時，Xは乙国に住所を有しているから，民訴法3条の2第1項に基づく我が国の国際裁判管轄は生じない（民訴法3条の12）。また，本件訴訟は，特約に基づく特別退職金の返還請求であり，本件雇用契約自体から発生した紛争ではない。しかし，XとYとの間の労働関係に関する事項についての民事紛争ではあるから，民訴法3条の4第2項にいう「個別労働関係民事紛争」に該当し，同条3項によって民訴法3条の3の適用が排除される結果，義務履行地等を理由とする国際裁判管轄も生じない。したがって，本件管轄合意がない場合には，日本の裁判所は本件訴訟について国際裁判管轄を有しないこととなる。

　本件管轄合意がある場合は，どうか。将来において生じる個別労働関係民事紛争を対象とする管轄合意は，労働契約の終了の時にされた合意であって，その時における労務の提供の地がある国の裁判所に訴えを提起することができる旨の合意に限って，付加的管轄合意の限度で，その効力が認められている（民訴法3条の7第6項）。本件管轄合意は，本件雇用契約の終了の時にされており，かつ，その時点でのXの労務提供地は日本であったから，日本の裁判所を付加的管轄裁判所とする限度で，その効力が認められることになる。したがって，本件管轄合意がある場合は，「日本の裁判所が審理及び裁判をすることが当事者間の衡平を害し，又は適正かつ迅速な審理の実現を妨げることとなる特別の事情」（民訴法3条の9）が認められない限り，日本の裁判所は本件訴訟について国際裁判管轄を有する。

参考文献

・一問一答93頁
・牛嶋龍之介「労働関係に関する訴え」新しい国際裁判管轄法制59頁

（古田　啓昌）

60 併合管轄（主観的併合）

事　例

　データ伝送方式に関する発明（本件発明）についての特許権（本件特許権）の共有持分を有しているXは，ADSLモデム用のチップセット（被告製品）の製造，販売をしている米国法人であるY₁およびその日本における子会社であるY₂に対し，被告製品を内蔵したモデムによるADSL通信は，本件発明の技術的範囲に属するから，被告製品の生産，譲渡，輸入，譲渡の申出の各行為は本件特許権の間接侵害行為にあたる等と主張して，特許権侵害の不法行為に基づく損害賠償請求等を求めて東京地方裁判所に訴訟を提起した。

〔東京地判平成19・11・28 裁判所ウェブサイト〕

論　点

　訴えの主観的併合を理由として国際裁判管轄が認められるのは，どのような場合か。

判　旨

　「民訴法7条ただし書，38条前段により，訴訟の目的である権利又は義務が数人について共通であるとき，又は同一の事実上及び法律上の原因に基づくときは，その数人は，共同訴訟人として訴えられることができるが，このようにして裁判籍が認められるにすぎない場合に，直ちに国際裁判管轄を認めると，被告自身に対する請求とは何ら関連性を有しない国での応訴を強いられることになり，民訴法上の他の規定により裁判籍が認められることにより国際裁判管轄を肯定する場合に比べて，被告の受ける不利益が大きく，当事者の公平や裁判の適正・迅速の理念に基づく条理にそぐわないこととなる。もっとも，相被告に対する請求と当該被告に対する請求との間に，固有必要的共同訴訟の関係ないしそれに類似する程度の強固な関連性があることが認められる場合など，特に我が国の裁判所に国際裁判管轄を認めることが当事者間の公平，裁判所の適正・迅速を期するという理念に合致する特段の事情が存する場合には，我が国の裁判管轄を認めることが条理に適うと解される。そこで，民訴法7条ただし書，38条前段の規定に依拠した国際裁判管轄は，原則として認められず，上記のような強固な関連性が認められる場合にのみ認められると解するのが相当である。
　そこで，Y₁に対する請求とY₂に対する請求の関係について検討するに，Xは，いずれの法律構成においても，被告らは共同不法行為者の関係に立つと主張しているが，

……被告製品の製造及び被告製品のA社及びB社に至るまでの流通にY₂は一切関与していない。……Y₂が，被告製品のサンプルを出荷したり評価ボードを提供していること，被告製品の譲渡の申出をしていることなどについては，実際に行われたとされる具体的態様についての主張がない上，Y₁による関与の程度が明らかでなく，しかも，これらのY₂による実行行為自体の立証もなされていない。以上のことを考慮すると，Y₁に対する請求とY₂に対する請求との間に，強い関連性があるとして，Y₁に対する訴えについて，民訴法7条に依拠した国際裁判管轄を認めることはできない。」

解説

請求の主観的併合を理由として管轄を肯定する場合，それによって管轄に服する当事者（すなわち，主観的併合が無ければ，本来は管轄に服しなかった当事者）の応訴の負担は，客観的併合を理由として管轄を肯定する場合よりも定型的に大きくなることが予想される。そのため，主観的併合と客観的併合とで管轄の発生を特に区別していなかった旧民訴法（平成8年改正前の民訴法21条参照）下では，主観的併合は特別の事情がない限り原則として国際裁判管轄の原因とならないとする裁判例があった（東京高判平成8・12・25高民集49巻3号109頁）。平成8年改正後の民訴法7条ただし書は，民訴法38条前段に定める場合（すなわち，訴訟の目的である権利義務が数人について共通であるとき，または同一の事実上および法律上の原因に基づくとき）に限って主観的併合を理由とする管轄が発生するとしたが，本判決は，なお，「民訴法7条ただし書，38条前段の規定に依拠した国際裁判管轄は，原則として認められず，上記のような強固な関連性が認められる場合にのみ認められる」としたものである。しかし，平成23年改正民訴法は，民訴法38条前段の要件は十分に厳格であり，それ以上に厳しい要件を課す必要は無いという判断に基づき，国際裁判管轄についても民訴法7条と同様の規定を設けた（民訴法3条の6ただし書）。

参考文献

・申美穂「［渉外判例研究］民訴法5条9号に基づいた共同不法行為の国際裁判管轄」ジュリスト1386号（2009年）145頁

（古田　啓昌）

★61 合意管轄

事 例

　日本の輸入業者であるAは，ブラジル国の輸出業者であるBから原糖（本件原糖）を買い受けた。Bは，本件原糖の荷送人として，海運業者Y（オランダ法人）と海上運送契約を締結し，Yから船荷証券（本件船荷証券）の発行・交付を受け，これを荷受人であるAに交付した。Yは，本件原糖をその所有船チサダネ号に船積してブラジル国サントス港から大阪港まで海上運送したが，注意義務を怠ったため，多数の袋に海水濡れを生じさせた。Xは，Aとの間に締結した本件原糖を保険目的とする積荷海上保険契約に基づき，保険金を支払ってAのYに対する損害賠償請求権を代位取得したと主張して，Yに対し損害賠償金の支払を求めて，Yの営業所所在地を管轄する神戸地方裁判所に訴訟を提起した（本件訴訟）。Yは，本件船荷証券には「この運送契約による一切の訴は，アムステルダムにおける裁判所に提起されるべきものとし，運送人においてその他の管轄裁判所に提訴し，あるいは自ら任意にその裁判所の管轄権に服さないならば，その他のいかなる訴に関しても，他の裁判所は管轄権を持つことができないものとする。」旨の英文の管轄約款（本件管轄約款）が存在し，本件管轄約款は国際的専属的裁判管轄の合意であるから，本件訴訟については，アムステルダム市の裁判所が専属管轄権を有し，神戸地方裁判所は裁判権を有しないとの本案前の抗弁を主張した。

〔最判昭和50・11・28民集29巻10号1554頁〕

論 点

・国際的裁判管轄の合意の方式。
・外国の裁判所を専属管轄裁判所とする国際的専属的裁判管轄の合意の有効要件。

判 旨

　「国際的裁判管轄の合意の方式としては，少なくとも当事者の一方が作成した書面に特定国の裁判所が明示的に指定されていて，当事者間における合意の存在と内容が明白であれば足りると解するのが相当であり，その申込と承諾の双方が当事者の署名のある書面によるのでなければならないと解すべきではない。」
　「ある訴訟事件についてのわが国の裁判権を排除し，特定の外国の裁判所だけを第一審の管轄裁判所と指定する旨の国際的専属的裁判管轄の合意は，（イ）当該事件がわが

国の裁判権に専属的に服するものではなく，(ロ) 指定された外国の裁判所が，その外国法上，当該事件につき管轄権を有すること，の二個の要件をみたす限り，わが国の国際民訴法上，原則として有効である……。」

「わが国の裁判権を排除する管轄の合意を有効と認めるためには，当該外国判決の承認の要件としての相互の保証をも要件とする必要はない……。」

「被告の普通裁判籍を管轄する裁判所を第一審の専属的管轄裁判所と定める国際的専属的裁判管轄の合意は，『原告は被告の法廷に従う』との普遍的な原理と，被告が国際的海運業者である場合には渉外的取引から生ずる紛争につき特定の国の裁判所にのみ管轄の限定をはかろうとするのも経営政策として保護するに足りるものであることを考慮するときは，右管轄の合意がはなはだしく不合理で公序法に違反するとき等の場合は格別，原則として有効と認めるべきである。」

解　説

　平成 23 年改正民訴法は，国際裁判管轄の合意の有効性および方式について，明文規定を置いた（民訴法 3 条の 7 第 1 項ないし第 4 項）。本判決が，「(イ) 当該事件がわが国の裁判権に専属的に服するものではなく」とした点は民訴法 3 条の 10 に規定され，「(ロ) 指定された外国の裁判所が，その外国法上，当該事件につき管轄権を有すること」とした点は民訴法 3 条の 7 第 4 項に規定された。「国際的裁判管轄の合意の方式としては，……その申込と承諾の双方が当事者の署名のある書面によるのでなければならないと解すべきではない」とした点は，今後，民訴法 3 条の 7 第 2 項の書面性の要件の解釈に委ねられることになる。「右管轄の合意がはなはだしく不合理で公序法に違反するとき等の場合は格別，原則として有効と認めるべきである。」とした点については，平成 23 年改正民訴法では特段の規定は設けられなかったが，そのような場合には民法 90 条等によって管轄合意が無効とされると考えられる。

　したがって，本判決の趣旨は，平成 23 年改正民訴法の下でも引き続き妥当すると考えられる。

参考文献

・最高裁判所判例解説　民事篇　昭和 50 年度（1979 年）524 頁［友納治夫］
・一問一答 131 頁以下
・手塚裕之「管轄権に関する合意（応訴管轄含む）」新しい国際裁判管轄法制 69 頁

（古田　啓昌）

62 特別事情

事 例

　自動車販売業者Ｘ（日本法人）は，ドイツ国内で，ドイツ在住の日本人Ｙとの間で，自動車の買い付け等を委託することを内容とする契約を締結し，買付資金をＹ指定のドイツ国内の銀行口座に送金した。Ｘは次第にＹの預託金管理に不信感を募らせ，信用状による代金決済を提案してＹに預託金の返還を求めたが拒絶されたため，自らの本店所在地が預託金返還債務の義務履行地であるとして，Ｙに対し，預託金残金等の支払を求める訴訟を日本の裁判所に提起した。
　我が国の裁判所に国際裁判管轄は認められるか。

〔最判平成 9・11・11 民集 51 巻 10 号 4055 頁〕

論 点

　我が国の国際裁判管轄を否定すべき「特段の事情」（民訴法 3 条の 9 の「特別の事情」）の有無。

判 旨

　「我が国の民訴法の規定する裁判籍のいずれかが我が国内にあるときは，原則として，我が国の裁判所に提起された訴訟事件につき，被告を我が国の裁判権に服させるのが相当であるが，我が国で裁判を行うことが当事者間の公平，裁判の適正・迅速を期するという理念に反する特段の事情があると認められる場合には，我が国の国際裁判管轄を否定すべきである。」
　「本件契約は，ドイツ連邦共和国内で締結され，Ｙに同国内における種々の業務を委託することを目的とするものであり，本件契約において我が国内の地を債務の履行場所とすること又は準拠法を日本法とすることが明示的に合意されていたわけではないから，本件契約上の債務の履行を求める訴えが我が国の裁判所に提起されることは，Ｙの予測の範囲を超えるものといわざるを得ない。また，Ｙは，20 年以上にわたり，ドイツ連邦共和国内に生活上及び営業上の本拠を置いており，Ｙが同国内の業者から自動車を買い付け，その代金を支払った経緯に関する書類などＹの防御のための証拠方法も，同国内に集中している。他方，Ｘは同国から自動車等を輸入していた業者であるから，同国の裁判所に訴訟を提起させることがＸに過大な負担を課することになるともいえない。右の事情を考慮すれば，我が国の裁判所において本件訴訟に応訴することをＹに強いるこ

とは，当事者間の公平，裁判の適正・迅速を期するという理念に反するものというべきであり，本件契約の効力についての準拠法が日本法であるか否かにかかわらず，本件については，我が国の国際裁判管轄を否定すべき特段の事情があるということができる。」

解　説

本判決は，平成 23 年改正前の民訴法下において，最判昭和 56・10・16（⇒ **51** 参照）を踏襲しつつ，「我が国で裁判を行うことが当事者間の公平，裁判の適正・迅速を期するという理念に反する特段の事情があると認められる場合」には我が国の国際裁判管轄を否定するという「特段の事情」説を採用した。

本判決のこの考え方は平成 23 年民訴法改正で明文化され，現行民訴法 3 条の 9 は「裁判所は，訴えについて日本の裁判所が管轄権を有することとなる場合（日本の裁判所にのみ訴えを提起することができる旨の合意に基づき訴えが提起された場合を除く。）においても，事案の性質，応訴による被告の負担の程度，証拠の所在地その他の事情を考慮して，日本の裁判所が審理及び裁判をすることが当事者間の衡平を害し，又は適正かつ迅速な審理の実現を妨げることとなる特別の事情があると認めるときは，その訴えの全部又は一部を却下することができる。」と定める。現行民訴法では，専属管轄合意がある場合は「特別の事情」による却下の対象外であることが明示されている。

本事例では「我が国内の地を債務の履行場所とすること又は準拠法を日本法とすることが明示的に合意されていたわけではない」以上，黙示の合意により（ただしこれを認めない見解もある），日本が債務の履行地とされたか日本法が準拠法として選択されたと認められる場合に義務履行地管轄が肯定され（民訴法 3 条の 3 第 1 号），ついで特別の事情の有無が検討される。その判断にあたっては，民訴法 3 条の 9 が例示する各要素のほか，本判決が挙げた事情も参考となろう。

（佐藤　剛史）

63 保全事件の国際裁判管轄(1)：船舶の仮差押え

事例

　Xは船舶の建造および修理等を業とする韓国法人であり，Yは漁業を業とするロシア法人である。XはYとの間で，船舶（本件船舶）の修理等に関する請負契約（本件請負契約）を締結し，本件船舶の修理等を行った。Xは，本件請負契約に基づく残代金債権65万2510米ドルについて支払請求訴訟を提起する予定であるが，Yには本件船舶以外に資産はなく，これを売却する等のおそれがあるとして，本件船舶の仮差押えを旭川地方裁判所に申し立てた。旭川地方裁判所はXの申立てを相当と認め，本件船舶を仮に差し押さえる旨の決定（本件仮差押命令）をするとともに，同裁判所稚内支部執行官に対し本件船舶の船舶国籍証書等を取り上げて当裁判所に提出することを命ずる旨の決定および同裁判所稚内支部執行官Aを本件船舶の保管人に選任する旨の決定をした。同裁判所稚内支部執行官は，稚内市稚内港北洋ふ頭に係留中の本件船舶内において，本件仮差押命令を執行した。Yは旭川地方裁判所の決定を不服として，保全異議を申し立てた。

〔旭川地決平成8・2・9判時1610号106頁〕

論点

　保全事件（仮差押え）における我が国の裁判所の国際裁判管轄。

判旨

　「仮差押命令事件の国際裁判管轄も，本案事件に対する付随性及び仮差押えの実効性の観点から検討を加えるべき点では国内土地管轄と同様であるから，民事保全法12条1項の準用により決すべきものと考えられ，日本の裁判所に本案事件の裁判権が認められなくとも，仮差押目的物が日本に存在し，外国裁判所の本案判決により，将来これに対する執行がなされる可能性のある場合には，日本の裁判所に仮差押命令事件についての裁判権が認められると解するのが相当である。なぜならば，外国裁判所の仮差押命令を日本において直ちに執行する手続は現在のところ存在せず，目的物の所在地を管轄する日本の裁判所で仮差押命令を得てこれを執行することが，仮差押えの実効性の観点からは最も妥当である上，外国裁判所において請求権の存否内容が確定され，その判決によって目的物に対する執行がなされる可能性があれば，本案事件に対する付随性の要請も充たされると考えられるからである。」

「そこで，本件仮差押命令申立事件について検討するに……，本件の本案訴訟については，当事者間の合意の効力として，日本の裁判権が排斥される可能性があるが，その場合であっても，既に検討したとおり，本案についての外国の裁判所の判決が日本で執行される可能性が認められれば，本件船舶の所在地を管轄する当裁判所に本件仮差押命令申立事件の管轄権を認めるのが相当である。また，右の前提として，当該外国の裁判所において将来下される判決の執行可能性の有無を判断するにあたっては，保全命令の段階では，民事訴訟法200条各号の要件を全て具備することまでは要求されないというべきであり，同条の1号及び4号の要件を一応充たす可能性があれば，執行の可能性についてはこれを肯定することができると解される。」

解説

平成23年改正後の民事保全法11条は，保全事件における我が国の裁判所の国際裁判管轄について，「保全命令の申立ては，日本の裁判所に本案の訴えを提起することができるとき，又は仮に差し押さえるべき物若しくは係争物が日本国内にあるときに限り，することができる。」と規定している。したがって，船舶の仮差押えについても，仮に差し押さえるべき船舶が我が国の領域内に所在していれば，我が国の裁判所の国際裁判管轄は肯定されることになる。本決定は，日本の裁判所に本案の管轄が認められない場合には，仮差押目的物が日本に存在するだけでなく，外国裁判所の本案判決により将来これに対する執行がなされる可能性のあることをも国際裁判管轄の要件と解しているようである。しかし，少なくとも現行法下においては，仮に日本の裁判所に本案の管轄が認められない場合であっても，外国裁判所の本案判決による執行の可能性は，保全の必要性において考慮されることがあるのは格別，我が国の裁判所の国際裁判管轄について要件としては考慮する必要は無いということになろう。

参考文献

・小田敬美「日本寄港中のロシア船舶に対する韓国企業の仮差押命令申立事件につき，わが国の国際裁判管轄権を肯定した事例」判タ978号（1998年）230頁
・高桑昭「［渉外判例研究］外国本案判決の承認可能性を理由に仮差押事件の管轄権を認めた事例」ジュリスト1124号（1997年）133頁

（古田　啓昌）

64 保全事件の国際裁判管轄(2)：仲裁合意と仮の地位仮処分

事例

　Xは韓国の日本との間における半導体関連製品の販売を業とする日本法人であり，Yは半導体用シリコンウェハーの製造を業とする韓国法人である。Yは，平成5年9月，期間を3年間として，Yが製造するシリコンウェハーを日本国内で販売するためにXをYのエージェントに任命すること等内容とする本契約を締結した。以後，同契約は平成19年3月まで自動更新されたが，Yは，平成19年1月，Xに対し，同年3月をもって契約期間は満了し，契約期間を更新する意思はない旨の意思表示（本件更新拒絶）をした。

　Xは，本件更新拒絶は有効な更新拒絶とは認められないこと等を理由に，本契約上の地位を仮に定めること等を求める仮処分を東京地方裁判所に申し立てた。Yは，本契約には「両当事者の間で発生するすべての紛争，議論又は不和は，韓国ソウル市の仲裁機関によって，大韓商事仲裁院の商事仲裁規定に従って最終的に解決され，仲裁人によって下された裁定は最終のものとし，関係両当事者に対し拘束力を持つ」旨の仲裁合意があること等を理由に保全申立ての却下を求めた。

〔東京地決平成19・8・28判時1991号89頁〕

論点

　本案について仲裁合意が存在する場合，我が国の裁判所は仮の地位を定める仮処分の申立てについて国際裁判管轄を有するか。

判旨

　「民事保全法12条1項は，民事保全事件の管轄について，本案の管轄裁判所又は仮に差し押さえるべき物若しくは係争物の所在地を管轄する地方裁判所と定めるところ，『本案』とは，被保全権利又は法律関係の存否を確定する手続をいい，訴訟手続のほか，仲裁手続もこれに該当すると解されるから，仲裁合意が存在する場合における同項所定の『本案の管轄裁判所』とは，当該仲裁の仲裁地を管轄する裁判所をいい，仲裁合意がなければ本案訴訟について管轄権を有したであろう裁判所を含まないと解するのが相当である。」

　「本件では，当事者間に仲裁地を韓国ソウル市とする本件仲裁合意が存在するため，民事保全法12条1項所定の『本案の管轄裁判所』は我が国には存在せず，また，本件

申立ては，仮差押命令又は係争物に関する仮処分を求めるものではないから，同項所定の『仮に差し押さえるべき物若しくは係争物の所在地を管轄する地方裁判所』が管轄裁判所となることもないから，本契約に基づく履行請求権を被保全権利とする申立てについては，民事保全法12条1項に規定する管轄裁判所が我が国内に存在しない。」

解　説

　当事者間に仲裁合意が存在する場合，裁判所に提起された本案訴訟は，被告の申立てにより却下されることになるが（仲裁法14条1項），保全処分の申立ては仲裁合意によって直ちに排除されるわけではない（仲裁法15条）。もっとも，仲裁法15条は，仲裁合意が保全処分の申立てを妨げない旨を規定したにとどまるから，我が国の裁判所が保全処分を命じるには，別途その管轄権が肯定される必要がある。

　本事例は平成23年民訴法改正前の事案であることから，民事保全法12条所定の「本案の管轄裁判所」の意義が問題となったが，現行民事保全法11条についても同様に考えることができる。本決定は，仲裁合意が存在する場合の「本案の管轄裁判所」の意義につき，「当該仲裁の仲裁地を管轄する裁判所をいい，仲裁合意がなければ本案訴訟について管轄権を有したであろう裁判所を含まない」とした。その理由として，本決定は，「このように解さなければ，仲裁合意が存在するために本案訴訟について管轄権を有しない裁判所が，保全事件についてのみ管轄権を有することとなり，保全事件が本案訴訟に対して付随性を有することに反する結果となるからである。また，仲裁地を管轄する裁判所が保全事件について管轄権を有するとすることは，仲裁合意によって仲裁地を定めた当事者の合理的意思に沿うものであり，当事者間の公平の理念にも合致するということができる。」としている。

参考文献

・河野正憲「[民事手続法判例研究] 外国の仲裁機関による仲裁の定めがある事件につき我が国で提起された保全命令事件の我が国の国際裁判管轄」判タ1320号（2010年）26頁

　　　　　　　　　　　　　　　　　　　　　　　　　　　　（古田　啓昌）

65 当 事 者

事 例

　甲国で設立されたパートナーシップであるXは，日本法人Yが契約どおり債務を履行しないと主張して，Yに対して債務の履行を求める訴えを日本の裁判所に提起した。
　Xは我が国の裁判所において訴訟当事者となることを認められるか。なお，甲国では，Xのようなパートナーシップに法人格はないが，訴訟当事者となることは認められている。

論 点

外国の団体の当事者能力はどのようにして判断すべきか。

解 説

　当事者能力とは，民事訴訟の当事者となることのできる法律上の地位，つまり自らの名で訴えまたは訴えられることのできる地位をいい，判決の名宛人として判決効の帰属主体となる資格をいう。どのような者に当事者能力を認めるかは，各国の訴訟法によって異なる（当事者能力という概念自体がない場合も考えられるが，民事訴訟の当事者となれる者におよそ何らの制約もないことは考えにくい）。我が国の民訴法では，28条は「当事者能力……は，この法律に特別の定めがある場合を除き，民法……その他の法令に従う。」と定め，29条は「法人でない社団又は財団で代表者又は管理人の定めがあるものは，その名において訴え，又は訴えられることができる。」と定める。民訴法28条は，民法その他の実体法上，権利能力を有する者に当事者能力を認める規定であり，民訴法29条は，法人格のない団体でも，社団等で代表者等の定めがある者に当事者能力を付与した規定である（法人格のない社団にあたるかどうかの基準については，最判昭和39・10・15民集18巻8号1671頁参照）。
　外国の団体等，訴えを提起した者あるいは提起された者に渉外的要素がある場合，その当事者能力をどのように判断すべきかが問題となるが，この点については様々な説が唱えられており，①当事者能力の有無は手続法の問題であるから，法廷地法

（すなわち我が国の民訴法）によって決すべきであるとする説が一般的なようである（この説に立ち，朝鮮民主主義人民共和国（北朝鮮）の行政機関の当事者能力を肯定した裁判例として，東京地判平成19・12・14民集65巻9号3329頁）。これ以外には，②当事者能力は権利能力と一体をなし，人の属性に関するものであるから，その属人法（本国実体法とする説と，本国訴訟法とする説がある）によるべきであるとする説や，③属人法（本国訴訟法）か法廷地法（訴訟法のほか実体法を含むとする説もある）のいずれかによって当事者能力が認められれば足りるとする説等がある。

上記①の説に立った場合，Xの当事者能力の有無は我が国の民訴法に則って決せられるところ，我が国の民訴法28条の「民法……その他の法令」には通則法も含まれると考えるのが一般的である。通則法の下では，外国法人の権利能力はその本国法である設立準拠法によると解されるため，Xの本国法である甲国法上，Xが法人格を有していればその当事者能力は肯定される（ただし，民法では，認許された外国法人にのみ権利能力が認められる（民法35条）。当然に認許される「外国会社」以外の法人について，不認許であることをどう考えるべきかが問題となるが，不認許外国法人は民法上権利能力がない以上，その当事者能力も否定されると解するのが妥当と思われる）。甲国法ではXのようなパートナーシップには法人格がないから，Xの当事者能力は否定される（甲国の訴訟法上，Xの当事者能力は肯定されているが，民訴法28条は，当事者能力の有無を，実体法の定める権利能力の有無によらしめていると解されるから，甲国の訴訟法の定めは影響しないと解される）。もっとも，Xが我が国の民訴法29条の要件を満たせば，その当事者能力は肯定される（旧民訴法46条（現行民訴法29条）に基づいて外国のパートナーシップの当事者能力を肯定した例として，東京高判昭和30・8・9下民集6巻8号1583頁，東京高判昭和43・6・28高民集21巻4号353頁，東京地判昭和47・5・16下民集23巻5～8号230頁）。

なお，国際民事訴訟法の観点からは，当事者能力のほか，訴訟能力と当事者適格についても様々な論点がある。

（佐藤　剛史）

66 外国判決の承認：間接管轄

事　例

　香港在住のインド人夫妻であるX₁およびX₂は，X₁の兄弟で日本在住のインド人Y₁およびその妻Aが取締役を務める日本の会社Y₂がZ銀行から融資を受ける際，Y₁およびAとともに保証人となった。その後X₁・Y₁兄弟の間で争いが生じ，香港高等法院に，X₁，X₂，Y₁，Y₂，AおよびZ銀行を当事者に含む合計4つの訴訟が提起されたが，香港高等法院は，いずれの事件についても，実質的にXら勝訴の判決を言い渡した。

　その後Xらの申立てにより，香港高等法院は，訴訟費用負担命令ならびにこれと一体をなす費用査定書および費用証明書（以下，あわせて「本件命令等」）を持って，Y₁，Y₂およびAに対し，Xらの負担する費用（弁護士費用を含む）のほぼ全額を支払うよう命じた。本件命令等の確定を受け，Xらは，Yらを相手方として，日本の裁判所に，本件命令等について執行判決を求める訴えを提起した。

　Xらの請求は認められるか。

〔最判平成10・4・28民集52巻3号853頁〕

論　点

　本件命令等は，民訴法118条1号の「法令又は条約により外国裁判所の裁判権が認められること」の要件を満たすか。

判　旨

　「民訴法118条1号所定の『法令又は条約により外国裁判所の裁判権が認められること』とは，我が国の国際民訴法の原則から見て，当該外国裁判所の属する国（以下「判決国」という。）がその事件につき国際裁判管轄（間接的一般管轄）を有すると積極的に認められることをいうものと解される。そして，どのような場合に判決国が国際裁判管轄を有するかについては，これを直接に規定した法令がなく，よるべき条約や明確な国際法上の原則もいまだ確立されていないことからすれば，当事者間の公平，裁判の適正・迅速を期するという理念により，条理に従って決定するのが相当である。具体的には，基本的に我が国の民訴法の定める土地管轄に関する規定に準拠しつつ，個々の事案における具体的事情に即して，当該外国判決を我が国が承認するのが適当か否かという観点から，条理に照らして判決国に国際裁判管轄が存在するか否かを判断すべきもので

ある。」

「本件命令等は本案判決の付随的裁判である訴訟費用負担の裁判であるから，本件命令等について香港に国際裁判管轄が認められるか否かは，原則として，その本案判決について検討すべきものであると解される。」

解　説

民訴法118条1号の定める「外国裁判所の裁判権」（「間接管轄」と呼ばれる）の有無が，承認国（我が国）の基準に基づいて判断されることについては現在ほぼ争いはない。もっともその判断基準については，①間接管轄と我が国の裁判所の国際裁判管轄（「直接管轄」と呼ばれる）は表裏の関係にあり，同一の基準によって決すべきであるとする説（鏡像理論）と，②両者は必ずしも一致する必要はないとする説がある。

本判決は，間接管轄の有無は「基本的に我が国の民訴法の定める土地管轄に関する規定に準拠しつつ，個々の事案における具体的事情に即して，当該外国判決を我が国が承認するのが適当か否かという観点から，条理に照らして」判断するとし，本件命令等に先立って下された本案判決についての香港の間接管轄を肯定して，本件命令等は民訴法118条1号の要件を満たすと判断した。本判決が上記いずれの説を採用したと解すべきかについては諸説あるものの，上記②の説を採用したとする理解が有力である。

平成23年改正後の民訴法下でも，間接管轄に関する直接の規定がない状況に変わりはないが，そのような状況下で，近時の最高裁判決（最判平成26・4・24判時2221号35頁）は，「人事に関する訴え以外の訴えにおける間接管轄の有無については，基本的に我が国の民訴法の定める国際裁判管轄に関する規定に準拠しつつ，個々の事案における具体的事情に即して，外国裁判所の判決を我が国が承認するのが適当か否かという観点から，条理に照らして判断すべきものと解するのが相当である。」と判示した。この最高裁判決は，本判決の判断枠組を継承しつつ，平成23年改正後の民訴法下でも上記②の説を採用することを明らかにしたものと捉える考え方が有力である。

参考文献

・百選219頁［多田望］

（佐藤　剛史）

67 外国判決の承認：送達・応訴

事 例

66の事例で、Ｘらによる訴訟費用負担命令の申立書に相当するノーティス・オブ・モーションは、Ｘらから私的に依頼を受けた弁護士を通じてＹらに直接交付され、ノーティス・オブ・モーションの審理は、Ｙらが選任した香港在住の弁護士関与の下で行われた。なお、本案訴訟において、Ｙらの代理人は香港の国際裁判管轄を争っていた。

本件命令等の確定を受け、Ｘらは、Ｙらを相手方として、日本の裁判所に、本件命令等について執行判決を求める訴えを提起した。

本件命令等は、民訴法118条2号の「敗訴の被告が訴訟の開始に必要な呼出し若しくは命令の送達（公示送達その他これに類する送達を除く。）を受けたこと又はこれを受けなかったが応訴したこと」の要件を満たすか。

〔最判平成10・4・28民集52巻3号853頁〕

論 点

ノーティス・オブ・モーションの直接交付は「送達」にあたるか。また、香港の国際裁判管轄を争っていたＹらは「応訴」したといえるか。

判 旨

「民訴法118条2号所定の被告に対する『訴訟の開始に必要な呼出し若しくは命令の送達』は、我が国の民事訴訟手続に関する法令の規定に従ったものであることを要しないが、被告が現実に訴訟手続の開始を了知することができ、かつ、その防御権の行使に支障のないものでなければならない。のみならず、訴訟手続の明確と安定を図る見地からすれば、裁判上の文書の送達につき、裁判国と我が国の間に司法共助に関する条約が締結されていて、訴訟手続の開始に必要な文書の送達がその条約の定める方法によるべきものとされている場合には、条約に定められた方法を遵守しない送達は、同号所定の要件を満たす送達に当たるものではないと解するのが相当である。」

「我が国及び当時香港につき主権を有していた英国は、いずれも『民事又は商事に関する裁判上及び裁判外の文書の外国における送達及び告知に関する条約』の締結国であるところ、本件のようなＸらから私的に依頼を受けた者による直接交付の方法による送達は、右条約上許容されていないのはもとより、我が国及び英国の二国間条約である

『日本国とグレート・ブリテン及び北部アイルランド連合王国との間の領事条約』（いわゆる日英領事条約）にもその根拠を見いだすことができない。そうすると、Yらに対する前記ノーティス・オブ・モーションの送達は、同号所定の要件を満たさない不適法な送達というべきである。」

「被告が『応訴したこと』とは、いわゆる応訴管轄が成立するための応訴とは異なり、被告が、防御の機会を与えられ、かつ、裁判所で防御のための方法をとったことを意味し、管轄違いの抗弁を提出したような場合もこれに含まれると解される。……ノーティス・オブ・モーションの審理について、Yらが同号所定の応訴をしたことは明らかである。」

解　説

　民訴法118条2号の「送達」について、本判決は、被告による了知可能性と防御権の行使可能性に加え、「司法共助に関する条約が締結されていて、訴訟手続の開始に必要な文書の送達がその条約の定める方法によるべきものとされている場合には、条約に定められた方法を遵守しない送達は、同号所定の要件を満たす送達に当たるものではない」とし、我が国と英国との間の条約（多国間条約である送達条約および二国間条約である日英領事条約）では、私的に依頼を受けた者による直接交付の方法による送達は認められていないとして、ノーティス・オブ・モーションの直接交付は民訴法118条2号の「送達」にあたらないとした。

　また、民訴法118条2号の「応訴」とは、応訴管轄が成立する場合の応訴とは異なり、被告が防御の機会を与えられ、かつ裁判所で防御のための方法をとったことを意味し、管轄違いの抗弁を提出したような場合も含まれるとするのが通説である。本判決は、この通説を採ることを明らかにした上、Yらが民訴法118条2号所定の「応訴」をしたことは明らかであるとして、本件命令等は民訴法118条2号の要件を具備しているとした。

（佐藤　剛史）

68 外国判決の承認：公序

事 例

　オレゴン州のパートナーシップであるXは，日本法人Y_1とその代表取締役であるY_2に対し，Yらが契約の締結につき欺罔行為を行ったとして，カリフォルニア州サンタクララ郡を管轄する上位裁判所（一審裁判所）に，損害賠償を求める訴訟を提起した（実際には，この訴訟は，Y_1の子会社が提起した訴訟に対する反訴として提起された）。上位裁判所は，①Yらに対し，補償的損害賠償として42万5251ドルおよび訴訟費用として4万0104.71ドルを支払うよう命ずるとともに，②Y_1に対し，①に加えて懲罰的損害賠償として112万5000ドルを支払うよう命ずる判決（本件外国判決）を言い渡し，カリフォルニア州控訴裁判所が控訴を棄却したことによって本件外国判決が確定した。Xは，Yらを相手方として，日本の裁判所に，本件外国判決について執行判決を求める訴えを提起した。Xの請求は認められるか。

〔最判平成9・7・11民集51巻6号2573頁〕

論 点

　懲罰的損害賠償を命ずる外国判決は，民訴法118条（旧200条）所定の要件，とりわけ同条3号に定める「公の秩序又は善良の風俗に反しないこと」の要件を満たすと解すべきか。

判 旨

　「執行判決を求める訴えにおいては，外国裁判所の判決が民訴法200条各号に掲げる条件を具備するかどうかが審理されるが（民事執行法24条3項），民訴法200条3号は，外国裁判所の判決が我が国における公の秩序又は善良の風俗に反しないことを条件としている。外国裁判所の判決が我が国の採用していない制度に基づく内容を含むからといって，その一事をもって直ちに右条件を満たさないということはできないが，それが我が国の法秩序の基本原則ないし基本理念と相いれないものと認められる場合には，その外国判決は右法条にいう公の秩序に反するというべきである。」

　「カリフォルニア州民法典の定める懲罰的損害賠償（以下，単に「懲罰的損害賠償」という。）の制度は，悪性の強い行為をした加害者に対し，実際に生じた損害の賠償に加えて，さらに賠償金の支払を命ずることにより，加害者に制裁を加え，かつ，将来における同様の行為を抑止しようとするものであることが明らかであって，その目的からすると，むしろ我が国における罰金等の刑罰とほぼ同様の意義を有するものということができる。これに対し，我が国の不法行為に基づく損害賠償制度は，被害者に生じた現実の損害を金銭的に評価し，加害者にこれを賠償させることにより，被害者が被った不利益を補てんして，不法行為がなかったときの状態に回復させることを目的とするもの

であり（最大判平成5・3・24民集47巻4号3039頁参照），加害者に対する制裁や，将来における同様の行為の抑止，すなわち一般予防を目的とするものではない。もっとも，加害者に対して損害賠償義務を課することによって，結果的に加害者に対する制裁ないし一般予防の効果を生ずることがあるとしても，それは被害者が被った不利益を回復するために加害者に対し損害賠償義務を負わせたことの反射的，副次的な効果にすぎず，加害者に対する制裁及び一般予防を本格的な目的とする懲罰的損害賠償の制度とは本質的に異なるというべきである。我が国においては，加害者に対して制裁を科し，将来の同様の行為を抑止することは，刑事上又は行政上の制裁にゆだねられているのである。そうしてみると，不法行為の当事者間において，被害者が加害者から，実際に生じた損害の賠償に加えて，制裁及び一般予防を目的とする賠償金の支払を受け得るとすることは，右に見た我が国における不法行為に基づく損害賠償制度の基本原則ないし基本理念と相いれないものであると認められる。」

「したがって，本件外国判決のうち，補償的損害賠償及び訴訟費用に加えて，見せしめと制裁のためにY_1に対し懲罰的損害賠償としての金員の支払を命じた部分は，我が国の公の秩序に反するから，その効力を有しないものとしなければならない。」

解　説

懲罰的損害賠償を命ずる外国判決の執行を許すかどうかについては，大別すると，①そのような外国判決は，民訴法118条の「外国裁判所の確定判決」にあたらず，執行判決をすることは許されないとする説（懲罰的損害賠償は，罰金判決に類似した刑事判決の性格を有するため，民事判決であることが要求される「外国裁判所の確定判決」にはあたらないとする見解である），②その執行を認めることは，我が国の公の秩序（民訴法118条3号）に反し，一律に許されないとする説，③外国判決において命じられた懲罰的損害賠償の賠償額が著しく高額な場合には，我が国の公序に反し執行は許されないとする説がある。

本判決は，本件外国判決のうち，Y_1に対して懲罰的損害賠償としての金員の支払を命じた部分は，我が国の「公の秩序」に反するとして，その効力を否定したものであり，上記各見解のうち②の見解に立つものと解される。もっとも，本判決は，カリフォルニア州民法典の定める懲罰的損害賠償制度の下で，補償的損害賠償と懲罰的損害賠償とを区別して金員の支払を命じた本件外国判決について，そのうち懲罰的損害賠償としての金員の支払を命じた部分が我が国の「公の秩序」に反すると判示したものであって，上記①の見解のように，懲罰的損害賠償を命ずる外国判決は「外国裁判所の確定判決」にあたらないと解する余地や，上記③の見解のように，懲罰的損害賠償を命じた外国判決でも，賠償額によっては一部の執行を認めてよいと解する余地を排除するものではないと解される。

（佐藤　剛史）

★69 外国判決の承認：相互の保証

事　例

　X（米国法人）は，Y（日本在住の韓国人）ほか1名を被告として，米国コロンビア特別行政区地方裁判所に，5万4300ドル余の売掛代金請求訴訟を提起した。同地裁は，宣誓供述のための出頭命令を受けたものの正当な理由なく出頭しなかったYに対し，上記金員等の支払を命ずる判決（本件外国判決）を言い渡し，この判決は確定した。

　Xは，Yを相手方として，日本の裁判所に，本件外国判決について執行判決を求める訴えを提起した。Yは，米国コロンビア特別行政区における外国判決の承認の要件は我が国のそれより厳しいから，同行政区と我が国の間には「相互ノ保証」がないと主張した。

　本件外国判決は，民訴法118条（旧200条）4号の「相互の保証があること」の要件を満たすか。

〔最判昭和58・6・7民集37巻5号611頁〕

論　点

　民訴法118条（旧200条）4号の「相互の保証があること」の意義をどう解すべきか。

判　旨

　「民訴法200条4号に定める『相互ノ保証アルコト』とは，当該判決をした外国裁判所の属する国（以下「判決国」という。）において，我が国の裁判所がしたこれと同種類の判決が同条各号所定の条件と重要な点で異ならない条件のもとに効力を有するものとされていることをいうものと解するのが相当である。けだし，外国裁判所の判決（以下「外国判決」という。）の承認（外国判決が判決国以外の国において効力を有するものとされていることをいう。以下同じ。）について，判決国が我が国と全く同一の条件を定めていることは条約の存する場合でもない限り期待することが困難であるところ，渉外生活関係が著しく発展，拡大している今日の国際社会においては，同一当事者間に矛盾する判決が出現するのを防止し，かつ，訴訟経済及び権利の救済を図る必要が増大していることにかんがみると，同条4号の規定は，判決国における外国判決の承認の条件が我が国における右条件と実質的に同等であれば足りるとしたものと解するのが，右の要請を充たすゆえんであるからである。のみならず，同号の規定を判決国が同条の規

定と同等又はこれより寛大な条件のもとに我が国の裁判所の判決を承認する場合をいうものと解するときは（大判昭和 8・12・5 法律新聞 3670 号 16 頁），判決国が相互の保証を条件とし，しかも，その国の外国判決の承認の条件が我が国の条件よりも寛大である場合には，その国にとっては我が国の条件がより厳しいものとなるから，我が国の裁判所の判決を承認しえないことに帰し，その結果，我が国にとっても相互の保証を欠くという不合理な結果を招来しかねないからでもある。以上の見解と異なる前記大審院判例は，変更されるべきである。なお，我が国と当該判決国との間の相互の保証の有無についての判断にあたっても，同条 3 号の規定は，外国裁判所の判決の内容のみならずその成立も我が国の『公ノ秩序又ハ善良ノ風俗』に反しないことを要するとしたものと解するのが相当である。」

解　説

大審院判決は，「相互ノ保証」とは，外国が民訴法の規定と「等シキカ又ハ之ヨリ寛ナル条件ノ下ニ」我が国の判決の効力を承認している場合をいうとしていた。一方，学説には，①大審院判例と同様に解する見解，②判決国における我が国の同種の判決の承認の要件が我が国のそれと重要な点において同じであれば足りるとする見解，③判決国が我が国の同種の判決の承認および執行につき著しく厳格な要件を課していなければよいとする見解があった。

本判決は，外国判決承認の要件が全く同じ国は殆どないことや，判決国での承認の条件が我が国のそれより寛大であることを求めると，両すくみの結果を招いて不合理であること等を理由に，大審院判決を変更して上記②の見解を採用し，米国コロンビア特別行政区における金銭の支払を命ずる外国判決の承認の条件は，旧民訴法 200 条に定める同種の外国判決の承認の条件と重要な点において異ならないとして，「相互ノ保証」要件の充足を肯定した。

なお，現時点においては，我が国と中華人民共和国の間に「相互の保証」はないと解されているため（大阪高判平成 15・4・9 判時 1841 号 111 頁参照），同国の裁判所が下した判決は民訴法 118 条（旧 200 条）4 号の要件を充たしていないとされる可能性が高い（仲裁利用の必要性・有用性につき⇒**71** を参照）。

（佐藤　剛史）

70 仲裁合意

事 例

　日本法人Xと米国法人A社は，A社が擁するサーカス団の日本での興行に関する契約を締結したが，その際，この契約の解釈または適用を含む一切の紛争を，それぞれ相手国側（X申立てのときはニューヨーク市，A社申立てのときは東京都）で仲裁で解決する旨の合意（本件仲裁合意）をした。

　Xは，A社代表者であるYが契約締結交渉の当初からX代表者を欺罔したことにより損害を被ったと主張して，日本の裁判所に，Yに対して不法行為に基づく損害賠償を求める訴えを提起したが，Yは，XとA社の間の本件仲裁合意の効力はXとYの間の訴訟にも及ぶと主張して，訴えの却下を求めた。

　Yの主張は認められるか。

〔最判平成 9・9・4 民集 51 巻 8 号 3657 頁〕

論 点

　仲裁合意の効力が及ぶ人的物的範囲は，いずれの国の法律に従って判断すべきか。

判 旨

　「仲裁は，当事者がその間の紛争の解決を第三者である仲裁人の仲裁判断にゆだねることを合意し，右合意に基づいて仲裁判断に当事者が拘束されることにより，訴訟によることなく紛争を解決する手続であるところ，このような当事者間の合意を基礎とする紛争解決手段としての仲裁の本質にかんがみれば，いわゆる国際仲裁における仲裁契約の成立及び効力については，法例 7 条 1 項により，第一次的には当事者の意思に従ってその準拠法が定められるべきものと解するのが相当である。そして，仲裁契約中で右準拠法について明示の合意がされていない場合であっても，仲裁地に関する合意の有無やその内容，主たる契約の内容その他諸般の事情に照らし，当事者による黙示の準拠法の合意があると認められるときには，これによるべきである。

　これを本件についてみるに……本件仲裁契約においては，仲裁契約の準拠法についての明示の合意はないけれども，『A社の申し立てるすべての仲裁手続は東京で行われ，Xの申し立てるすべての仲裁手続はニューヨーク市で行われる。』旨の仲裁地についての合意がされていることなどからすれば，Xが申し立てる仲裁に関しては，その仲裁地であるニューヨーク市において適用される法律をもって仲裁契約の準拠法とする旨の黙

示の合意がされたものと認めるのが相当である。」

「本件仲裁契約に基づきXが申し立てる仲裁について適用される法律は，アメリカ合衆国の連邦仲裁法と解されるところ，同法及びこれに関する合衆国連邦裁判所の判例の示す仲裁契約の効力の物的及び人的範囲についての解釈等に照らせば，XのYに対する本件損害賠償請求についても本件仲裁契約の効力が及ぶものと解するのが相当である。そして，当事者の申立てにより仲裁に付されるべき紛争の範囲と当事者の一方が訴訟を提起した場合に相手方が仲裁契約の存在を理由として妨訴抗弁を提出することができる紛争の範囲とは表裏一体の関係に立つべきものであるから，本件仲裁契約に基づくYの本案前の抗弁は理由があり，本件訴えは，訴えの利益を欠く不適法なものとして却下を免れない。」

解　説

　仲裁合意の効力が及ぶ人的物的範囲を決する仲裁合意の準拠法については，仲裁合意は訴訟契約であって手続問題であるから法廷地法（仲裁地法）が準拠法となるとする説と，仲裁合意にも当事者自治の原則が妥当するとして，当事者による準拠法指定を認める説が対立していた。後者の説は，当事者による準拠法指定を認める根拠に関し，旧法令7条に依拠する説や，条理による説などがあったが，本判決は，後者の説のうち，旧法例7条に依拠する説を採ることを明らかにし，仲裁合意の準拠法につき明示の合意がない場合には，仲裁地に関する合意内容や主たる契約の内容等諸般の事情に照らして当事者の黙示の意思を探るべきであるとした。

　本判決に従うと，通則法の下では，当事者による明示・黙示の合意がない場合には同法8条1項により最密接関係地法が準拠法となるが，それは多くの場合仲裁地法になるものと思われる。なお，仲裁法の下では，通則法ではなく，仲裁判断の取消事由・執行拒否事由を定めた同法の条項に則って仲裁合意の準拠法を決すべきであるとする見解も主張されている。

（佐藤　剛史）

71 外国仲裁判断の承認・執行

事 例

① 日本法人Xと中華人民共和国（以下，中国）法人Yは，仲裁合意に基づき，両社間の取引紛争について日本を仲裁地とする仲裁を行った。X勝訴の仲裁判断が下されたが，Yがこれを任意に履行しないため，Xは，中国においてこの仲裁判断に基づき強制執行をしたいと考えている。この仲裁判断は同国において承認・執行の対象となるか。

② 甲国法人Xは，日本法人Yとの契約に関し，当該契約に関する一切の紛争は乙国を仲裁地とする仲裁によって解決されるとの仲裁合意に基づき，乙国の仲裁機関に，未払金の支払を求める仲裁の申立てを行った。X勝訴の仲裁判断が下されたが，Yはこれを任意に履行しないため，Xは，日本において，この仲裁判断に基づき強制執行をしたいと考えている。そのための要件はどのようにして定まるか。

論 点

外国仲裁判断が承認・執行されるための要件。

解 説

当事者が仲裁判断の任意の履行に応じない場合，強制執行の必要があることは，裁判所の判決と同じである。

外国仲裁判断の承認・執行については，多国間条約である「外国仲裁判断の承認及び執行に関する条約」（いわゆるニューヨーク条約。以下，NY条約）があり，その締約国は，同条約所定の拒否事由がない限り，自国以外の国を仲裁地とする仲裁判断を承認・執行するものとされる。NY条約の加盟国は2014年4月現在で149カ国に上り，我が国も中国もその加盟国となっているから，事例①では，日本を仲裁地とする仲裁判断は中国で承認・執行の対象となる。なお，中国では日本の裁判所の判決は承認・執行されない（大阪高判平成15・4・9判時1841号111頁参照）ため，中国企業との取引において仲裁を選択する必要性は高い。

外国仲裁判断の承認・執行に関する我が国の法規範には，我が国が加盟する多国間条約（NY条約のほかいわゆるジュネーブ条約），我が国が他国と締結している二

国間条約（例えば日米友好通商航海条約），そして仲裁法がある。我が国と外国の関係次第で，NY 条約の適用がある場合，二国間条約しかない場合，NY 条約と二国間条約がある場合，条約がない場合等，様々なケースが考えられ，外国仲裁判断の承認・執行の要件についてこれらのいずれが適用されるか問題となる。条約と国内法が競合する場合は前者が後者に優先する（憲法 98 条 2 項）とするのが一般的であり，多国間条約と二国間条約が競合する場合は，二国間条約の優先を認める説（山本和彦＝山田文『ADR 仲裁法』（日本評論社，2008 年）357 頁）や外国仲裁判断の承認・執行を求める当事者はいずれも選択できるとする説（本間靖規＝中野俊一郎＝酒井一『国際民事手続法〔第 2 版〕』（有斐閣，2012 年）248 頁）等がある（ただし，二国間条約が両国に共通する多国間条約が優先する等と定めている場合にはそれによる）。

事例②では，乙国が，多国間条約の加盟国でも我が国との二国間条約の当事者でもない場合には仲裁法のみが適用され，同法に従って仲裁判断の承認・執行の要件が定まる（もっとも仲裁法 45 条は，NY 条約の定める仲裁判断の承認・執行の条件と基本的には同じ条件を定めている）。乙国が NY 条約または二国間条約を締結していればそのいずれかが適用され，双方を締結していればその優劣に関していかなる見解を採用するかによって優先する条約が決まり，仲裁判断の承認・執行の要件が定まる。承認・執行の要件の一例としては，仲裁合意が当事者の指定した準拠法上有効でない場合には承認・執行を拒否する，というものが挙げられる（NY 条約 5 条 1 項(a)）。

承認・執行の拒否事由がなければ外国仲裁判断は執行されるが，我が国では，その手続は仲裁法と民事執行法による。確定した執行決定のある仲裁判断のみが債務名義となるため（民事執行法 22 条 6 号の 2），仲裁判断に基づいて民事執行をしようとする当事者は，債務者を被申立人として，裁判所に対し，執行決定を求める申立てを行う必要があり（仲裁法 46 条 1 項），執行決定がなされそれが確定してはじめて，外国仲裁判断に基づく強制執行が可能となる。

参考文献

・山本和彦＝山田文『ADR 仲裁法』（日本評論社，2008 年）357 頁
・本間靖規ほか『国際民事手続法〔第二版〕』（有斐閣，2012 年）248 頁

（佐藤　剛史）

Column ⑤：映画で学ぶ3 —— Rogue Trader で実際の事件から学ぶデリバティブ

　いまや財務担当者以外でも知っておくべき知識の1つとなった先物，オプション，スワップ等のデリバティブ（派生商品）と呼ばれる金融商品についてご存知だろうか。典型例を挙げると，通貨や債券等を現在でなく将来の価格で取引することで，通貨や債券等の価格変動リスクを抑えたり（ヘッジという），投機（リスクを取って収益獲得）や裁定（リスクを取らずに市場ごとの価格差を用いて収益獲得）に用いたりする。しかし，取引の複雑さから「35歳ルール」（35歳を過ぎると難しすぎて理解できない）といわれ，仕組みを理解できない顧客が大損したり，これを悪用して粉飾決算に用いることが世界中で横行したため，情報開示や会計上の規制が整備された。この映画は1995年のベアリングス銀行破綻事件を題材に，事件の主犯である同銀行のトレーダー，ニック・リーソンの手記をもとに作成された1999年公開のイギリス映画「Rogue Trader」（監督 James Dearden，主演 Ewan McGregor，日本名は銀行崩壊でビデオやDVDあり）である。

　ベアリングス銀行といえば，1762年創業，女王陛下の投資銀行とまでいわれた名門銀行であったが，金融自由化で収益機会が低下した従来の銀行業務に代わりデリバティブ等の新規業務を積極的に開拓しており，弱冠20代の高卒トレーダーであったリーソンをシンガポール支店に抜擢し，デリバティブ取引にあたらせた。シンガポール国際金融取引所（SIMEX）や大阪証券取引所に上場される日経225先物取引を扱い，当初は順調に儲かっていたが，1995年の阪神・淡路大震災で相場が逆転して損失が拡大。一連の損失は秘密口座88888番に隠蔽していたが，周囲はこれをチェックできなかった。その後，一発逆転を狙い，先物オプションの買い支えのためにさらに膨大なポジションを取って失敗したため，最終損失はベアリングス銀行の自己資本（750億円）を遥かに上回る約8.6億ポンド（約1,380億円）に到達。結局，ベアリングス銀行は破綻し，オランダのINGに1ポンドで買収された。そのころ，大和銀行のニューヨーク支店行員・井口氏が米国債の簿外取引で会計粉飾を行い，巨額損失を生じて1996年にアメリカから撤退する事件も起き，当時は銀行員であった筆者は大きな衝撃を受けたものである。

　物語は，実際の事件を通じて証券やデリバティブ取引の仕組みがよく分かるだけでなく，リーソンの夫婦関係や職場関係にも立ち入って人間臭いドラマで共感でき，見応えがある。実在のリーソンは，その後シンガポールで懲役6年半の実刑判決を受け，出所後は大腸癌を患っていたが，現在でもアイルランドで株式投資を行っている。

（久保田　隆）

Column ⑥：映画で学ぶ 4 ── Enron: The Smartest Guys in the Room で実地に学ぶ粉飾会計

　2005 年にアメリカで公開されたエンロン事件を扱うドキュメンタリー映画「Enron: The Smartest Guys in the Room」（日本名「エンロン：巨大企業はいかにして崩壊したのか」，監督 Alex Gibney，DVD あり）は，エンロン事件の被告である元 CEO のケン・レイやジェフ・スキリング，元 CFO のアンディ・ファストウをはじめ，真相解明に関与した元エンロン社員やジャーナリスト，証券アナリストらも多数出演し，議会証言等も交えて事件の内幕を解明していく点で非常に迫力がある。

　エンロン事件といえば，1985 年に創立後，規制緩和の流れに乗って 15 年で売上高約 13 兆円，世界第 16 位の大企業に急成長したアメリカのエネルギー関連企業であるエンロンで簿外取引等の粉飾会計や不正経理が次々と明らかになり，不正発覚 2 か月後の 2001 年 12 月に連邦倒産法第 11 条の適用を申請して事実上倒産した事件である。この影響は大きく，会計不信が広がって 2002 年には通信大手のワールドコムが粉飾決算の発覚で破綻し，エンロンの監査を担当した大手会計事務所アーサーアンダーセンも解散したほか，財務報告の信頼性確保のための会計・監査規制等を定めたサーベンス・オクスリー法（SOX 法）が制定された。アメリカの SOX 法制定は遠い日本にも影響を及ぼし，日本版 SOX と呼ばれる新会社法と金融商品取引法の内部統制関連規定が整備された。

　映画では，エンロンが証券化や時価会計等の金融先端技術をどのように巧妙に悪用して株価を吊り上げ，カリフォルニア州で自由化された電気料金の価格を計画停電等で操作したかを具体的に説明しており，企業会計や会社法の背景を理解するには大変有用である。証券化とは資産を担保に有価証券を発行する資金調達手法で，銀行借入や社債・株式発行以外の新たな資金調達手段として脚光を浴びてきたが，会計粉飾の手段にも使われやすく，証券化されたサブプライムローンの破綻を引き金とする 2007 年以降の世界金融危機では「証券化悪玉論」が唱えられたりした。また，時価会計では取得原価ではなく市場価格を帳簿に記載するが，市場価格が存在しない場合は理論値となるため，十分な検証が行われない限り，理論値の算定過程で粉飾を行いやすかった。なお，粉飾のやり方を解説する寸劇では，事件で最も重要な被告，ジェフ・スキリングが主演しており驚きである。その他，自他ともに認めるエリート達が変革とスリルを求めて危険な道にのめり込んで行き，破綻に至る道筋は人間ドラマとしても大変興味深い映画である。

（久保田　隆）

Column ⑦ : 実地で学ぶ国際関係私法 1
――UNIDROIT 本部（ローマ）

　海外旅行でイタリア・ローマに行かれる方へ，社会科見学のご案内を1つ。UNIDROIT（ユニドロワ：私法統一国際協会）といえば，世界の私法統一を推進する代表的な国際組織の1つであり，ユニドロワ国際商事契約原則や幾つかの条約が有名であるが，ローマにある本部では，関連書籍を多数集めた一般公開の図書館（月曜日から金曜日までの8：30〜18：00に営業）を併設しており，気軽に立ち寄ることができる。詳細は，UNIDROITのウェブ（http://unidroit.org/）で確認されるとよい。

通りに面した入口

入口左横にある郵便受け

【場所】28 Via Panisperna, 00184 Roma（Italia）
【行き方】交通の拠点であるローマ・テルミニ駅から，まず代表的な観光拠点であるサンタマリア・マッジョーレ教会に向かう（徒歩10分）。この教会から同じく観光拠点であるトラヤヌス帝の市場に向かってのびるパニステルナ通りを通って徒歩10分程度の道沿い右側にある。この通りの近辺はローマでも最も中世の雰囲気を残し，100年以上の歴史を持つ居酒屋もあり，図書館を利用せずに横を通るだけでも一見の価値がある。図書館は入口を入った右側にあるが，利用する場合は図書館の入口に備え付けてある来訪者名簿に署名する必要がある。
【おすすめ】UNIDROITに近いトラヤヌス帝の市場から世界遺産コロッセウムに向

けてのびるフォリ・インペリアリ通り沿いは，昼見ても夜見ても一見の価値があり，まさに永遠の都を髣髴とさせる。また，欧州内移動は以前は鉄道利用が一般的であったが，ローマやロンドン等の都市であれば，格安航空会社（LCC）の路線網が日本より高度に発達し，鉄道よりも安価で素早く移動できるので，旅程作成の参考にされたい。

（久保田　隆）

Column ⑧：企業派遣留学の実際

　企業の法務部や法曹界で働く者にとって，海外留学は，業務を忘れ海外で勉強に集中できる貴重な機会であり，またステップアップのための経験の場として大きな魅力があるだろう。私は，総合商社の法務部員として5年間企業法務に携わった後，米国のロースクールに留学生として企業より派遣された。米国でのロースクールの授業の多くは，ソクラテスメソッドが用いられ，教授と学生が問答を繰り返し，議論を進めていく。一方的な講義ではなく，学生が能動的に授業に参加することが求められる。当然，授業の予習が重要になり，100ページ近く判例を読まなければならないこともしばしば。試験前だけではなく，日常的に予習，復習に追われる日々が続く。私の場合，日本での業務で，国内取引における各種契約の検討や債権回収から，海外における訴訟対応や企業買収等の投資案件まで，様々な案件を経験させてもらっていたため，授業で学ぶ知識や考え方を実際のケースにあてはめて考えることができ，特に会社法等業務に関係する分野では，効率的に学ぶことできた。これはいったん実務を経てから留学することのメリットだろう。しかし，業務に関係のない刑法等の授業は苦労した。

　また，留学で得られる財産として，米国法知識，語学力等様々あると思うが，留学中に得る人とのつながりも財産の1つになる。ロースクールには，各国から法曹家が留学してくるため，彼らと懇親を深め，世界中に人脈を作ることができるのも大きな魅力である。授業ではともに議論し，試験勉強ではともに励ましあい，大学の外では，スポーツをしたり，食事に行ったりと，濃い時間を共有することができ，深い関係を築くことができる。勉強も重要ではあるが，留学という機会をフル活用して，日本での業務では得られない財産を得ることも留学の醍醐味である。

（丸紅／石原　俊）

第Ⅲ部　国際取引法

1. 売買契約とウィーン売買条約（**72〜82**）
2. 運　　送（**83・84**）
3. 荷為替取引と信用状による支払（**85〜89**）

72 CISGの適用可否(1)：1条1項柱書とa号

事例

日本のA会社は甲国のG会社との間で，甲国の港湾都市K市の湾岸部において化学プラントを建設する契約を締結した。K市に所在するAのK支店は，日本のB会社との間で，Aが建設する化学プラント用の機械をBが製造し販売する製作物供給契約を締結した。この機械はK港にてAのK支店に引き渡された。本事例における日本のA会社および甲国のG会社は，それぞれ，日本および甲国で設立され，日本および甲国に主たる営業所を有するものとし，日本のB会社は，日本で設立され，日本以外に営業所等を有しないものとする。AのK支店とBとの契約には，乙国法を準拠法とし，かつ，日本の裁判所を管轄裁判所とする合意がある。なお，甲国は国際物品売買契約に関する国際連合条約（CISG）の締約国であるが，乙国は条約の締約国ではない。

さて，上記機械の瑕疵によりAが建設中の化学プラントの完成が遅れ，このためAはGに損害賠償金を支払った。この場合におけるBのAに対する契約上の責任の存否について，日本の裁判所は条約を適用すべきか（なお，条約2条および4条から6条までの規定は，この設問には関係しないものとする）。

[平成22年司法試験［第2問］設問1(1)を一部改変]

論点

本事例が第1条柱書の要件である「営業所が異なる国に所在する当事者間の物品売買契約」にあたるか否かを検討するにあたり，①営業所の定義を巡る第10条に照らして1条1項a号に該当するか，②製作物供給契約の扱いに関する3条1項の要件を満たすか。

解　説

　本事例はCISGの適用可否の判断を巡る基本的理解を問うもので，本事例が1条柱書の要件である「営業所が異なる国に所在する当事者間の物品売買契約」にあたるか否かを検討するにあたり，①営業所の定義を巡る10条に照らして1条1項a号に該当するか，②製作物供給契約の扱いに関する第3条の要件を満たすかを考慮することとなる（下記(1)）。なお，末尾の括弧内の文章は「答案に書かなくて良い」という意味と考えられるが，括弧を外すと国際私法上興味深い議論になるので下記(2)で付記したい。

　(1)　条約適用の可否について（本事例の論点）　　条約10条a号により，本事例の製作物供給契約における「営業所」は日本のB会社と甲国のA会社のK支店となるが，営業所所在地である日本と甲国は異なる国なので1条柱書の要件を満たし，いずれも条約の締約国であるので1項a号の要件を満たす。一方，製作物供給契約が物品売買契約とされる要件は条約3条1項が規定するが，それによれば本件機械の製造に必要な材料の実質的部分を買主AのK支店が供給していない限り条約が適用される。問題文からはそうした事実は読みとれないため，条約を適用すべきである。

　(2)　仮に4条と6条が適用された場合はどうか（発展問題）　　本事例の範囲を超えるが，4条と6条は重要な問題を提起しうるため，付言しよう。まず，条約の適用範囲を規定する4条を考慮すれば，売買契約の成立と売主買主の権利義務に関しては条約を適用し，契約・慣習の有効性や所有権等条約の範囲外については，国際私法で定まる準拠法が適用されることになろう。次に，任意法規性を定める6条を考慮すれば，当事者意思を裁判所が探求するにあたり，CISGの締約国法ならば格別，非締約国法である乙国法をわざわざ準拠法に指定した当事者は，条約を黙示的に適用排除したものだと解しうる可能性もある。

（久保田　隆）

73 CISGの適用可否(2)：1条1項b号

事例

　Yは，甲国に主たる営業所を有する甲国の会社である。Yは，インターネット上に法人および個人顧客向けに英語のほかに日本語表記のウェブサイトを開設し，このサイトを通じて日本およびその他の国において自社製品であるa等の購入の問合せおよび購入ができるようにしている。Yは，日本の弁護士を日本における代表者と定めて外国会社としての登記をし，このサイトを通じた継続的な取引を行っているが，日本には営業所や財産を一切有していない。

　Xは，日本に主たる営業所を有する日本の会社である。Xは，このサイトからaの購入の問合せをし，Yの主たる営業所から日本に派遣された担当者と交渉の上，Yと東京において売買契約を締結した。Xは，aを受領してYに代金を支払ったが，aに瑕疵があったため，損害を被った。Xは，Yに対して債務不履行を理由として損害賠償を求める訴えを日本の裁判所に提起した。甲国は国際物品売買契約に関する国際連合条約（CISG）の締約国ではなく，日本の裁判所が本件で国際裁判管轄権を有することを前提として，次の問いに答えなさい。

① 売買契約で契約準拠法が日本法と書かれており，通則法によれば，本件売買契約の準拠法が日本法となるとすると，日本の裁判所は，Xの請求につき条約を適用することができるか。

② 売買契約で契約準拠法が中国法と書かれており，通則法によれば，本件売買契約の準拠法が中国法となるとすると，日本の裁判所は，Xの請求につき条約を適用することができるか。

〔平成24年司法試験〔第2問〕を一部改変〕

論点

　法廷地の国際私法規則によればCISG締約国の法律が準拠法となる場合にCISGが適用されることを規定した1条1項b号に対する基本的な理解を問うものである。やや応用問題となる付加的な論点としては，②準拠法所属国となるCISG締約国が95条に基

づいて1条1項b号に拘束されない旨の留保宣言（95条宣言）を行っている場合はどうなるか，③「日本法」を準拠法とした場合にCISGの適用を排除したことになるか否か，がある。

解　説

(1)　1条1項b号について

(a)　事例①の場合　　甲国がCISG非締約国である一方，日本はCISG締約国であり，1条1項b号に従って条約の適用可否を判断する。1条1項b号にいう「国際私法の準則」によれば日本法が準拠法であり（後述(b)），日本法は締約国法なのでb号の要件を満たす。なお，日本は1条1項b号の適用を留保する95条宣言を行っていないため，1条柱書に基づいて条約は問題なく適用される。なお，①裁判所は法廷地国際私法を介さず（適用せず参照するのみ）締約国の義務としてCISGを自国法として直接適用するのか（直接適用説：本事例では通則法を介さずCISG加盟国の義務としてCISGを適用），②法廷地国際私法規則を適用して準拠法となるCISGを間接適用するのか（間接適用説：本事例では通則法7条を適用した結果，日本法の一部であるCISGを適用）という学説対立があるが，本事例ではいずれによっても準拠法は日本法になる。

(b)　事例②の場合　　準拠法とされる法律が締約国の法ではあるが，その締約国が95条宣言を行っている場合はどうか。中国は米国やシンガポール等と同様に95条宣言を行っている。準拠法所属国となった留保国が法廷地であればCISGの適用は当然排除される。しかし，そうでない法廷地の場合の処理は規定されておらず，①留保宣言を尊重してCISGを除く中国（国内）法を適用すべきか（ドイツはこの立場を明言したが，日本は特に表明していない），②この宣言に拘束されずに条約を適用すべきかについて，学説上解釈は分かれている。

(2)　日本法とする準拠法指定はCISGの適用排除になるか（補足）　　日本法の中には日本国内法（民法，商法等）とCISGの双方が含まれるため，どちらを指すかが解釈上の問題になりうる。この点，各国の裁判例をみると，単に締約国の法を準拠法に指定しただけでは条約の適用を排除したことにはならず，明示的に適用排除しないと条約の適用は排除できないとする解釈が多数である。したがって，多数説に従うならば，特段の事情がなければCISGの適用を排除したことにはならないと解される。

（久保田　隆）

74 CISG と解釈・補充原則

事 例

　日本の商社Xは，沖縄県の小規模泡盛酒造メーカーAが製造する特選泡盛αを一定量調達し，甲国の小売店Yに販売する売買契約を東京において口頭で締結した。この契約において，αの数量・価格・品質ならびに国際物品売買に関する国際連合条約（CISG）を契約準拠法，東京地裁を管轄裁判所とする合意が成立した。その後，取引条件の確認のため，Xは平素から定型的に用いている確認書をYに送付した。この確認書には口頭合意を追加する内容が含まれるが，Yは確認書に応答せずに沈黙している（実務ではこれが一般的）。この場合，契約内容は確認書によって変更されるか否か。

論 点

　CISG 7条2項の補充原則と確認書の法的性質。なお，確認書を新たな申込みと解して「書式の闘い」と同様に CISG19 条2項（実質的変更）等を考慮するアプローチも可能であるが，紙幅の関係でこちらは割愛する。

解 説

　CISG の規律範囲（4条）内だが，条文中に明示的に解決がない場合（例：本事例の確認書，78条の利息請求権に適用される利率）は，7条2項で補充する。すなわち，①まず CISG の基礎をなす一般原則で補充し，②一般原則がない場合は国際私法の準則により適用される法に従って解決することとなる。
　一般原則は，① UNIDROIT 国際商事契約原則を読み込む解釈（少数説：2007年7月に国連国際商取引法委員会（UNCITRAL）がこれを推奨）と②同原則ではなく，当事者自治の原則的優越や信義の遵守，当事者相互の協力義務など CISG の基礎にある考え方を一般原則と解する解釈（多数説）がある。多数説に従えば，確認書を解決する一般原則は特にないため，国際私法の準則により適用される法（本事例ではCISG 以外の日本法，すなわち日本民商法）に従うことになろう。

なお，Yの沈黙はそれ自体では承諾とならない（18条1項）が，仮にYが支払を完了すれば，行為による承諾（同条3項）とみなされる可能性がある。

(1)　一般原則にUNIDROIT国際商事契約原則を読み込む解釈を採った場合
　CISGの立法過程で確認書に関する条文制定が見送られ，現在規定がない。このため，7条2項によりCISGの基礎をなす一般原則で補充することになるが，UNCITRALが推奨するUNIDROIT国際商事契約原則を一般原則に読み込む解釈に従えば，同原則2.1.12条により，実質的な変更を含む場合や相手方が遅滞なく異議を述べた場合を除けば契約の一部となる。19条3項は代金や引渡時期の変更は実質的変更になるものと例示しているが，これは機械的に運用されるものではなく，諸事情や当事者間慣行等を考慮（8条3項，9条）した上で総合判断される。過去に諸外国の裁判例で実質的変更とされなかった例をみると，市場価格の変動に応じて価格は変更される旨の条項や一部の物品の引渡期日を延期する権利を売主が留保する条項等がある。

　　2.1.12条（確認書）
　　契約締結後の合理的期間内に送付された，契約の確認のための書面が，追加的なまたは契約内容と異なる条項を含むときは，それらの条項は契約の一部となる。ただし，それらの条項が契約を実質的に変更するとき，またはその受取人が不当に遅延することなくその齟齬について異議を述べたときはこの限りではない。

(2)　一般原則がなく，国際私法の準則により適用される法に従うとした場合
　一般原則では確認書を規律するルールは出てこないと考えて，多数説に従えば，国際私法の準則により適用される法に従うこととなる。裁判管轄合意に従い，東京地裁が裁判を受理する場合，日本の国際私法（通則法8条1項・2項）により，契約締結地で特徴的給付を行う当事者の常居所地法でもある日本法が最密接関係地法となるので日本民商法が補充適用される。商法509条・526条の趣旨からは，受領した確認書を吟味し，必要があれば何らかの意見表明をなすことが誠実な商人として要求されているため，多数説は，確認書の内容が口頭の合意内容を大きく変更しており相手方が予測し得ない場合を除き，異議申立てを行わずに沈黙すれば同意の外観を生ぜしめ，受領者はこれに拘束されると解している。「相手方が予測し得ない大きな変更」と「実質的変更」との間に大きな差はないため，日本法が補充適用された場合でも結論に大差はないと思われる。

（久保田　隆）

75 CISG 第一部：解釈原則

事例

　アメリカの小売商Xは，イタリアのタイル製造業者Yとの間でタイルの売買（金額，数量，品質）について英語で会話して合意し，Yが「もし品質が異なっていたら，何時でも引き換えに応じますよ」と説明した後に契約を成立し，その1週間後にYが用意した注文書に署名した。注文書はイタリア語で記載されており，裏面に契約条件が書かれ，表面の署名欄の下には「買主は注文書の裏面に記載された契約条件を知り，これに合意した」と書かれていたが，Xはイタリア語を解さないため，注文書の契約条件を全く理解しないまま署名してYに返送した。さて，Yが引き渡したタイルがXの注文条件と異なるので，Xは代金支払を拒んで代替品の引渡しを求めたところ，Yは注文書裏面に「品質相違による返品・引換えは，商品の受領後10日以内に書面でYに通知しない限り，応じない」と書かれている点に基づいてXの要求を拒み，代金支払を求めている。なお，注文書の裏面には完全合意条項はない。

　さて，本件がアメリカの裁判所で受理され，国際物品売買契約に関する国際連合条約（CISG：ウィーン売買条約）が準拠法とされた場合，いかなる点が問題になるか。

論点

　「手続きは法廷地法（Lex Fori）による」原則と CISG 8 条（合理解釈原則）を巡る解釈問題で，具体的には以下の点が問題になる。
① 本事例において，アメリカ法上の Parol Evidence Rule が適用されるか。
② 完全合意条項がない場合，Yの契約締結前の口頭説明は考慮されるか。
③ イタリア語を解さないアメリカ人に対し，イタリア語の裏面約款が効力を持つか。

解説

　本事例は CLOUT No.222 および No.345 をもとに創作したものである。なお，CLOUT とは国連国際商取引法委員会（UNCITRAL）が運営する CISG 関連判例のデータベースで，http://www.uncitral.org/uncitral/en/case_law.html より無料で利用できる。

本事例の口頭説明の位置付けに関しては，これを契約成立に関する問題と解せば実体法上の問題，契約内容に関する証拠の優劣の問題と解せば手続法上の問題になる。一方，言語相違の件については実体法の問題として解説する。

　(1)　アメリカ法の適用可否　　「手続きは法廷地法による」原則とは，裁判上の手続問題については専ら法廷地の手続法が適用されるとする不文の原則で，各国で採用されている。本事例が実体問題と解されればCISGが適用され，手続問題と解されれば本原則により法廷地法＝アメリカ法が適用されよう。実体問題と手続問題の区別は必ずしも明瞭ではなく，国によっても異なる。例えば，倒産法上の否認権は手続問題とする説と実体問題とする説に分かれている。また，相殺や時効は，大陸法上は実体問題，コモンロー上は手続問題とされる傾向にあった。したがって，定まった答えはないが，本事例と似たCLOUT No.222では，原審が手続問題と解してアメリカ法を適用したのに対し，アメリカ連邦控訴裁判所は実体問題と解してCISGを適用した。

　(2)　契約締結以前の証拠を考慮するか否か　　本事例では完全合意条項（契約書の内容がそれ以前の口頭や書面の証拠に優先するとの契約条項）が存在しないため，契約締結に至る経緯の扱いに関する当事者間合意はない。このため，仮にアメリカ法のParol Evidence Rule（口頭証拠排除原則）が適用され，注文書が完全かつ最終合意とみなされれば，契約締結以前の口頭や文書の証拠は考慮されず，Yの主張が認められる可能性が高い。一方，CISGが適用された場合，8条3項により関連するすべての状況（交渉，当事者間で確立した慣行，慣習および当事者の事後の行為を含む）に妥当な考慮を払う結果，口頭説明は当然考慮され，Xの主張が認められる可能性が高まる。

　(3)　当事者が理解できない言語で書かれた約款や裏面約款の効力　　買主と売主の言語が異なる場合には，相手方が契約内容を把握できないリスクがあるが，CISG 8条2項は合理解釈（相手方と同種の合理的な者が同様の状況下で有したであろう理解に従って解釈）を要求するため，合理的にみて相手方に「不意打ち」になる条項は無効になる可能性がある。実際，契約交渉がイタリア語で書かれたのに契約がドイツ語で書かれた事案で契約の効力を認めなかった裁判例（CLOUT No.345）がある。

（久保田　隆）

76 CISG第二部：書式の闘い（Battle of Forms）

事例

　甲国の小売業者Xは，乙国の地酒製造業者Yとの間で，Yの製造する地酒の輸入交渉を行った。その結果，XがYから当該地酒5000本を5000万円で購入することが定まり，詳細条件については以下のやり取りがあった。まず，①YからXに対してY社作成の標準契約書が送付され，そこには原材料価格の相場が変動した場合には価格に上乗せできるとする「価格変更条項」が書かれていたのに対し，②XからYに対し，「価格変更条項」は存在しないが，地酒を「紙箱入り」とする条項を加え，残りは同じ内容のX社作成の標準契約請書に署名して返送した。その後，原材料価格が急騰した。さて，③Yは紙箱入り地酒5000本のXへの引渡しを履行し，④その際に上記「価格変更条項」に基づいて6000万円を請求したところ，⑤Xは契約金額は5000万円のはずだとしてYへの代金支払を拒んだ。本件に適用される準拠法がウィーン売買条約（CISG）の場合，契約はいかなる内容で成立したと考えられるか。

論点

　いわゆる「書式の闘い」の解決策としては様々あるが，代表的なものは以下の3つである（他にも，最初の書式による説（First Shot Rule）等がある）。
① 鏡像原則によるか（Mirror Image Rule）。
② 最後の書式によるか（Last Shot Rule）。
③ 共通部分で成立するか（Knock-out Rule）。

解説

　商取引では，契約の成立局面で，当事者が互いに自己に有利な内容の契約を締結しようとする結果，自社に有利な自社の標準約款（書式）を送り付け合い，申込みと承諾が完全には一致せず，契約内容をどう確定するかが問題になる。これが「書式の闘い」（Battle of Forms）と呼ばれる現象である。
　CISG 19条1項は，契約が成立するには申込みと承諾が鏡のように完全に一致する必要があるとする Mirror Image Rule（鏡像原則）を定めるが，それを厳格に適用すると取引の円滑が損なわれるので，2項で修正を図る。すなわち，申込み（事

例①)に対する応諾(事例②)が「実質的変更」を含まない場合は応諾の内容で契約が成立する(最後の書式で成立する Last Shot Rule)。何が「実質的変更」にあたるかは 3 項で例示されているが，本事例の「価格変更条項」や「紙箱入り」はいずれも通常は実質的変更にあたらないと解される(もちろん，状況によっては実質的変更にあたる場合も当然ありうる)。したがって，条文の文理解釈に従えば Last Shot Rule で契約内容が決まる。あるいは，CISG 18 条 3 項に基づく「行為による承諾」(事例③)があると解しても，Last Shot Rule により応諾(事例②)が契約内容となる。

このように条文上は Last Shot Rule を採用しているが，実際の裁判例をみると CISG を Last Shot Rule で解釈した例(CLOUT No.232)も，両者の書式の共通部分を契約内容とする Knock-out Rule で解釈した例(CISG Online No.651)もともに存在する。仮に Knock-out Rule を導くならば，CISG 8 条等で論理解釈するほか，例えば CISG は「書式の闘い」に対する直接的な規定を持たないので 7 条 2 項の一般原則に従うところ，多数説ではないが仮に一般原則に UNIDROIT 国際商事契約原則を読み込む立場を取れば，2.1.22 条(書式の闘いを規定)が Knock-out Rule を規定しており，これにならうといった立論が可能である。

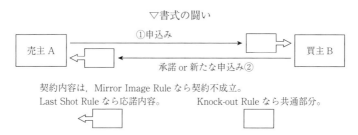

▽書式の闘い
①申込み
売主 A ← 買主 B
承諾 or 新たな申込み②

契約内容は，Mirror Image Rule なら契約不成立。
Last Shot Rule なら応諾内容。　　Knock-out Rule なら共通部分。

したがって，本事例では，「実質的変更」を含まないと解される場合であれば，CISG 19 条 2 項により Mirror Image Rule の適用を避けた上で，①条文通り Last Shot Rule で解釈すれば「価格変更条項」は含まないが「紙箱入り」は含む内容で，②仮に Knock-out Rule で解釈すれば「価格変更条項」も「紙箱入り」も含まない内容(事例③の紙箱はあくまでサービスであり債務ではない)で契約が成立すると解するのが自然であろう。

(久保田　隆)

77 CISG第三部：契約適合性と法定解除

事　例

　甲国の自動車販売業者Xは，国際見本市で展示されていた乙国の自動車メーカーYが製造する新型車αに興味を抱き，αを1台辺り100万円で100台購入する売買契約を結び，契約準拠法をウィーン売買条約（CISG）とした。αは乙国の港から海上運送される。Yの契約の履行にあたって以下の問題が生じた場合，Xはいかなる請求が可能か。
① Yが引き渡したαはエンジンが故障しており，十分に作動しなかった場合。
② ①においてXがαの受取り後，2年を過ぎてからYに不適合の通知を行った場合。
③ ①においてYが1週間以内にYの費用で故障を修理してXに引き渡す申し出をした場合。
④ Yが引き渡したαが見本市で出品されたものとは異なる仕様で出来ていた場合。
一方，以下の場合にYはいかなる請求が可能か。
⑤ Yが引き渡そうとしたα（契約適合性に問題なし）をXが受領しない場合。
⑥ Yがαを最初の運送人に引き渡した後，αが滅失したため，Xが支払を拒んだ場合。
⑦ 乙国で戦争が起こりYの工場が破壊され，廃業に至ったところ，Xから損害賠償を請求された場合。

狙　い

CISG第三部を巡る基本的な条文理解の確認。

解　説

　(1) 買主Xの請求権　　まず事例①では，買主XはCISG45条に定める救済（46条の代替品引渡し・修理，49条の契約解除，50条の代金減額，74条以下の損害賠償）を請求でき，そのうち契約解除については，エンジン故障は25条にいう「重大な契約違反」に該当するので，「重大な契約違反」解除が可能である（49条1項a号）。一方，「付加期間」解除（同項b号）については，本事例ではYは既に引渡しをしているので，主張できない。

次に事例②では，別途約定の保証期間がある場合や，Yが不適合を知っていた場合（40条）を除き，39条2項によりXは不適合に基づいて援用可能な権利を失う。事例③では，売主Yは48条に基づく追完権を行使でき，買主Xに不合理な遅延を招かず，Yの費用で修理するならば，Xによる「重大な契約違反」解除の主張を封じることができる。しかし，その場合でもXは損害賠償請求が可能（48条1項ただし書）。事例④では，契約で別段の合意をした場合を除き，35条2項c号により，別段の合意がなければ見本市の仕様が契約内容になる。

　(2)　売主Yの請求権　　まず事例⑤では，買主XにはCISG 53条に基づき，支払義務だけでなく物品受領義務があることから，物品受領義務を果たさない買主Xに対しては，売主Yは61条に基づき，Xに対して義務の履行，契約解除，損害賠償を請求できる。また，事例⑥では，「危険の移転」が関わってくる。物品の引渡場所に関する合意がない場合，物品の運送を予定する本事例におけるYのa引渡義務は最初の運送人にaを交付すれば満たされるが（31条a項），危険が売主Yから買主Xに移転する時期も同じ時点になる（67条1項）。66条により，危険が移転した後に物品が滅失または毀損しても買主は代金支払義務を免れないから，滅失・毀損がYの作為・不作為による場合を除き，YはXに代金支払を請求できる。一方，事例⑦では，Yが戦争が「自己の支配を超える障害」であるとして79条の障害免責を主張し，同条4項の障害の通知をXに対して合理的期間内に行って認められれば，Xによる損害賠償請求を封じることができる。

（久保田　隆）

78 インコタームズ2010

事 例

　甲国の買主Xは，乙国の売主Yから衣料品αを購入する売買契約を結び，ウィーン売買条約（CISG）を準拠法とし，CIF条件（インコタームズ2010）で合意した。この場合，
① Yはいかなる義務を負い，費用の負担はどうなるか？
② αがYからXに移転する間に滅失・毀損した場合，その危険はどちらが負担するか？
③ 仮にCIF条件ではなくFOB条件の場合，何が変わるか？
④ 仮に箇品運送ではなくコンテナで海上運送した場合，契約はどう見直すべきか？

狙 い

インコタームズ2010を巡る基本的な理解の確認。

解 説

　(1) インコタームズとは　インコタームズとは，国際商業会議所（ICC）が策定した貿易条件の解釈に関する国際規則である。「FOB船積地」，「CIF仕向地」というように定型貿易条件を略号で示すことは従来行われてきたが，世界中の契約当事者が同じ理解で略号を用いているとは限らない（現にアメリカではかつて独自の定義が存在した）。このため，国際的な標準化を目指すべく，統一解釈を規則化して，これを当事者が契約に取り込むことで紛争を未然に回避する目的で1936年に定められた。以後，定期的に見直しがなされている。インコタームズの利用者は，どのインコタームズ（インコタームズ2010なのか2000なのか等）に準拠するかを契約で明記する必要がある。2014年現在，最新のインコタームズはインコタームズ2010である。
　インコタームズ2010には，①あらゆる輸送形態に適した規則（FCA，CPT，CIP等），②海上および内陸水路輸送のための規則（FOB，CFR，CIF等）の2種類11規則がある。

▽インコタームズ2010の主な規則の内容

FOB（Free On Board）：売主は，船積港で本船に荷物を積み込むまでの費用を負担し，それ以降の費用およびリスクは買主が負担。

FCA（Free Carrier）：売主は，船積地のコンテナ・ヤード等で商品を運送人に渡すまでの一切の費用とリスクを負担し，それ以降の費用およびリスクは買主が負担。

CFR（C&F Cost and Freight）：売主は，FOBの費用に加えて海上運賃を負担し，それ以降の費用およびリスクは買主が負担。1990年のインコタームズ改正まではC&Fと呼称。

CPT（Carriage Paid To）：売主は，FCAの費用に加えて海上運賃を負担し，それ以降の費用およびリスクは買主が負担。

CIF（Cost, Insurance and Freight）：売主は，FOBの費用に加えて海上運賃および保険料を負担し，それ以降の費用およびリスクは買主が負担。

CIP（Carriage and Insurance Paid To）：売主は，FCAの費用に加えて海上運賃および保険料を負担し，それ以降の費用およびリスクは買主が負担。

(2) 本事例について　まず，①は，CISG 30条でYはaの引渡義務等を負うが，インコタームズはCISGに優先適用される（∵CISG 6条によりCISGは任意規定）。したがって，Yは，CISG 31条ではなくインコタームズに従い，CIFなので輸送船（本船）の上にaを置くことで引渡しの義務を果たし，費用負担は乙国の船積港で本船に荷物を積み込むまでの費用，海上運賃および保険料となる。次に，②の危険の移転時は，CISG 67条ではなくインコタームズに従い，FOB，CFR，CIFでは本船上にaを置いたとき，FCA，CPT，CIPではコンテナ・ヤード等でaを運送人に引き渡した時になる。本事例はCIFなので，本船上にaを置く以前であれば売主Yが，以後であれば買主Xが危険を負担する。また，③では危険移転時は変わらないが，売主Yではなく買主Yが海上運賃と保険料を負担する。もっとも，FOBであっても特約で売主が運送契約の締結を引き受け，海上運賃や保険料を負担する場合がある。最後に④は，CIFではなくCIPに変更することが望ましい。CIFのままコンテナ輸送を続けると，売主はコンテナ・ヤードで運送人にaを梱包したコンテナを引き渡した後は支配可能性がないにもかかわらず，仮に当該コンテナが本船上に置かれる前に海上に落下して毀損した場合にも危険を負担する結果となってしまう。

（久保田　隆）

79 買主の検査・通知義務

事 例

日本の商社Xは，甲国の醸造所Yとの間で，Yが製造するワインをCIF横浜（インコタームズ2010）の貿易条件で買い受け，代金は信用状で決済した。ワインは陸揚げ5か月後にXから日本国内の第三者Zに転売され，陸揚げ1年後に検査がなされた。その結果，ワイン全部に劣化がみられ，その原因がYの倉庫での保管状態にあると判明した。XがYに損害賠償請求し，日本の裁判所が国際裁判管轄権を持つ前提で，①「CISGを除く日本法」とする準拠法指定がある場合と②準拠法指定がない場合で，XのYに対する請求は認められるか。

なお，甲国は日本とともに国際物品売買契約に関する国際連合条約（CISG）の締約国である。また，ワインの売買では通常は10年程度の保証契約が付されるが，本件では保証契約が存在しない。さらに，実務上ワインの検査を商社が行うことは稀である。

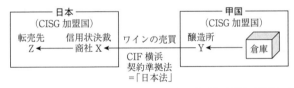

［平成18年司法試験［第2問］設問2を一部改変］

論 点

買主の物品検査・通知義務（日本商法526条，CISG 38条・39条等）を巡る思考実験。

解 説

本事例は，もともと日本商法を巡る司法試験問題について，CISGを絡めて思考実験する問題である。

契約準拠法の指定がなければ，甲国と日本はともにCISG締約国なのでCISG 1条1項(a)により国際私法を介さずにCISGが直接適用される。一方，CISGは任意規定であるため，CISGを除く日本法＝日本国内法の準拠法指定があればそちらが優先される。日本国内法とCISGではともに，①買主に売買目的物を遅滞なく検査

する義務があり（商法526条1項，CISG 38条1項），②瑕疵発見後，速やかに売主に通知しなければ買主は損害賠償等の請求権を失い（商法526条2項前段，CISG 39条1項），③別途保証期間の定めがない場合，目的物受領後一定期間経過後に買主は損害賠償等の権利を失う（商法526条2項後段，CISG 39条2項）が，④売主が目的物の瑕疵について悪意の場合は③の失権規定が適用されない（商法526条3項，CISG 40条）。以上をもとにまとめると以下のようになろう。

(1) 準拠法指定がある場合（日本国内法の適用）　XとYはともに商人で商法526条が適用される。ワインの劣化についてYが認識していた例外的ケース（商法526条3項）を除き，商法526条1項で買主は目的物受領時から遅滞なく検査する義務を負い，2項前段で検査で発見した瑕疵を直ちに売主に通知しなければ契約解除，代金減額，損害賠償の請求ができなくなる。また，2項後段により，買主が目的物受領後6か月以内に目的物の瑕疵を発見できなければ，商取引の迅速結了主義の要請から過失の有無を問わず買主は売主に対して権利を行使できなくなる（通説，最判昭和47・1・25判時662号85頁）。検査義務の発生時をワインのXへの到達時と解した場合はもとより，Zへの到達時と解釈した場合（江頭憲治郎『商取引法〔第7版〕』（弘文堂，2013年）28-29頁）でも，Xが直ちにYに瑕疵を通知した所で既に6か月以内の要件を徒過しており，損害賠償請求は認められない可能性が高い。なお，6か月以内という失権期間については短すぎるとの批判もあり，債権法改正審議の中で法改正も検討されている。

(2) 準拠法指定がない場合（CISGの適用）　ワインの劣化についてYが認識していた例外的ケース（40条）を除き，Xは実行可能な限り短い期間内に検査する義務を負い（38条1項），合理的期間内にYに瑕疵を通知しなければ物品の不適合を援用する権利を失う（39条1項）。また，Xは物品を自己に交付されてから2年以内にYに通知しなければ，別途保証契約の定めがない限り不適合を援用する権利を失う（39条2項）。Xが商社ゆえYは転売の可能性を当然知り得たのでワインのZへの到達時から検査義務が発生する（38条3項）。一方，Xがワインを受領後2年以内に売主に通知しない場合には39条2項により損害賠償請求できなくなるが，本事例ではまだ十分余裕があり，損害賠償請求は認められる可能性が高い。

（久保田　隆）

80 英文契約の基本：英文契約の決まり文句

事例

Aは日本のB会社の新入社員である。米国のC会社からサンプル商品を購入する取引を任され，初めて米国ハワイ州法を準拠法とする英文契約書を目にした。その前文に以下のような記述があった。さて，①の下線部にある WHEREAS 以下の文章はどのような性格のものか。また，②の下線部にある in consideration of 以下はいかなる意味を持つか。

PRODUCT SALES AGREEMENT

This Sales Agreement is made on Jan.12, 2005 by and between C Co., Ltd. (the "Seller"), with an address of 101 Obama Street, Honolulu, Hawaii, U.S.A., and B Corporation (the "Customer"), with an address of 202 A be Street, Tokyo, Japan.

W I T N E S S E T H

WHEREAS ①, Seller wishes to sell solely for educational and demonstration purposes, a certain product, as described below (the "Product"), to Customer; and
WHEREAS, Customer desires to purchase the Product from Seller pursuant to the terms and conditions of this Agreement;
NOW, THEREFORE, in consideration of ② the mutual promises and covenants contained herein, it is agreed as follows: 以下，契約書の条文が続き，最後に両社の署名がある。

狙い

基本的な問題だが，狙いは以下2点である。
① whereas clause（ホウェアラズ・クローズ）の理解。
② 約因法理に関する理解。

解　説

　同一民族が長らく同居してきた日本社会と比べると，アメリカのような移民社会では，あ・うんの呼吸が通じず，言語によるコミュニケーションの比重が高いといわれる。この結果，日本の契約書と比べると英文契約書は詳細に書き込む傾向が強い。また，日本の契約書とは異なり，契約書本文の前に本事例のような前文を書き込むことが多い。前文の主語は契約当事者であるBとC，動詞はWITNESSETH（〜を証明するの古語），目的語は「it is agreed as follows:（以下につき合意したことを）」となる。

　WHEREAS以下の文章は，whereas clauseと呼ばれ，契約締結に至った経緯や契約締結の目的等が書かれているが，契約条項そのものではないので直接の法的効果は持たない。しかし，契約の条項を解釈する際に参照されるため重要である。

　一方，in consideration of 〜は「〜を考慮して」と訳すと誤訳で，「〜を約因として」という意味である。大陸法では契約は申込みと承諾により成立するが，英米法では有効に成立するために「約因（consideration）」と呼ばれる法概念が求める要件を満たす必要がある。約因とは大まかにいえば，債権者が一方的に受益するのではなく，債務者に対してある物を与え，または与える約束をしなければ，その約束は強行し得ないという考え方で，両当事者が相互に対価を交換し合う関係の存在が求められる。したがって，一方的な贈与は，日本法上は有効な契約になりうるが，英米法上は，捺印証書等による場合の例外を除き，約因が存在しないので有効な契約にはならない。約因は法的に有効なものであれば，経済的価値が釣り合う必要はなく，例えば，ガレージを無償で貸し出す約束を法的に有効な契約にするには，借り入れる側がカナリア1羽を対価に差し出せば良い等と説明されている。ただし，既存の法的義務は約因の要件を満たさない。例えば，被害者から警察官に対し，「犯人を捕まえたら賞金を提供する」といっても，警察官が犯人を捕まえることは既存の法的義務だから約因にはならない。本事例では，売主が商品を引き渡し，買主が代金を支払う相互の約束がある双務契約なので約因を当然満たすが，そのことを改めて前文で示すのである。

　なお，約因は契約の成立時点だけでなく，既存の契約を修正する場合にも必要となる（ただし，米国統一商法典（UCC）に基づく場合や，相手方の信頼を保護する要請から約束的禁反言（promissory estoppel）が適用される場合に例外がある）。

（久保田　隆）

★81 アメリカ法の特徴

事例

　Aは日本のB会社に勤務して5年目の若手社員であるが，この度，人事部から1年間の米国ロースクール留学を許可されたので，留学準備と並行してアメリカ法の基礎を学び始めた。そこで，留学経験のある先輩社員のCは，以下の基本的な問題を示してAの学習に役立てるようにした。さて，答えられるだろうか？
① アメリカは連邦制を採用し，連邦法と州法があるが，州法では何を定めているか？
② アメリカ統一商法典（UCC：Uniform Commercial Code）とは何か？
③ 契約成立に際して，口頭では足らず書面が必要になるのはいかなる場合か？
④ 書面契約成立後に当事者間で争いがある場合，契約締結以前の証拠はどう扱われるか？

狙い

いずれもアメリカ契約法に関する基本的な理解を確認するものである。

解説

(1) 連邦法と州法の棲み分け　連邦議会の立法権の範囲は，合衆国憲法第1章8条に列挙されており（例えば，課税，外国との通商や州同士の通商，倒産，無体財産権等），州法はこれ以外のすべての立法（例えば，州の憲法，刑法，契約法，不法行為法，家族法，商法）が可能である（修正10条）。また，連邦議会は列挙されたすべての事項について立法する義務を負うわけではないため，敢えて自己の権限内の事項について立法せず，州法に任せることも多い（例えば，会社法，抵触法（州を跨いだ取引に適用される州法を決定するルール））。

(2) UCC　州ごとに異なる法律ができると，A州では有効な売買がB州では無効になる可能性があって，州を跨いだ商業活動の円滑を乱すおそれがある。私法統一の観点から，倒産法のように連邦法がある分野は良いが，州法に任されている分野でも統一の必要性がある。そこで，米国各州の商取引について，統一法を作るためのモデル法として統一商法典（UCC）が1951年以降，作成されるようになっ

た。UCC は連邦法ではなく，統一州法委員会全国会議と全米法律協会を中心に作成した法案を各州議会が採択するもの（採択するか否かは各州の自由）で，すべての州が採用しているが，一部を採用しない州（旧フランス植民地で大陸法のルイジアナ州は第2編（売買），第6編（一括売買），第9編（担保取引）を不採用）や多少の変更を加える州もある。

(3) 詐欺防止法（Statute of Frauds）　アメリカ法でも日本法と同じく，口頭でも契約が成立する原則は存在する。しかし，一定の重要な契約については，裁判を通じた救済を受けるには，相手方の合意文言と署名入りの書面がなければならないとする原則があり，これを詐欺防止法と呼んでいる。1677年に定められたイギリスの制定法に始まり，ルイジアナ州を除くすべての州で立法や判例でこの趣旨の法が定められている。UCC では，第2編201条で，①不動産や不動産に関する権利の売買に関する契約，②契約締結から1年以内に履行されない契約，③債務保証契約，④5000ドル以上（2003年改正で500ドル以上を改正）の物品売買契約について書面を要求している。

(4) 口頭証拠排除原則（Parol Evidence Rule）　アメリカの民事訴訟法上の原則に Parol Evidence Rule（パロル・エビデンス・ルール）があり，これは，契約の当事者間で最終的かつ完全な書面契約を締結した場合，その内容に反する書面証拠や口頭証拠で，契約書面作成までに生じたものは，証拠として取り上げないという原則である。法的関係を安定させるには契約書面が最優先に扱われることが望ましい。このため，この原則が大陸法国相手の国際取引にも適用されるように，英文契約書に当該書面が完全合意書面である旨を記述する条項（完全合意条項：entire agreement clause）を記載するのが通常である。

（久保田　隆）

★82 代理店・販売店と並行輸入

事例

甲国の有名ブランドであるXは、αという商標を付したバッグβの乙国での販路を開拓するため、バッグβの販売に関して、①乙国北部で一手販売権を持つ「代理店」として乙国の小売業Aを、②乙国南部で一手販売権を持つ「販売店」として乙国の百貨店Bを定め、AとBのみにXの持つαという商標の使用許諾権を与えた。一方、甲国や乙国と比べると物価の著しく安い丙国でも、βはXの代理店で真正商品として半額で販売されている。そこで、乙国のディスカウントストアYは、Xから商標の使用許諾権を得ていないものの、丙国でβを大量に購入して乙国に持ち込み、乙国の定価よりも3割安い価格で売り出したところ大人気となり、Yは大儲けした。Yのお陰で売り上げが食われたAやBは、Yによるβの輸入（「並行輸入」という）の差止め請求を検討している。
この状況で、
① 代理店と販売店とは何が異なるか。
② 仮に日本法が適用される場合、Yによるβの並行輸入をAやBがβの商標権の専用使用権に基づいて差止請求すると認められるか。

狙い

代理店・販売店、並行輸入の概念に関する基本的な理解の確認。

解説

(1) 代理店と販売店　代理店と販売店の概念上の差は、①代理店が、売主の代理人として専ら売主と顧客の間の取引を仲介または媒介し、自らは契約当事者とはならないのに対し、②販売店は、自己の計算とリスクで売主から商品を買い取って顧客や第三者に転売し、自ら契約当事者になる点にある。しかし、実際には国際代理店と名付けられたものの多くは販売店であり、実際の名称と概念上の区別とは一致しない。

国際代理店契約では、代理店の営業地域を限定したり、売主以外の競合商品の取扱いを禁止する条項が規定されることが多く、独占禁止法に抵触する場合がある。

また，代理店が売主よりも経済的・法的に劣位に立つことから代理店保護法を持つ国も多い（独・仏・中東・中南米等。日本にはない）。

▽代理店と販売店の概念上の相違

```
┌─甲国─┐                              ┌─乙国─┐
│      │      代理店 A ≠ 契約当事者    │      │
│  X   │─────────────────────────────→│ 顧客 │
│      │           ─B─                │      │
└──────┘      販売店 B = 契約当事者    └──────┘
```

(2) 並行輸入　日本法の下では，商標権者から使用許諾を得ずに真正商品を並行輸入した者に対し，商標権者も商標権の使用許諾を得た者も，商標権によって真正な商品の並行輸入の差止めを求めることはできない（最判平成15・2・27民集57巻2号125頁）。ただし，丙国で廉価販売されたβが乙国で販売されるβよりも品質が劣る場合には，商標権の侵害にあたる。

なお，特許権についても権利者による並行輸入の差止め請求が可能かという議論があるが，BBS事件判決（最判平成9・7・1民集51巻6号2299頁）では，当該製品の販売先や使用地域から日本を除外することで特許権者が製品の譲受人と合意した場合を除き，譲受人や以後の転得者に特許権は及ばないとして並行輸入を承認した。

▽並行輸入の例

（久保田　隆）

83 国際海上物品運送法

事 例

　日本のX会社は，乙国のA会社から箱詰めの冷凍エビを輸入することとした。そこで，Aとの間で，「Xが船舶の手配をし，運送賃を支払う。Aが冷凍エビを詰めた約定の数量の箱を乙国の港で運送人に引き渡すことによって商品の引渡しとする。売買代金はXが日本の銀行に開設する信用状による決済とする」旨の約定で契約した。その後，Xは日本の海上運送業者Y会社に乙国の港から日本の港までの海上運送を依頼し，Aは，運送中の温度管理についてYに指示をして，冷凍エビ500キログラムを詰めた一包の箱を乙国の港でYに引き渡した。日本の港での陸揚げ後，Xが，船荷証券を呈示してYから引渡しを受け，直ちにその中を検査したところ，温度管理が適当でなかったため，冷凍エビの鮮度が落ちており，Xは当該冷凍エビを市価の3割で売却せざるを得なかった。Xは，受取から引渡しまでの間のYの措置が適切でなかったとして，Yに対する損害賠償請求の訴えを日本のN市裁判所に提起したところ受理され，国際私法に基づき日本法を準拠法として解決することとなった。なお，1SDR＝130円とする。
① XがYに対して冷凍エビの商品価値の下落についての損害賠償責任を追及することができるのは，どのような場合か。
② XがYに対して損害賠償責任を追及することができるとした場合，冷凍エビに関する損害賠償の上限金額は日本円でいくらか。

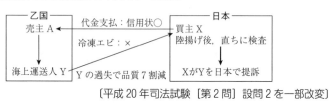

〔平成20年司法試験〔第2問〕設問2を一部改変〕

論 点

　国際海上物品運送法（以下，運送法）の条文理解を問う問題。やや細かい計算問題になるので，一度は実際に計算して慣れておくことをおすすめする。なお，司法試験ではコンテナ1個に詰め込んだ事案になっており，この場合は13条3項が関係する。本事例では理解しやすいように事案を簡単にした。なお，損害賠償金額は12条の2で市場価格による。

解　説

　国際私法では，①運送法または統一条約が直接適用されるのか，②国際私法の規定により運送契約の準拠法が日本法となる場合に間接適用されるのか，という議論があるが，本事例では日本法が準拠法となる前提なので結論に差はなく，船積港が乙国なので国際海上物品運送法が適用される（1条）。

　事例①は，運送人の損害賠償責任を巡る問題で，ⓐ運送法3条・4条が運送品に関する注意義務と免責を，ⓑ5条が堪航能力に関する注意義務を定める一方，ⓒ12条は荷受人の通知義務を，14条は責任の消滅を定めているので，各々規定に従って判断する。事例②は，賠償金額の算定を巡る問題で，ⓐ運送法13条1項が基本的な計算式で，ⓑ13条の2が特例を定めているので，以下のとおり。

（1）事例①について　運送人Yに損害賠償責任を追及するには，形式的な要件と実質的な要件の2つを満たす必要がある。まず形式面で荷受人Xが，①日本での陸揚げ後，直ちに検査し瑕疵を発見した後で運送法12条1項にいう書面による通知をYに発し（しないと2項で損傷がないものと推定），②14条1項により1年以内に裁判上の請求を行うことが必要である。これに加え，実質面でYが，①運送品に関する注意義務（3条）や②堪航能力に関する義務（5条）を尽くしたことを証明しない限り，損害賠償義務を負う。ただし，①船長等の使用人の行為や火災により生じた損害（3条2項）や，②天災・戦争・海賊・ストライキ等により通常生ずべき損害であることをYが証明した場合（4条2項）には，損賠賠償義務を免れる。本事例は実質的な要件は満たすので，Xが直ちに損傷による概況を書面で通知し（12条1項），冷凍エビの引渡日から1年以内に裁判上の請求を行っている場合（14条1項）に，損害賠償責任を追及できる。

（2）事例②について　運送法13条の2にいうYの故意や無謀な行為がある場合を除けば，滅失部分の総重量は500キログラム×0.7＝350キログラムである。13条1項により，運送人の責任限度額は，以下の2つのうち多い方となるが，①より②の方が多いため責任限度額は91,000円となる。

①一計算単位の666.67倍：$1 \times SDR \times 666.67 = 86,667$ 円

②滅失等に係る総重量に一計算単位の2倍を乗じた額：$500 \times 0.7 \times 2 \times SDR = 91,000$ 円

（久保田　隆）

84 モントリオール条約

事 例

日本人Xは、甲国の航空会社Yの英文ウェブサイトから往復の航空チケットを購入し、日本の成田空港からYに搭乗して乙国A市に赴き、1日滞在した後、再びYの運航便に搭乗して成田空港に降り立って旅程を終えた。しかし、旅行の途中、Yの運航便が急激な上昇気流の影響で機体を大きく揺らした際、Xは頭を強打して重傷を負った。このため、XはYに対し、日本で損害賠償責任を追及する裁判を起こす構えだが、①日本の裁判所は国際裁判管轄権を有するか、②Yの責任や損害賠償範囲はどこまでか。なお、日本はモントリオール条約の締約国であるが、甲国と乙国はワルソー条約とハーグ議定書の締約国ではあるが、モントリオール条約の締約国ではない。また、Xは生来、東京都葛飾区柴又に居を構え、Yは成田空港にも航空運送業務を担う営業所を常設している。

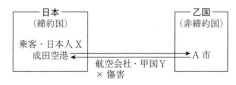

論 点

モントリオール条約の条文理解を問う基本的な創作問題で、以下が問題となる。
① 本事例にモントリオール条約の適用はあるか（1条参照）。
② 適用がある場合、日本の裁判所は裁判管轄権を有するか（33条参照）。
③ 管轄を持つ場合、運送人の責任や損害賠償の範囲はどこまでか（17条参照）。

解 説

国際航空運送における航空運送人の責任や損害賠償範囲については、ワルソー条約やハーグ議定書が存在したが、賠償金が低い等近年の実情にそぐわないので改訂され、モントリオール条約が制定された（既に発効）。日本もモントリオール条約の締約国であるが、ワルソー条約やハーグ議定書だけに加盟する国々も存在する。なお、ワルソー条約とモントリオール条約の正式名称はともに「国際航空運送につ

いてのある規則の統一に関する条約」で同一である。モントリオール条約については教科書にそれほど扱われていないため、条約未発行時点で国土交通省が作成した以下の図解が学習上の参考になるであろう（http://www.mlit.go.jp/kisha/kisha03/12/120926_2/01.pdf）。

(1) 本事例へのモントリオール条約の適用可否　旅客や航空会社の国籍とは無関係に、1条により、出発地と到着地が締約国であれば条約は適用される。本事例ではどちらも締約国の日本であるため、条約が適用される。一方、仮に片道のみ（成田空港→A市）であれば、条約は適用されない。

(2) 日本の裁判所の国際裁判管轄権の有無　裁判管轄地は、モントリオール条約により拡張された。すなわち、ワルソー条約・ハーグ議定書では、①運送人の住所地、②運送人の主たる営業所の所在地、③運送人が契約を締結した営業所の所在地、④到達地であったが、モントリオール条約ではこれらに加えて、⑤旅客の死亡または傷害の時に限り、事故当時旅客が主要かつ恒常的な居住地を有していた締約国の領域（33条2項）が加わった。本事例では、Xの常居所地は日本であり、日本は締約国であるから、日本の裁判所は国際裁判管轄権を有する。

(3) Yの責任制限と損害賠償範囲　旅客の死亡または傷害に対し、限度額を付していたワルソー条約（12万5千金フラン≒140万円）やハーグ議定書（25万金フラン≒280万円）に対し、モントリオール条約は無制限とした上で、11万3100SDR（約1800万円：平成21年改正以前は10万SDRであった）までは無過失責任（第21条1項）、それ以上はYが無過失等を証明すれば責任を免れる（同条2項）。

なお、SDRの市場価格は変動するが、直近の値はIMFホームページ（http://www.imf.org/external/np/fin/data/rms_sdrv.aspx）やその他のページ（例：http://ja.coinmill.com/SDR_calculator.html#SDR＝1）で確認できる。

（久保田　隆）

85 荷為替取引の構造理解と船荷証券

事　例

　日本の地酒製造業者Aは，甲国の酒類小売販売店Xとの間で，地酒1000本の売買契約を締結し，商業送り状を発行した。契約条件はCIF売買（インコタームズ2010），荷為替取引の信用状決済で契約準拠法は日本法である。Xが早速，甲国のB銀行（発行銀行）に信用状を開設し，その通知が日本のC銀行（通知銀行：今回は買取銀行を兼ねたが，常に一致するとは限らない）からAのもとに届いたため，Aは保険会社Dとの間に保険契約を結んで保険証券を，海運会社Yとの間に運送契約を結んで船荷証券を各々入手した。その後，保険証券，船荷証券，商業送り状等の船積書類を添えた為替手形（荷為替手形）を振り出し，C銀行（買取銀行）に買い取ってもらい，C銀行はその荷為替手形をB銀行に送付し，XはC銀行に代金支払と引換えに船積書類を受領した。その後，Xが甲国の港でYに船積書類を呈示して地酒を受け取った。船荷証券には準拠法は日本法との記載がある。以下の問いに答えよ。
① 以上の取引を図示せよ。
② Xが即座に商品を確かめたところ，すべての酒瓶にひびが入っており，とても売り物にはならなかった。YはAから地酒引渡しを受けた際にはひびが入っていなかったことの立証をXがすべきとしたが，Xは，船荷証券に「外観上良好な状態で船積みした」との記載があるので運送中に生じたものと推定可能だと主張する。Xの主張は認められるか。

狙　い

基本的な問題だが，狙いは以下2点である。
① 荷為替取引の構造を理解。
② 船荷証券の記載に関する裁判例の動向を理解。

解　説

（1）**取引の図解**　国際取引法の学習上，最初の関門は，荷為替取引の取引構造を理解することである。荷為替取引という言葉が出たら，まず四角を2つ書いて売買契約を示し，その上にまた2つ書いて信用状取引を書き入れ，さらに売主の下に

さらに四角を2つ書いて当事者名を入れると良い。これが頭の中に十分定着すると，取引の流れを格段に把握しやすくなる。なお，荷為替手形とは，約束手形（支払人自らが振り出す手形）とは異なり，振出人が第三者（支払人）に宛てて一定金額を受取人や指図人に支払うべき旨を委託する形式の手形であり，荷為替手形とは，船荷証券や貨物引換証等の「船積書類」が添付された為替手形を指す。一方，荷為替信用状とは，買主の依頼で銀行が発行し，一定の条件を満たせば，売主の振り出す荷為替手形を銀行が引き受け・支払う内容を約束した書面である。

▽荷為替信用状取引の仕組み（CIF売買の場合）

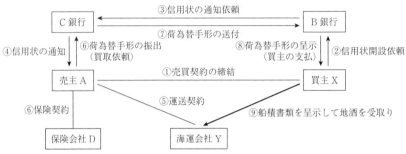

（2）船荷証券の記載　一方，船荷証券の所持人は，①運送人に対して契約上の債務の履行を請求し，不履行の場合は損害賠償を請求でき（債権的効力），②証券の引渡しだけで運送品の引渡しと同一の効力を得られる（物権的効力）。物権的効力を持つ船荷証券（B/L）は有価証券（財産権を表象する証券）であり，債権的効力しか持たない海上運送状（SWB）や航空運送状（AWB）は有価証券ではない。

今回は債権的効力に関する問題であるが，船荷証券の決まり文句である「外観上良好な状態で船積みした」との記載について判例は，荷揚時に外観上運送品に損傷があった場合に，特段の事情のない限り，運送品の損傷は運送品の運送取扱い中に生じたものと事実上推定されるとした（最判昭和48・4・19民集27巻3号527頁，最判昭和49・3・15民集28巻2号222頁）。したがって，Xの主張は認められる可能性が高い。なお，船荷証券の債権的効力の準拠法は，運送契約の準拠法説，船積地説，船荷証券に明示された準拠法説等があるが，本事例ではいずれも日本法となる。

（久保田　隆）

86 信用状の開設時期と確認書

事　例

　Xは食肉類の貿易を業とする甲国法人であり，Yは食糧品の輸入等を業とする日本法人である。XとYは甲国産冷凍牛肉の輸出入取引に関する事前折衝を行い，昭和32年6月中に，①シー・エンド・エフ（C&F，現在のCFR）売買契約によること，②代金支払はYがXを受益者とする荷為替信用状を開設して行うことで了解した。

　その後，売買目的物である牛肉の価格と船積期間（昭和32年9月中）についてXから承諾期限を定めた申込みがなされ，Yは承諾期間経過後に注文を確認した旨，返答した。Xは再度，品質等の条件を付加してYに承諾を求め，Yが承諾すれば売買を確認するとしたところ，Yは承諾した。そこで，Xは契約確認書を送付したが，Yはこれには署名・返送しなかった。

　結局，Yは信用状の開設を拒否し，船積期間を経過しても開設しなかった。このため，XはYに対する損害賠償を請求した。Xは，本件売買契約は有効に成立し，その性質は約定の船積期間中に目的物の船積をしなければ契約目的を達せられない確定期売買であるが，信用状の開設は目的物船積みの先行的条件であるため，商法525条に従い，被告が信用状を開設しないまま船積期間を徒過したときに解除されたと主張する。これに対してYは，当事者が契約確認書に署名・交換することが国際取引における契約成立の要件だとして売買契約の不成立（Yは契約確認書に署名・返送していない）を主張し，仮に成立したとしても確定期売買ではなく，信用状の開設義務も先行的条件ではなく，目的物船積み義務や船積書類交付義務と同時履行の関係にあるとして争った。

〔神戸地判昭和37・11・10下民集13巻11号2293頁〕

論　点

日本法（商法）を準拠法とするケース（なお，当時はCISGは不存在）で，
① 国際取引において，契約確認書への署名・交換は契約成立の要件か。
② シー・エンド・エフ売買契約は確定期売買にあたるか。
③ 信用状の開設義務は目的物船積みの先行的給付義務か。

判　旨

　契約解除を認め，XのYに対する損害賠償請求を認容。

　①「国際間に結ばれる売買契約も，特段の意思表示ないし慣習の認められないかぎり，当事者間の合意のみにより成立する不要式の諾成契約であり，当事者間に通例交換される契約確認書は，後日における契約の円滑なる履行，紛争発生の際の証拠の確保等を目的として，すでに成立した契約内容を確認するために作成されるものであって，その作成ないし交換は契約成立の要件にはならないと解すべきであり，かつ，本件においては，それを覆すに足る特段の意思表示ないし慣習の存在したことは認められない。」

　②「およそシー・エンド・エフ売買契約における船積期間は，……売買契約の最も重要な条項であり，売主はこの期間を厳守することを要し，この期間前または期間後に船積した物品の船積書類の提供は，債務の本旨にしたがった弁済の提供とはいえず，したがって，売主が約定物品の積込みをすることなく，一旦この期間を徒過すれば，もはやその契約をなした目的を達成することができなくなるものと解すべきである。とすれば，右のごとき意義を有する船積期間の特約された右売買契約は，その性質上，商法第525条所定のいわゆる確定期売買であると解するのが相当である。」

　③「シー・エンド・エフ売買契約において，その代金支払条件として，取消不能銀行確認信用状の開設を特約する目的は，売主をして代金決済の手段たる為替手形の割引を容易ならしめるにとどまらず，さらに目的物の船積以前において，売主が船積すれば直ちに為替手形の割引を受け，売買代金を実質的に回収しうるという確実な保障を与え，目的物の調達ないしその船積を安んじて行わしめることにあるというべきであるから，このような特約のある場合には，買主は，売主に対し目的物の船積ないし船積書類の提供を求めるための先行的条件として，かつ，遅くとも船積期間経過以前に，これを開設すべき義務があるものと解すべきが当然である。そして，買主の右信用状開設の義務は，確定期売買たる船積期間の特約されたシー・エンド・エフ売買契約から生じる義務であり，その先行的給付義務であるから，もし，買主が遅くとも右船積期間経過以前にこれを開設しない場合には，商法第525条により，その売買契約は解除されたものとみなすのが相当であろう。」

解　説

　論点①は既に一般認識で異論はない。論点②の判旨は言い過ぎで，C&F売買や最終船積期日の記載があれば当然に確定期売買になるとは限らない（東京地判平成2・4・25判時1368号123頁参照）。一方，論点③の先行的給付義務については異論がないが「遅くとも船積期間経過以前」という判旨に対しては，さらに早めて船積期間開始以前（英国判例はCIFとFOBにつき，そのように解する）とすべきという見解が多い。

（久保田　隆）

87 信用状通知の遅滞と相当因果関係

事例

　日本の衣料品販売会社であるXは，甲国の貿易会社であるAに対し，布地の売買契約を締結した。Aは代金支払のため，甲国のB銀行に対し，Xを受益者とする信用状の開設を依頼し，BはXへの信用状発行の通知をY銀行に依頼し，Y銀行大阪支店はXに通知した。

　その後，XとAは，この信用状の条件を変更し，金額の増額や船積期限の延期等を行うことで合意し，AがBに条件変更の書面を発行してXに通知することを依頼した。Bは書面を発行し，Y銀行東京支店に送付したが，電信の名宛受取人を大阪支店ではなく東京支店と誤って記載したため，大阪支店に転送されなかった。このため，BはYに対し名宛受取人を大阪支店に訂正し，大阪支店に転送することを電信で依頼したが，Y銀行東京支店は書面を未処理ファイルに保管したまま大阪支店に転送せず，ようやく転送したのはXから問合せを受けて調査した後であった。船積みの手続きには通常3日間を要するが，Aと変更合意した船積期限の3日前までに信用状の条件変更を確認できなかったため，Xは商品の船積みをしなかった。

　しかし，その後，Aと実体的に殆ど同一のAaから，商品の納入が遅れたため顧客から責任を追及されていると抗議を受け，売買代金の値引きを要求された。そこでXは，商品を航空便で発送し，売買代金の値引きに応じた。本事例は，信用状の通知銀行であるYがXに対する信用状条件変更の通知を遅滞したことから，Xが売買契約に係る商品を発送するために航空便を利用し，また，代金値引きの要求に応じざるを得なかったと主張して，Yに対し，不法行為による損害賠償請求権に基づき，上記航空運送費および値引き額相当額等の支払を求めたものである。

〔最判平成15・3・27金法1677号54頁〕

論　点

信用状の通知銀行が船積期限を変更する旨の信用状条件を変更する通知を遅滞したことにより，売主が損害を被った事案において，通知しなかった行為とXが被った損害との間に相当因果関係があるといえるか否か。

判　旨

相当因果関係はない（したがってXの請求は棄却）とされた。

「売主と買主との間で売買代金の決済方法として信用状を用いることが合意された場合，売主は，特約がない限り，信用状の通知を受けるまでは自己の債務の履行を拒むことができるし，また，信用状の条件変更がされたときは，条件変更の通知を受けこれを承諾するまでは，条件変更に係る債務の履行を拒むことができる。……Xは，本件売買契約に係る商品を上記船積期限までに船積みしなかったことによりAaに対して債務不履行責任を負うことはなく，売買代金の値引き等をしなければならない相当な理由はなかったというべきである。

したがって，……通知しなかった行為とXが被った損害との間に相当因果関係があるということはできない。」

解　説

原審は①「通知銀行は，通知に要する期間内にできるだけ迅速に通知事務を処理すべき注意義務を負っているから，……通知しなかったことは違法であり，また，この点につきYに過失があることも明らか」とした上で，②「通知が遅れたことと，Xが本件売買契約の代金額を値引きしたことなどにより被った損害との間には相当因果関係が認められる」としたが，最高裁は①には触れず，②について原審とは異なる判断を示した。

今回，信用状通知銀行YのXに対する責任は否定されたが，Yの信用状発行銀行Bに対する責任は否定されるものではない。

（久保田　隆）

88 信用状取引における銀行の書類点検義務

事　例

　甲国で繊維製品の輸入業を営むXは，日本法人のAとの間で繊維製品の輸入契約を結び，その代金決済のため，Xを受益者とする信用状を甲国の銀行Bに依頼して開設した。Aは信用状に基づいて為替手形を振り出し，日本の銀行Yは，これを買い取った。買取りに際し，Yは，この信用状が添付を要求するインボイス，船荷証券，原産地証明，梱包明細書等の船積書類のほか，信用状条件にはないが，税関の輸出許可印の押捺された輸出申告書の提出も受けた。Yは，信用状条件とされた船積書類相互間に文面上の不一致がないかを対比照合して確認したが，信用状条件ではない輸出申告書については，当事者名，信用状番号，代金額についてのみ確認し，商品名の表示の相違やヤール数（長さ）の相違については，代金額の合計が一致するので看過した。輸出統計品目表に準拠する関係でインボイスの表示と異なることは多い点も考慮した結果である。一方，取引当時は，輸出申告書の記載と手形振出の原因となった輸出取引との同一性を確認する義務が外国為替公認銀行に課されており，Yはそうした義務を負う外国為替公認銀行であった。
　さて，XはBに信用状発行代金を支払い，船積書類の交付を受けたが，受け取った商品はインボイスに表示された商品とは異なる品質や数量であったため，損害を被った（本件取引は輸出詐欺であった）。そこで，Xは，Yが輸出手形の買取りに際し，インボイスと輸出申告書との船積商品の表示の差異を看過した結果，契約どおりの商品が船積みされず損害を被ったとして，Yに対して不法行為による損害賠償を求める訴訟を提起した。

〔最判平成2・3・20金法1259号36頁〕

論　点

　輸出手形の買取りに際し，信用状条件にない輸出申告書に買取り銀行の書類点検確認義務は及ぶか。

判　旨

　原審の判断（Yは責任を負わない）を是認
　「外国為替公認銀行が顧客から輸出手形を買い取る場合には，……輸出申告書の記載と当該輸出手形振出の原因となった輸出取引との間に同一性があることを確認すべき義

務があることはいうまでもない。しかし，……確認制度の趣旨・目的に照らすと，外国為替公認銀行の確認義務は，外国為替管理の目的を達するために課された公法上の義務であると解するのが相当であり，信用状取引の当事者に対して負担し，あるいはこれを保護するために課された義務ではないというべきである。したがって，外国為替公認銀行が仮に右義務に違反したとしても，それが直ちに信用状取引の当事者に対する関係で違法な行為となるものではないというべきである。」

「信用状取引といえども輸出取引の当事者である売主・買主間の信頼関係を基礎とするものであり，顧客の依頼に基づき輸出手形を買い取ることによって売主・買主間の売買代金決済の一部面に関与するにすぎない買取銀行が右書類の真否や内容の真実性について調査，確認することは実際上不可能であるし，その調査，確認を要求することは迅速，円滑な信用状取引を妨げ，ひいては国際的貿易取引の円滑，安全を阻害する結果を招来するおそれがあるため，信用状に明記された条件と文面上一致する書類が添付されていることのみを点検，確認すれば足りるものとすることにより，信用状取引の円滑と安全を図ろうとするにあり，買取銀行が右点検，確認をしている限り，その買取りは正当化され，売買契約上のクレームは専ら売主・買主間で解決されるべきものとされているのである。そうすると，輸出申告書の呈示が信用状条件として明記されていたとは認められない本件の場合には，この観点からも，Ｙに輸出申告書の点検確認義務があったとすることはできない。」

「そして，右のような信用状取引の性質，信用状取引における買取銀行の立場を勘案すると，信用状付輸出手形の買取りをした外国為替公認銀行は，契約どおりの商品が船積みされていないことを知りながら敢えて輸出手形の買取りを行った場合，又は一般に輸出取引の対象となる各種商品の品目・性状・品質等についての専門知識を有しない銀行員の注意をもってしても輸出申告書の記載等から一見して当該輸出が手形振出の原因となった輸出取引と別個の取引であることが明らかであるのにこれを看過して手形を買い取った場合は格別，そうでない場合には，契約どおりの商品が船積みされなかったのに買主が輸出手形の決済を余儀なくされたとしても，そのことにつき，右買主に対して不法行為による損害賠償責任を負わないものと解するのが相当である。」

解説

銀行の書類点検確認義務は及ばない。信用状の２大原則（独立抽象性の原則，書類取引の原則）のうち，書類取引の原則に関するものである。この機会に２大原則を確認してみよう。

〔久保田　隆〕

89 荷為替取引の最近の変化

事例

荷為替取引の仕組みの解説は，世界中どこでも，国際取引法の教科書のかなりの部分を占める主要トピックである。しかし，実際の国際取引では，①支払における荷為替信用状（L/C: Letter of Credit）の利用は全世界で2割（日本で3割）に止まり，電信為替送金（T/T Remittance: Telegraphic Transfer Remittance）による代金決済が主流で，SWIFTが提供するTSU-BPOも拡大しており，②運送においても，船荷証券（B/L: Bill of Lading）に代わり海上運送状（SWB: Sea Waybill）の利用が主流で，サレンダードB/L（Surrendered B/L）も使われている。そこで，以下について答えよ。
① 支払における上記変化の理由
② 運送における上記変化の理由

狙い

荷為替取引の仕組みの利用頻度は低下している。この背景と今後の方向性について理解する。

解説

荷為替取引の仕組みは，そもそも貨物が仕向港に到着する前に船積書類が買主の手元に到着することを前提としていた。しかし近年，コンテナ船の登場による船舶輸送の高速化等に伴い，貨物が荷揚港に到着する方が，銀行の審査を経由する船積書類の到着よりも早くなった。この結果，買主が迅速に貨物を引き取れない不都合が常態化した。また，その他の問題も認識されるようになってきた。

(1) 支払における最近の変化　売主にとって信用状は，買主の支払に銀行保証が得られ，荷為替手形の割引で船積み後速やかに代金回収できる点で利点があった。しかし，船積書類と信用状条件に少しでも不一致（ディスクレ）があると滞る仕組みは売主の負担であるほか，買主にとっても，商品の迅速な受取りが困難な点（上述）に加え，電信送金よりもかなり高い手数料（信用状開設や手形買取り）がかかる点が嫌気された。一方，インターネットの発達で売主は買主の信用情報が容易に

得られるようになり，信用判定が不要なグループ企業間取引も増加した結果，国際取引でも国内取引と同様の送金方式が主流になった。ただし，信用状取引が依然主流な地域（中国等）の企業や新規取引先を相手とする場合は利用が続く。なお，送金方式では買主の支払に銀行保証が得られないが，保証を供与しつつ信用状よりは手数料の安い電子システム TSU-BPO が SWIFT（日本を含む 200 カ国以上 8000 以上の金融機関が参加する国際金融情報通信インフラの提供組織）から提供され，各国に広がりつつある。

(2) 運送における最近の変化　先に述べたような，コンテナ船舶輸送の高速化に伴い，貨物の荷揚げ港到着に船荷証券（B/L）の到着が間に合わず，荷物を受け取れない事態（船荷証券の危機）の増加に対応し，B/L に代えて海上運送状（SWB）やサレンダード B/L を用いるケースが国際的に急増している。

まず SWB は，貨物受領書と運送引受条件記載書を兼ね，表面の記載事項も B/L と同じだが，B/L とは異なり有価証券でないので裏書譲渡は不可能である。しかし，貨物引取り時の提示が不要で，海上運送状に記載された荷受人であると確認できれば，荷受人は到着後すぐ貨物を引取れるほか，「海上運送状に関する CMI 規則」や「信用状統一規則（2007 年改訂の UCP600 が 2013 年現在最もよく使われている）」に規定がある。欧州等では SWB が一般的に用いられている。

一方，サレンダード B/L も，本船の輸入港への到着が早かったり，輸出者が B/L を送付し忘れていた場合等，貨物の引取りに B/L の到着が間に合わない時に利用される。具体的には，B/L 発行後，荷送人の依頼で船積地の船会社が荷送人の白地裏書きのあるもとの B/L すべてを回収し，回収した B/L にその旨を表す"SURRENDERED"の記載をして輸入地の支店に連絡し，荷送人は B/L のコピーを荷受人に FAX し，荷受人も B/L 原本なしで輸入貨物の引取りが可能になる仕組みを指す。したがって，もはや B/L が持っていた有価証券としての機能はなく，B/L の一種でもない。また，UCP600 に規定がなく，B/L が持つ荷為替手形の担保としての機能がないため，荷為替手形や信用状の取引では原則として使用できない。日本とアジア地域との間の短距離航路で使われている。

なお，船荷証券の電子化について，欧州で Bolero，日本で TEDI というシステムが構築されたが，あまり普及していない。

（久保田　隆）

Column ⑨：実地で学ぶ国際関係私法 2
── UNCITRAL 図書館等（ウィーン）

　海外旅行でオーストリア・ウィーンに行かれる方へ，法律図書館のご案内を1つ。UNCITRAL（アンシトラル：国連国際商取引委員会）といえば，国際連合の一部局として世界の私法統一を推進する機関であり，ウィーン売買条約（CISG）等の条約や幾つかのモデル法が有名であるが，ウィーンにある UNCITRAL 本部では，研究目的の法学生等が事前にメールで許可を得れば，関連書籍を多数集めた図書館（9：00〜17：00に営業）を利用できる（http://www.uncitral.org/uncitral/en/index.html）。研究目的でない方も，有効な写真付身分証明書（パスポート等）を持参すればウィーンの国連施設を見学することは可能である（http://www.unvienna.org/unov/en/vic.html）。

　また，ウィーンの在オーストリア・日本大使館の近辺には，ドイツ語圏最古のウィーン大学にある法学部の建物（Juridicom）や OPEC（石油輸出国機構）もあり，法学生には興味深い。この Juridicom では毎年4月ごろに Vis Moot と呼ばれる国際学生模擬仲裁大会（http://www.cisg.law.pace.edu/vis.html）が開催され，日本をはじめ世界各国の法学生が法律弁論術を競い合っている。なお，国際商取引学会（http://aibt.jp/）では Vis Moot の日本における練習大会（模擬仲裁日本大会）を毎年開催している。

【場所】Vienna International Center, Wagramerstrasse 5, room E0439, Vienna, Austria

【行き方】UNCITRAL をはじめとする国連施設は，ウィーン地下鉄 U1 線の Leopoldau 行きに乗りドナウ川を渡ってすぐの Kaisermühlen/Vienna International Centre 駅で下車し，1番出口を出たところにある。また，日本大使館やウィーン大学等はウィーン地下鉄 U2 線の Schottentor 駅の近辺にある。

【おすすめ】UNCITRAL 図書館や法律書店 Manz 等での学習に疲れたら，地下鉄 Schottentor 駅の地下から出発するトラム 38 番に乗って終点 Grinzing で下車してみよう。ホイリゲ（heurige）と呼ばれるオーストリア独特の安価なワイン酒場が集中しているので，是非歌って踊って味わってみて欲しい。また，ここからバス 38 A で Kahlenberg まで登ると，ウィーンの森や山頂からのウィーンの絶景が堪能できる。

（久保田　隆）

Column ⑩:実地で学ぶ国際関係私法 3
——日本国内のジェトロ・ビジネスライブラリー等

　海外旅行に行かなくても国際関係私法を学ぶおすすめ見学先が日本国内にも幾つか存在する。以下，2 つほどご紹介しよう（どちらも入場無料）。

【ジェトロ・ビジネスライブラリー（東京・大阪）】
　第 1 のおすすめは，日本貿易振興機構（ジェトロ：JETRO）が運営するジェトロ・ビジネスライブラリー（東京・大阪）。ジェトロは，日本企業の輸出支援や外国企業誘致支援等を目的に投資相談や調査分析，情報提供等を行う政府の独立行政法人で，誰でも利用可能な国際ビジネスの専門図書館を東京と大阪に開設している。大学の図書館ではカバーしにくい各国の貿易・投資情報（法制度を含む）や国際契約書雛形等が入手でき，アクセス至便で事前予約は不要。詳細はジェトロ・ビジネスライブラリーのウェブ（http://www.jetro.go.jp/library/）を参照されたい。なお，実地に見学しなくても，ジェトロのウェブだけで相当量の情報が入手できる。
・東京の所在地：東京都港区赤坂 1 丁目 12-32　アーク森ビル 6 階（東京メトロ南北線「六本木一丁目駅」3 番出口より徒歩 1 分）
・大阪の所在地：大阪市北区中之島 3-3-3　中之島三井ビル 5 F（京阪中之島線渡辺橋駅（3 番・4 番出口）すぐ）

【証券取引所（東京・大阪・名古屋）】
　第 2 のおすすめは，証券取引所（東京・大阪・名古屋）である。少人数であれば事前予約なしに見学でき，団体であれば予約が必要なことが多い。できれば予約がおすすめ。例えば東京証券取引所であれば，事前予約なしの見学者は自らディーリング・ルームや展示室を巡るのに対し，事前予約ありの団体見学者には日本語・英語共対応可能な専属解説者がつき，ビデオ鑑賞や株式売買ゲームを体験でき，最後は取引所スクリーンに「ようこそ！○○ゼミ」等と映して絶好の記念撮影の場を演出してくれる。詳細は以下のウェブで確認されたい。
・東京証券取引所（http://www.tse.or.jp/about/tse/map/index.html）
・大阪証券取引所（http://www.ose.or.jp/profile/791/）
・名古屋証券取引所（http://www.nse.or.jp/about/visit/）

（久保田　隆）

Column ⑪：米国ロースクール留学と NY 州弁護士資格試験のすすめ

　米国留学のご参考に，以下では，LL.M.（Master of Laws）学位の修了を通じて約 1 年という短期間で受験できるニューヨーク州弁護士資格試験と，米国ロースクール留学の流れの一例として，早稲田大学法科大学院の交換留学制度でフォーダム大学ロースクールへ留学し，2014 年 7 月にニューヨーク州弁護士資格試験を受験，10 月に合格した倉門亜実さんに実状をご紹介頂いた。

【ロースクール留学とその後の進路】
　この本をお読みになられている皆さんは，国際取引や渉外事件を扱うときでも，特定の国の法令を適用して問題を解決するのであって，普遍的に適用されている特別の法律があるのではない，ということをご存知だろうと思う。実は，弁護士資格についても似たことが言える。国際弁護士という言葉をテレビ等で耳にすることがあるが，国際的な司法試験が存在するのではなく，大原則として，弁護士資格制度は各国法によって個別に規律され，その資格によって職務として扱うことが許される法律の範囲も，基本的には，その法制度の範囲で画されている。
　すると，国際的に活躍する弁護士になりたいという場合，日本を含め，いずれの国の法制度下で弁護士資格を得ようか，ということを起点として検討を始めることができる。海外に留学して外国の弁護士資格を得ることができたら，帰国後は，日弁連に外国法事務弁護士（外弁）として登録することで，日本国内でその外国法（原資格国法）の範囲の弁護士業務を行えるようになる。その他，直接的に外国の弁護士資格を活かす道として，資格を得たその国（原資格国）で弁護士になることも考えられる。
　しかし，日本国内で日本法を扱う弁護士になりたいという場合には，外国の弁護士資格の活かし方が異なってくる。残念ながら，今のところ日本では，たとえ日本と外国の両方の弁護士資格を持っていても，日本国内で日本法と外国法の範囲の弁護士業務を同時に行うことは叶わない。明文に規定はないものの，実務上，日弁連の関連機関等により，外弁登録と日本法を扱う弁護士としての登録は両立できないという運用がなされているためだ（二重登録と呼ばれている）。
　それでも，外国の弁護士資格を取得することや，留学して外国法を学ぶことの意義は様々にある。携わる法律分野によって，留学で得た比較法的知識を日本法の実務に活かすことができる。また，外弁登録と弁護士登録の間で登録を変更することはできるから，外国の弁護士資格を持っていれば，国内での就職の選択肢が広がるだろう。原資格国で現地の弁護士資格に基づく弁護士業務をすることと，日本で日本法の弁護士として登録することは問題なく両立できるから，理論上は，将来的に

海外で就職する選択肢を得ていることにもなる。その他，キャリアアップの過程において，留学で得た学位や経験，資格等が考慮される場合もあるだろう。

　比較対象として少し外弁について触れると，外弁として登録した場合に行える弁護士業務は原則として原資格国法の範囲に限定され（外弁法3条），日本国内で民事・刑事訴訟を職務として扱うことは禁じられる等の制限がある。しかし，外弁として働くことには，日本法の弁護士になる場合とはまた異なった魅力があると思われる。多くの場合，多様な国籍や背景を持つ人々と一緒に，国際的な案件に携わることができ，刺激や，やりがいがある。そのような環境の下では，自分の弁護士としての実力を，日々，グローバルな水準に照らして切磋琢磨することができるだろう。また，仕事とプライベートの両方に渡って，日常的に外国のニュースや世界情勢に具体的な関心を寄せる機会が得られ，世の中の流れを一層身近に感じられるという良さもあるだろう。興味がある方は，外弁も留学後の進路の一つとして，具体的に検討してみていただきたい。

　ここで，語学力について私見を述べてみたい。留学を目指すか否かを検討する段階で，語学力について心配なさる方がいるかもしれないが，ロースクール入学後は，基本的には法律分野に関わる授業のみを受けるカリキュラムになっているので，日本語で培った法律知識や思考方法を応用できる場面があるし，TOEFLや期末試験，そして弁護士資格試験については，試験の性質として一定の対策が可能である。それぞれの試験の出題傾向や自分の得意・不得意等を把握し，勉強方法を工夫して，挑戦してみていただきたい。

　この項の結びとして，留学のタイミングについて少し言及したい。実務家になってから，所属する法律事務所や企業等に留学を支援してもらう道がある。その場合，実務家としての専門分野が定まってきているであろうから，留学先の学修計画が立てやすく，一般的に，質量共により高いレベルで知識を吸収できるというメリットがあるだろう。一方，実務家になる前に自費や交換留学によって留学する場合には，出資者や支援者等の利益に合わせることを求められないことが多く，履修科目をより自由に選べたり，留学後の進路についてより幅広いキャリアプランを描けたりすることがあると思われる。留学のタイミングについても，その他の事情が許す場合には，一考の余地があるだろう。

　このコラムが，皆さんがロースクール留学を検討する際の一助となれば幸いである。

【米国における弁護士資格の取得】
　ロースクール留学に際しては，多くの方に，米国 LL.M. × ニューヨーク州弁護

士資格試験という組み合わせが選ばれている。

　米国は日本と異なり各州が法曹資格を設定しており，ニューヨーク州の弁護士資格で扱えるのは，原則として，ニューヨーク州法の弁護士事務だけである。そして，ニューヨーク州では，他の多くの州と同じく，法曹志望者は全員が弁護士として法曹のキャリアを歩み始める。検事・裁判官になることを希望する場合は，まず弁護士として経験を積み，一定の条件を備えて数年後に任官する，というステップを踏む。

　留学先として米国が選ばれる理由には，日本法の実務に際して，米国法が関わる頻度や重要性が高いこと，LL.M. 学位を取得する道を選べば，最短約1年で弁護士資格試験を受験できること，英語で学習できるため他の外国語と比べてハードルが低いことが主として挙げられる。

　LL.M. 修了者が最も多く受験するのは，本コラムで焦点を当てるニューヨーク州と，カリフォルニア州の弁護士資格試験である。両州の受験資格要件は比較的容易に充足しやすいものとなっていることと，国際取引やビジネス関連の法務の需要が高いことが理由であるといわれている。いずれの州の法曹資格を得るべきか検討するにあたり，例年，米国のすべての州における受験資格規定を簡単にまとめた表が公開されているため，参考としたい（Comprehensive Guide to Bar Admission Requirements：http://www.ncbex.org/publications/）。

【出願方法】
　LL.M. への進学を決めたら，各ロースクールへの出願について詳しく調べる頃合いである。おおむね共通して，履歴書，志望理由書，推薦状二通，大学や大学院の成績証明書，英語運用能力を示す書類（大抵は TOEFL）の提出を求められる。多くの学校は，秋学期入学者を対象として，例年11月から3月の間に出願の締め切りを設けているようである。提出書類や出願時期，出願方法等は各ロースクールで細かく規定され，また，出願期間中にこれらが変更されることもある。学校のウェブサイトに掲載される最新の情報を参照し，入試担当事務局へ問い合わせる等，細心の注意を払ってほしい。

【留学前の準備】
　ロースクール出願前に，学費や留学中の生活費についても検討しておく必要がある。多くの学校は，ウェブサイトで目安となる金額を掲示している。こちらも学校ごとに異なるが，LL.M. の学費は5万から6万米ドルを相場とし，住宅等生活費を含めると，8万米ドル前後が目安となっている。家族を伴って留学する場合や雑費等を考慮すると，1年間の滞在で10万米ドル以上を要するといわれている。国内外の奨学金や留学制度，国内のロースクールが提供する交換留学等制度を利用するという手段もあるので，留学のタイミングと合わせて検討したい。

無事に入学許可を得たら，渡航準備に取りかかることになる。一般に，学生ビザを取得して渡航することになる。学校側から発行を受けねばならない書類があり，これを持参して米国大使館，領事館で面接を受ける必要があるため，ビザの発行には時間がかかる。入学許可通知を受け取り次第，申請手続きを開始するようにしたい。その他，渡航前には，ニューヨーク州弁護士資格試験の受験に必要な外国人学生受験資格審査の申請を済ませ，留学中の居住先を確保し，各種予防接種を受ける等しておくとよいだろう。

【米国ロースクールでの講義内容・勉強方法】
　いざ授業が始まると，履修する科目にもよるが，教科書や参考書，判例等を毎週数百ページに渡って読むことになる。ロースクールでの典型的な勉強法としては，授業の進度に合わせてアウトラインと呼ばれる授業内容をまとめたノートを作成したり，各判例をケースブリーフィングと呼ばれる手法でまとめておく方法が浸透している。友人と勉強するスタイルを好む方は，スタディー・グループ（自主的なゼミ）を作ることも有益であろう。定期的に集まって予習や復習をしたり，アウトラインを見比べて知識を補完し合ったり，期末試験の問題を予想して議論したりできる。
　授業においては，ソクラテス・メソッドが依然として主流な様子である。学生は授業に備えて予習し，授業中には先生から該当範囲に関する質問を受け，それに答える形で，シラバスに沿って授業が進められる。しかし，ソクラテス・メソッドを徹底する授業もあれば教授が終始講義する授業もあり，いずれの回の授業で指名されるか事前に告知する形を採る授業もあれば，挙手制を採る授業もある。科目選択の際にはこれも考慮したい。日本のロースクールと比べると，予習量の多さ，質問の不定形さの点で多少異なるかもしれないが，基本的な生活スタイルや授業風景は似ていると思われる。

【取得単位数】
　LL.M.課程では，年間おおよそ24単位程度を履修する。授業を通じてニューヨーク州弁護士資格試験範囲の法律をすべて学ぼうとすることは不可能ではないが，あまり現実的とはいえないだろう。試験範囲は広く，また，受験資格要件の1つとしてLL.M.課程中に所定の科目を合計12単位分履修することが課されており，うち6単位は米国法の基本的な知識や法曹倫理，法律文書や論文の書き方を学ぶ授業となっているほか，ロースクールによってLL.M.修了要件として特定の履修カリキュラムを設定していることがあるため，大抵は登録単位数にそこまでの余裕はないものと思われる。LL.M.課程の特色として，先端的な科目や国際的な法律実務に関する科目等が多く開講されている傾向がある。このような制限や特色を踏まえると，程々に資格試験用の授業も受講しつつ，興味のある科目を積極的に履修するこ

とをおすすめしたい。

【予備校への通学・通信履修】
　上記のようなカリキュラムの事情もあり，ほとんどの学生は，LL.M. 修了前後に予備校に通ってニューヨーク州弁護士資格試験の受験に備える。予備校の受講費用の相場は 3,500 米ドル前後だろうか。早期申込みや Student Representative 制度と呼ばれるものへの参加を条件とした割引が提供されていることがある。受講開始時期，費用，受講した受験者の合格率，テキストの質と自分との相性，その他サービス等，総合的に比較検討したい。LL.M. 修了生は，J.D. 修了生と比べ，英語の習熟度および試験範囲科目の履修程度という双方の面で，一般的に準備不足である。文章を読み書きする速度に不足を感じた，という感想をよく耳にする。LL.M. 課程の 1 年の間に読み書きの訓練も意識的に行うことをすすめたい。

【試験日程と注意点】
　ニューヨーク州弁護士資格試験は，年に 2 回，7 月と 2 月の最終週の火・水曜日に実施される。5 月に LL.M. を修了し同年 7 月に受験する場合，約 2 か月間は集中して勉強し，試験に臨むことになる。過年度受験者の方々による受験体験記が，ブログ等で公開されているため参考にしてもらいたい。
　試験会場はニューヨーク州各地にあり，受験日の約 2 か月半前に決定される。居住地の近くにならない場合，宿泊先を確保する必要が生じるが，例年，この時点で，受験会場の近くのホテルは満室となっていることがある。7 月試験の受験者は，前年の年末には各地のホテルを予約するとよいだろう。パソコンを使用して受験する場合，試験会場で作成した答案を持ち帰りオンラインで提出することになる。予約の際には，インターネット回線の利用方法も，ホテルと試験会場の位置関係と合わせて，確認するとよい。

【試験機関により提供されている参考資料】
　同試験の試験機関である BOLE は，ウェブページ（http://www.nybarexam.org/）にて合格率等の統計や過去の試験のサンプル等を公表しているので，ぜひ参照してほしい。2007 年から 2013 年の間に，外国で法学教育を受けたことと LL.M. の修了を受験適格とした受験者の合格率をみてみると，54.8％を記録した 2008 年を除いて，46％前後で推移している。なお，2014 年 7 月の合格率（Foreign student であり今回が初回の受験であった者）は少し下がって，44％であった。

【今後の動向と注意点】
　ニューヨーク州弁護士資格試験は受験資格要件が比較的簡易と上述したが，それでも，昨今，受験資格要件および弁護士会登録要件は厳格化の傾向にある。また，

受験規定は細かく，度々変更されるため，情報の新旧に注意したい。2015年7月試験から試験制度をUBE（Uniform Bar Examination）と呼ばれるものに変更する可能性が生じている。この制度が採用されれば，ニューヨーク州で試験を受けて合格すると，他の14州でその試験結果の点数を利用でき，それらの州で設定している他の要件を充たせば，その州でも弁護士登録ができるようになる。

　受験要件の充足判定に関し，主要な手続きとして，外国で法学を修めた学生が米国にてLL.M.を修了する等により受験資格を得る場合，外国人学生受験資格審査を通過しなくてはならない（www.nybarapply.org/feval/）。7月試験の受験者は前年4月中に申請することが「強く推奨」されているため，渡航前に申請するか，書類だけでも集めておくように気をつけたい。審査の通過には，法学科目を80単位以上取得することないし法学部を卒業していることが求められる。留学を決める前の検討事項として重要と思われるので，充分に確認しておいてもらいたい。

　また，2015年1月以降に弁護士登録をすることになる者について，プロボノ活動に50時間従事することが新たに弁護士会登録要件に追加された（新規定：www.nycourts.gov/attorneys/probono/Rule520_16.pdf　同条件導入に伴う特設ウェブページ：www.nycourts.gov/attorneys/probono/baradmissionreqs.shtml）。いかなるプロボノ活動であれば認定されるかについて，やはり細かな規定があるため，個別にBOLE等へ確認されたい。弁護士会への登録要件であって，資格試験の受験要件ではなく，LL.M.課程の開始1年前から試験合格後3年間の登録期間に間に合えば，いつ，どの国においてプロボノ活動をしても構わないとされている（期間を過ぎると合格結果が失効する。その場合，再度試験を受け直す必要がある）。各ロースクールとも，カリキュラムや課外活動に関して学校側が提供するサポートを見直し，当該要件への対応を試みている様子だが，いずれも学生全員に機会を提供するには至っていないようである。現時点では，米国滞在中や合格後に要件を充足することを目標とはせず，プロボノ活動の機会を見つけやすい，渡航前を含めた期間に本国を含む場所で要件を充足することも考えておくとよいだろう。

（以上は2014年10月現在の情報である）

　　　　　　　　　　　　（久保田　隆・早稲田大学大学院法務研究科生／倉門　亜実）

第Ⅳ部　国際ビジネス法務

1. ロール・プレイイング（**90・91**）
2. 国際コンプライアンス（**92・93**）
3. 国際ビジネス法務の諸相（**94〜99**）
4. 国際企業法務の実際（**100〜103**）

90 模擬交渉

(1) 問題文と一般的な解説

事　例

　アフリカの低開発国甲国で不動産業を営む ASO 氏は，外国企業を甲国に誘致するため，オフィスビルと宿泊施設を兼ね備えた産業団地「リトルワールド」を郊外に 15 年前に建設した。現在多くの外国企業がここに事務所を構えている。

　リトルワールドはオフィス棟 1 つと社員用の宿泊棟 2 つ（A 棟，B 棟）からなり，甲国の規制に従い，宿泊棟の家賃は同一で A, B 合計数が 5 部屋単位で賃貸されているが，A 棟がオフィス棟に隣接して便利な反面，B 棟は徒歩 15 分で途中治安の悪い地区を横切るので不評である。しかし，A 棟の部屋数には限りがあるので，ASO 氏が各テナントの事情を勘案し，各社ごとに A 棟と B 棟の割当てを決めている。周辺にはアパート C があるが，B 棟と大して条件は変わらず，不評である。なお，B 棟への連絡バスを借入れるなど宿泊棟の条件差を改善する手もありうるが，諸事情から難しい。

　テナントの 1 つであるアジアの先進国乙国の ABE 社（現地法人代表は OBAMA 氏）は 6 年前からリトルワールドに入居し，今回賃貸借契約の更新にあたって，宿泊棟の割当てを ASO 氏と交渉することとなった。業容拡大に伴い，OBAMA 氏はオフィス棟の借入面積を 2 割程度拡張する契約を既に結んだが，他社と比べて A 棟の割当てが少ない現状（合計 60 部屋のうち A 棟に 10 部屋，B 棟に 50 部屋）の改善を希望している。最近 ASO 氏は，「あくまで目安で例外はありうるが，合計 90 部屋以上の宿泊割当てを受けたテナントには合計部屋数の 4 分の 1 まで A 棟を割り当てる用意がある」と公言した。

　さて，ASO 氏（リトルワールドのオーナー）と OBAMA 氏（テナントである ABE 社の現地代表）の二手に分かれて，交渉を体験してみよう。その際，次頁以降の秘密情報に従い，秘密情報は交渉終了まで相手方に見せないようにご注意ください。

解　説

　紛争解決は訴訟ではなく交渉によって解決する場合が大半であり，交渉を学ぶことは法学徒に不可欠である。本事例は，ハーバード大学ロースクールの交渉学教材の 1 つ「Parking Spaces For Super Computer Corp., 1999」を参考に，独自に作成したものである。問題に入る前に，今や世界的に有名な「ハーバード流交渉術」に

ついて簡単に解説しよう(詳細は,ロジャー・フィッシャー=ウィリアム・ユーリー(金山宣夫=浅井和子訳)『ハーバード流交渉術』(三笠書房,1990年)を参照)。

ハーバード流交渉術では,駆け引きや立場に拘って強気に攻めたり,一方的に弱気に譲歩する交渉術を改め,当事者双方が満足できて長期的な友好関係が築ける「原則立脚型交渉」を提唱する。これによれば,①まず人間と問題を分離して感情的な対立を避け,②立場ではなく利害に焦点を合わせることで駆け引きに陥る事態を逃れ,③柔軟な交渉ができるように予め多くの選択肢を用意し,交渉不調時における最終的な滑り止め策(Best Alternative to a Negotiated Agreement:BATNA(バトナ))も決めておき,④問題解決のための解決基準(例:業界標準)について最初に合意した上で,交渉当事者は問題解決の共同作業者として行動する交渉手順を踏むことで,双方に満足感を得ることができる。ハーバード流交渉術で良く使われるモデルに以下のものがある。

(1) 理論Ⅰ:BATNA(交渉上の最低ライン)の設定と当初提案　Aさんが電気屋Bでパソコンを購入する場合,そのパソコンを6万円で仕入れたBは,必要経費を加えて6万2000円をBATNAとして,それ以上で売りたい。Aは,手元に10万円あるので,それをBATNAとして10万円以下で買いたい。すると,合意可能領域は6万2000円以上10万円以下である。最初にAが4万円や10万円でどうかと聞くのは悪い提案である。相手がまともに相手にしなかったり,最高値で買わされるからで,良い提案は,7万円程度から徐々に探りを入れることであろう。なお,合意可能領域が少ないほど交渉は困難になる。最初から合意可能領域がない場合は,交渉しないか,論点を複数化して次に述べる「統合型交渉」に持ち込む。

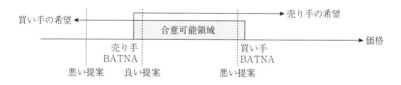

(2) 理論Ⅱ:統合型交渉(論点を複数化することで交渉が容易に)　価格について交渉が難航した場合,値引きしなくても,引渡しの時期(今すぐ等)や支払方法(現金一括払い等),付随サービスの有無等付加的論点をつけて,その部分で譲歩することで却って交渉が成立しやすくなる場合がある。

(2) ASO 氏の秘密情報

(1)の事例で ASO 氏の担当になった方は，以下の秘密情報を守った上で，ASO 氏になったつもりで OBAMA 氏と交渉してください。

【秘密情報：模擬交渉終了までは OBAMA 氏に見せてはいけません】
　ASO 氏にしてみれば，ABE 社より大手で，創業以来の付き合いのあるテナントが 7 社あるため，A棟の割当てを ABE 社に多く回すよりはこれらのお得意先 7 社に多目に回すことで，お得意先にリトルワールドに長く留まってほしいのが本音だ。リトルワールドでは周辺施設の開発が予想外に遅れたため，外国企業にとってのアフリカ商圏開発の拠点たる地位を，隣国丙国が開発中のビッグワールドに取られかねない。お得意先のうち 4 社とは既に契約更新を済ませ，A棟への宿泊割当てを多めに行って先方も満足している。一方，宿泊施設の用地取得に際してA棟はB棟の 4 倍のコストをかけたため，B棟の家賃収入でA棟の赤字分を補塡しており，B棟の貸付を出来る限り増やさないと経営が成り立たない。

　ABE 社は今回事務所スペースを 2 割程度借り増したが，それでも最大のテナントにはならないし，OBAMA 氏は事細かに些細な修繕を執拗に要求してくるので正直いって苦手だ。OBAMA 氏は，従業員数や業務上の必要性等に基づいてA棟とB棟の宿泊割当てを合理的に提案し，他社との不公平の改善を求めてくるが，創業以来の付き合いがあるお得意先各社に対して特別な配慮をするのは当然だし，これから契約更新するお得意先 3 社も A 棟の割当て数増加を要望しているので，ABE 社へのA棟の割当ては最小限に抑えたい。

　この結果，今回の交渉における ASO 氏の方針は，ABE 社に対しては，①宿泊施設のA・B割当て総数は決算の都合上 75 部屋以上が望ましいが，A棟の割当て数は総数の 4 分の 1 以下とし，できるだけ多くのB棟を貸し出す。②ただし，ABE 社や OBAMA 氏に不満を残せば今以上に面倒なので，現状の部屋総数 60 は死守した上で，可能な限り相手方の納得を得るように交渉をうまく纏める。③具体的には，次頁の得点表に従い，できれば現状以上で相手の合意が得られる範囲内のなるべく高い得点を目指して交渉し，濃い網かけ部分で合意すれば 0 点，薄い網掛け部分で合意すれば現状の 10 点を下回る得点となる，というものである。現状を下回る得点では交渉の意味がないので，現状以上の得点を目指したい。

リトルワールドのオーナー ASO 氏の得点表

		宿泊施設における ABE 社への割当て部屋の総数（A棟＋B棟）								
		50	55	60	65	70	75	80	85	90	95
A棟におけるABE社への割当て部屋数	5			15	16	17	21	26	30	35	39
	6			14	15	16	20	25	29	34	38
	7			13	14	15	19	24	28	33	37
	8			12	13	14	18	23	27	32	36
	9			11	12	13	17	22	26	31	35
	10			現状10	11	12	16	21	25	30	34
	11			9	10	11	15	20	24	29	33
	12			8	9	10	14	19	23	28	32
	13			7	8	9	13	18	22	27	31
	14			6	7	8	12	17	21	26	30
	15			5	6	7	11	16	20	25	29
	16				5	6	10	15	19	24	28
	17					5	9	14	18	23	27
	18						8	13	17	22	26
	19							12	16	21	25
	20							11	15	20	24
	21								14	19	23
	22									18	22
	23									17	21
	24										20
	25										
	26										
	27										
	28										
	29										
	30										
	31										
	32										

(3) OBAMA 氏の秘密情報

(1)の事例で OBAMA 氏の担当になった方は，以下の秘密情報を守った上で，OBAMA 氏になったつもりで ASO 氏と交渉してください。

【秘密情報：模擬交渉終了までは ASO 氏に見せてはいけません】
　ABE 社で A 棟に入居できるのは幹部だけで，課長以下の実働部隊はみな B 棟に入居している。しかし，治安の問題から夜遅くまで残業できず，単身赴任のストレスも重なって社員の不満は大きい。他社では係長でも A 棟に入れるため，飲み屋で同年代の他社社員と交流すると，その待遇差に愕然とするらしい。本社もこの点を心配し，A 棟の割当て比率改善の指示が来ているが，ASO 氏は一筋縄では行かず，事務所の簡単な修繕でさえ機敏に対応しない。今回，本社の意向でオフィス棟の事務所面積を 2 割借り増したが，その分賃料を多く払うのだから，ASO 氏も A 棟割当ての改善に一層の経営努力を示すべきだ。他のテナントには ABE 社への割当てよりも有利に A 棟を割当てていたが，そんな不公平は良くない。オフィス拡張に伴い，新たに現地従業員を大勢雇い入れた。彼等は隣村の自宅から 1 時間かけて通勤することも可能だが，現地従業員を A 棟に入居させるテナントもおり，ABE 社にとって A 棟の割合ぐで満足が得られれば総数 80 部屋までならば借り増し可能だ。一方，ASO 氏の態度が悪ければ，今の 60 部屋の借入れを減らしアパート C に一部を回す用意もある。アパート C では条件が悪いので ASO 氏に対するあてつけ程度の意味しかないが，状況に応じて ASO 氏に対する脅し材料に使いたい。

　この結果，今回の交渉における ABE 社の OBAMA 氏の方針は，ASO 氏に対しては，①宿泊施設の A・B 割当て総数を 80 部屋以下とし，できるだけ多くの A 棟を借り入れる，②本社の意向で今後もリトルワールドに居続けるので，相手方の納得を得るように交渉をうまく纏める，③具体的には，次頁の得点表に従い，現状以上は必ず確保し，その上で相手の合意が得られる範囲でなるべく高い得点を目指して交渉し，網かけ部分で合意すれば 0 点，現状維持ならば 5 点とする，というものである。

テナントであるABE社の現地代表OBAMA氏の得点表

		宿泊施設におけるABE社への割当て部屋の総数（A棟＋B棟）								
		50	55	60	65	70	75	80	85	90
A棟におけるABE社への割当て部屋数	5									
	6	5								
	7	6								
	8	7	5							
	9	8	6							
	10	9	7	現状5						
	11	10	8	6	5					
	12	11	9	7	6	5				
	13	12	10	8	7	6	5			
	14	13	11	9	8	7	6			
	15	14	12	10	9	8	7	5		
	16	15	13	11	10	9	8	6		
	17	16	14	12	11	10	9	7		
	18	17	15	13	12	11	10	8		
	19	18	16	14	13	12	11	9		
	20	19	17	15	14	13	12	10		
	21	20	18	16	15	14	13	11		
	22	21	19	17	16	15	14	12		
	23	22	20	18	17	16	15	13		
	24	23	21	19	18	17	16	14		
	25	24	22	20	19	18	17	15		
	26	25	23	21	20	19	18	16		
	27	26	24	22	21	20	19	17		

(4) 事例分析

　さて，実際に模擬交渉して合意に至ったであろうか？秘密情報は相手方に見せてはいけないので，今回の課題は，情報不足の当事者間でいかに信頼関係を醸成し，うまく交渉できるかである。情報不足の当事者間では「囚人のジレンマ」（下表の例によれば，独房の囚人であるA，B双方が互いに相手の裏切りを恐れて自ら裏切る結果，どちらも懲役10年になる）が生まれやすい。A，B双方に長期的視点に立った信頼関係を醸成し，情報交換を可能にする必要がある。

▽囚人のジレンマ：共犯者とみられるA，Bに司法取引を持ちかけた場合を想定

	囚人B　協調	囚人B　裏切り
囚人A　協調	（2年，2年）	（15年，1年）
囚人A　裏切り	（1年，15年）	（10年，10年）

　一方，交渉結果が公平であるか否かは別として，A，Bのどちらの満足度も下げずに，もう片方の満足度を改善することができない究極の状態である「パレート最適」の組合せ（複数存在しうる）においては両者の関係が安定しやすく，うまく交渉すればパレート最適解で交渉結果が決まりやすい。

　2つの得点表を重ねてみよう。すると，白抜きの部分だけが合意可能な組み合わせ（合意可能領域）となる。ASO氏は，交渉の最初の過程で部屋総数90部屋以上を提案してもOBAMA氏が乗らないことからABE社の懐具合を推察できる。OBAMA氏は，ASO氏が部屋総数を現状以上にする努力を示すものの，A棟の割当ては総数75以上でないと容易に応じてこないことに気付くであろう。ここでASO氏とOBAMA氏は，お互いの感情のもつれが生じないように冷静に交渉することが必要である。（全体部屋数，A棟部屋数）とした場合，相互に信頼関係があり情報交換がうまく行くならば，ASO氏に有利な（80，15）とOBAMA氏に有利な（80，20）の間で綱引きが行われ，両者の交渉力の差を反映した形で，白抜き部分のどこかで決着するだろう。仮に（75，14）でいったん暫定合意が図れて更なる交渉を行う場合，さらに（80，20）を目指してもASO氏の得点が減るので決まりにくく，（80，16）や（80，19）は相手方の得点が変わらないのでもう片方の粘り次第で決まり，（80，18）や（80，17）ならば双方ともに満足度が増加するから合意に至りやすい。

合意可能領域（数式はASOの得点＋OBAMAの得点を示す）

		宿泊施設におけるABE社への割当て部屋の総数（A棟＋B棟）								
		50	55	60	65	70	75	80	85	90
A棟におけるABE社への割当て部屋数	10			10+5						
	11				10+5					
	12					10+5				
	13						13+5			
	14						12+6			
	15						11+7	16+5		
	16						10+8	15+6		
	17							14+7		
	18							13+8		
	19							12+9		
	20							11+10		
	21									
	22									
	23									
	24									
	25									
	26									
	27									
	28									

授業で幾つかチームを作って模擬交渉を行った結果が以下だとすれば，Aチームの両当事者はもう少し粘ればBチームのような結果が得られたであろうし，AチームよりはCチームのASO氏の方が交渉上手といえる。

	Aチーム	Bチーム	Cチーム
ASOの得点	12	13	15
OBAMAの得点	6	8	6

（久保田　隆）

91 ディベート

(1) 問題文と一般的な解説

事例

論題：日本においてサマータイム制を導入することの是非について。
　＊なお、ここでいうサマータイム制とは、4月第1日曜日から9月最終日曜日までの間、日本全域で標準時より1時間加えることで、昼間の時間を有効活用する制度を法定するものを指すこととする。

サマータイム制とは、省エネ対策や日照時間の有効活用（交通事故や犯罪の防止、経済活性化、余暇の充実等）を図る目的で、明るいうちに仕事を終えられるように現行の時刻を一定時間ずらす制度で、アメリカやEU、オーストラリア、ニュージーランド等、世界の多くの国々で導入されている。日本でも戦後の一時期に法定されたが、現在は廃止され、サマータイム制を導入したい企業が自主的に導入するに止まっている。日本と同様にサマータイム制を廃止した国としては中国、ロシア、韓国、香港、台湾等がある。

それでもサマータイム制の導入に向けた動きは活発で、北海道等で導入実験が行われたほか、財界や政界でも法律制定に向けた動きがある。しかし、賛否は拮抗しており、日の出・日の入り時刻が地方間で大きく異なる日本では一律導入は不可能であるとか、職場での電気代（照明・冷房等）が抑制できるものの家庭の電気代はその分増加するので省エネに繋がらない等の反対意見も根強い。

解説

国際取引に従事する際、相手方と議論する力は非常に重要であるが、ディベート（討論）はそれを鍛える訓練法として世界中で取り入れられている。ディベート力を鍛えれば、交渉力も高まる上、法学で用いる要件・事実論にも役立つ。そこで、簡単に解説しよう。

ディベートは、「考え」（メリット・デメリットを図式化して論理を構築し、必要な資料を収集して自分の主張を組み立て、論理的強度を高める）、「聴き」（相手方の主張を注意深く聴き、分析して攻めどころを素早く把握）、「話す」（自分の主張を分かりやすく、論理的で説得力ある形で伝達）ことを通じて、論理的思考力を高め、コミュニケーション技術を身に付ける訓練法で、例えば以下のような手順で学生同士、試合

が行われる。

　まず，主宰者・審判から，ある論題を学生に示した上で，肯定側（サマータイム制導入賛成論），否定側（サマータイム制導入反対論）の2つの立場にグループ分けする（例：1グループ4人程度で両者同数）。教員や上級生等誰かに審判をしてもらう必要があるが，いなければ学生から審判を出すことも可能である。役割分担に際しては本人の信念は全く関係なく決めるのが良い。目的はディベート力の育成なので，自己の信念と異なる立場であっても強固な論理を構築し，説得的な主張ができるようになる必要がある。その後，主宰者・審判が示した手順に従い，各グループが立論を準備し，試合に臨み，審判の審査・講評判定を受ける。試合の手順は，例えば，以下のようなものが考えられる。時間が限られているので，質疑では端的なYes Noで答えられるものが効果的である。また，反論の箇所では新しい立論は行わない。相手が批判したのに反論しないと相手方の言い分を認めたことになるので要注意。

　　▽教育ディベートの試合手順の一例（学生10名，教員1名の場合）

```
1．肯定側の学生Aによる立論（5分）
    （言葉を定義し，具体策を提示し，メリットを挙げる）
        ↓
2．否定側の学生Eによる肯定側の立論に対する質問とそれへの返答（3分）
    （立論で不明な点を理解し，相手の弱い部分の言質を取る。意見はいわない）
        ↓
3．否定側の学生Fによる立論（5分）
    （上記定義を受け入れ，現状維持の観点からデメリットを挙げる）
        ↓
4．肯定側の学生Bによる否定側の立論に対する質問とそれへの返答（3分）
    （立論で不明な点を理解し，相手の弱い部分の言質を取る。意見はいわない）
        ↓
5．否定側の学生Gによる肯定側に対する反論（4分）
    （相手の立論の根拠・論拠等の誤りを証明し，自己の立論を防御。以下同じ）
        ↓
6．肯定側の学生Cによる否定側に対する反論（4分）
        ↓
7．否定側の学生Hによる主張の要約（3分）
        ↓
8．肯定側の学生Dによる主張の要約（3分）
        ↓
9．審判団の学生I，Jおよび教員Kによる合議で審査し，各審査員から講評（10分）
    （労い，良い点と改善点を挙げ，判定基準と判定結果を示し，双方握手させる）
```

　　　　　　　　　　　　　　　　　　　　　　　　　　　　（久保田　隆）

(2) 立論には何が必要か

　事　例

　① 肯定側の学生が「サマータイム制を導入すると省エネに繋がる」という主張を思いつき，この立論をチーム全員で強化することになった。さて，どうするか？
　② 否定側の学生が「サマータイム制を導入すると経費負担が増す」という主張を思いつき，この立論をチーム全員で強化することになった。さて，どうするか？

　解　説

　立論では，まず思い付いたキーワードを線で繋ぎ，「なぜそうなるか？」や「この結果，どうなるか？」という論理的な繋がりをチェックして書き加える。次に，どの程度の確率で，どの程度の量でそうなるのか，をネットや図書館等で調べて補強する。また，立論の過程で予想しうる批判も記し，立論をさらに強化し，相手方の主張を予測するのに役立てる。

▽立論のメモ

＜肯定側＞
　　サマータイム制導入　――――――→　省エネ
　　∵ 1時間早い分，朝涼しいので冷房が要らず，夕方も明るいので照明不要のため電気代が節約になる（官庁の試算で毎年○○万 kl，EU の例で毎年○○万 kl）
　　　☞ 批判：家庭での冷房代や余暇増加に伴うレジャー需要で電気代は増加しうる。
　　　⇒ 補強：確率や量のデータ収集で，総体としては省エネに繋がると立論補強。
＜否定側＞
　　サマータイム制導入　――――――→　負担増加
　　∵ 年に2回も時刻を変更する手間と経費で負担増加（信号機変更に毎年○百億円，時刻表書き換えに毎年○百億円，電気製品の内蔵時計が誤作動する危険）
　　　☞ 批判：電気代節約や景気浮揚に伴う収益増加で負担はむしろ減少しうる。
　　　⇒ 補強：確率や量のデータ収集で，総体としては負担増に繋がると立論補強。

　立論を補強するには，「主張（Claim）」と「根拠事実（Data）」，「論拠（Warrant）」の区別を明確にする必要があるが，その際にトゥールミン（Toulmin）の議論モデルが参考になる（⇒冒頭の「国際関係私法を学ぶ」参照）。例えば，「花子は津軽弁を流暢に話すので青森県出身者だろう」という会話を分析すると，「花子は津軽弁を

流暢に話す」が根拠事実,「花子は青森県出身者だろう」が主張であり,論拠は通常は一々示されないが,「他県出身者には難解な津軽弁を流暢に話せる人は,津軽弁を話すコミュニティで生まれ育った可能性が高く,青森県出身者である確率が高いから」となる。会話を流暢に弾ませるには論拠を一々示さない方が良いが,討論で打ち勝つには,論拠に相手方が納得させるだけの強度が必要になる。そこで,論拠の強度を高めるには,もとの文章に「たぶん」等の「限定語（Qualifier）」をつけ,アイヌ語習得の困難さを示す資料があればそれを論拠の「裏付け（Backing）」に用い,「花子が青森県出身者でなくても津軽弁習得の機会を得たのでない限りは」等の「反証（Rebuttal）」を加えると良い。

▽トゥールミン（Toulmin）の議論モデル

```
                 限定語(Qualifier)
                        ↓
根拠事実(Data) ──────────────────→ 主張(Claim)
                        ↑              ↑
                  論拠(Warrant)
                        ↑
                 裏付け(Backing)   反証(Rebuttal)
```

　法律学でお馴染みの要件・事実論にもトゥールミンのモデルが適用できる。ここでは,法律に要件（根拠）と効果（主張）が既に書かれているので,関連事実（根拠）が当該要件を満たす主張を行い,裁判官に受け入れられれば法律上の効果が実現する構造になっている。したがって,限定語を付し,論拠や裏付けを強化し,反証を固めることで,腕の良い法律家になることができる。
　あとは実践あるのみ。さあ,やってみよう。

参考文献

・西部直樹『はじめてのディベート』（あさ出版,1998年）
＊本事例の作成にあたり,同書を参照した。

（久保田　隆）

92 国際コンプライアンス1：外国公務員等への贈賄規制

事 例

甲国の乙島における60億米ドル以上のLNG（天然ガス）プラント建設を甲国P社（甲国政府の所有割合が49％で残りは民間出資）から請け負うため，日本企業A社と米国企業B社ら外国企業4社はジョイントベンチャーQ社を設立した。その際，契約受注を確保するため，Q社は，①日本の商社C社等に委託し，甲国の商慣習にならって，公務員やP社職員に賄賂（ただし，実態は正当な事務処理費も多かったといわれている）を支払うとともに，②甲国政府高官にも米国の銀行経由で賄賂を支払った。Q社は，結果的に60億米ドル以上の契約を受注した。

しかし，本件に目を光らせた米国政府が，米国企業B社との共謀や幇助にあたるとして，日本企業であるA社やC社を含む関係当事者を米国法（FCPA: Foreign Corrupt Practices Act）違反で起訴し，多額の罰金を求めた。最終的に関連当事者は，贈賄総額約2億ドルを遥かに上回る総額17億米ドルの多額の和解金（うちA社は21880万ドル，C社は5460万ドル）を支払って米国当局と和解（起訴猶予合意）した。

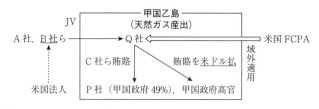

論 点

外国公務員等への贈賄取締りに関する国際取締り体制が強化されつつある中で生じた本事例は，日本法人が米国以外で行った行為に対して，日本法や国際条約ではなく，比較的関連性の薄い米国法が広範に域外適用されたため，注目を浴びた。

解 説

外国公務員等に対する贈賄規制を巡っては，既にOECD外国公務員贈賄防止条約，「腐敗の防止に関する国際連合条約」等が締結され，日本も不正競争防止法で

規律されている。国によっては条約の規制レベルを遥かに超える自国独自の法規制を有しており，米国 FCPA や英国 Bribery Act 2010 等がそれに該当する。この規制は自国法によって自国以外の外国企業に多額の罰金を科す点で国家間の規制競争の側面を持ち，既に中国・インド・ブラジル等でも規制色の強い国内法が制定されつつある。世界の多くの国々で未だに賄賂が経済取引の暗黙の前提とされる一方で国際的な規制強化が進むため，日本企業を含む各国企業は贈賄防止の強固なコンプライアンス体制を構築しつつ収益も確保するという難しい綱渡りに直面している。

　本事例では，日本企業であるA社とC社は米国領域内では贈賄行為に関与していない。そのため，国家管轄権の及ぶ範囲を原則として自国領域内とし（属地主義），域外適用を原則に対する例外とする国際法の一般認識に従えば，米国に管轄権を認めるべきか否かを巡っては議論が分かれよう。米国司法省は，①日本企業A社等は米国企業B社が米国内で遂行した国際贈賄スキームに参加しており，②米国内コルレス銀行口座を経由して米ドルで決済した賄賂支払に関与したとし，米国内の違反行為を共謀，幇助，教唆したと解釈した。①で幇助の範囲が広範すぎるとの批判もありうるし，②は米国領域内で属地主義原則の範囲内ではあるものの，外貨決済であれば当該通貨所属国の銀行にあるコルレス口座を経由するのは通常のことなので，その域外的影響は多大であり，「コルレス口座管轄」を安易に認めることは国家管轄権の適正配分に反するとの疑問もありうる。その他，X国政府の出資が過半数を下回る甲社職員を米国FCPA上の外国公務員とみなす点にも異論が出されている。

　しかし，米国当局は今後の取締りにもかなり強気であり，世界的潮流をみても規制強化の動きにあるため，この問題はそう簡単に解決しないであろう。したがって，国際取引を行う日本企業は日本法だけでなく関連する外国法のコンプライアンスについても意識を高める必要性がある（⇒ **101** 参照）。

参考文献

・株式会社日本能率協会総合研究所「平成23年度 中小企業の海外展開に係る不正競争等のリスクへの対応状況に関する調査（外国公務員贈賄規制法制に関する海外動向調査）」平成24年3月：以下のWebから入手可能。
http://www.meti.go.jp/policy/external_economy/zouwai/pdf/chousa_houkokusho.pdf

（久保田　隆）

93 国際コンプライアンス2：マネーロンダリング規制

事 例

2012年12月，英国のA銀行はマネーロンダリング（資金洗浄）対策の不備等により米国政府に約19億ドル（約1560億円）の課徴金（米国当局が銀行に科したものでは当時の過去最大規模。その後，2014年6月に仏BNP仏国の銀行に対して約90億ドルの制裁金が課されて記録が更新された。）を支払うことで合意した。A銀行自身が資金洗浄を行ったわけではないが，A銀行の予防対策が不備な点が制裁の対象となった。すなわち，A銀行は，①顧客管理の不十分なメキシコ現地法人を通じて麻薬組織から米国への70億ドルの現金送金を許し，②米国の経済制裁対象国との取引を禁じる米国財務省外国資産管理局（OFAC）の規制を掻い潜り，欧州・中東等の現地法人を通じてイランと25000件，キューバ・北朝鮮・スーダン等と3000件のドル資金決済を行い，③米国の現地法人を通じてテロ資金との関係の深いサウジアラビアのB銀行に10億ドル近くを現金供与し，④胡散臭いロシア人中古車売買に絡んで2億9000万ドル以上もの旅行者用小切手を顧客管理が不十分な日本のC銀行向けに決済したこと等が問題視された（2012年7月12日米国上院報告 U.S. Vulnerabilities to Money Laundering, Drugs, and Terrorist Financing: HSBC Case History 参照）。

論 点

違法な起源を偽装する目的で犯罪収益を処理することを「マネーロンダリング」（Money Laundering，資金洗浄）といい，日本法だけでなく米国法等のコンプライアンスも重要になっている。

解 説

マネーロンダリングは犯罪で得た収益の出所を隠蔽して身元がばれないようにする行為で，例えば，マネーミュールと呼ばれる運び屋をネットで募集して足がつかないように資金移動する等，その手法の種は尽きない。マネーロンダリング行為自体は元々犯罪ではなかった。しかし，放置すれば犯罪収益が将来の犯罪に使われたり，犯罪組織がその資金で合法的経済活動に介入して支配力を及ぼす危険がある。このため，1988年の「麻薬および向精神薬の不正取引の防止に関する国際連合条約」（麻薬新条約）採択以降これを犯罪化して世界中で取締りがなされ，2001年の米国同時多発テロ以降はテロ対策を包含する等，年を追って対象の拡大や取締りの強化が図られ，マネーロンダリングのゲートキーパーとなる金融機関等には年々多大な義務が賦課されてきた。こうした中，米ドル取引や米国企業との取引については米国法が広範に適用され，本事例のように，マネーロンダリング対策が不備な外

国金融機関に対し，米国当局が経済制裁関連法イラン包括的制裁法（CISADA 等）とマネーロンダリング対策法（Patriot Act 等）をセットで適用して巨額の制裁金を課す事例が増加しており，日本企業も十分注意する必要がある。また，いったん米国法違反が発覚すると，米国当局による摘発を受けてから対応するよりも，自発的に申告した方が制裁金額は少なくて済む。このため，例えば日本の D 銀行は米国の経済制裁対象国（スーダン等）へのドル建て資金取引を自主的な社内調査で見つけたため，2012 年 12 月に米国 OFAC に対して和解金 860 万ドル（約 7 億円）を支払う合意を結んだ。

　日本法のコンプライアンスだけでも負担が大きいので，外国法である米国法のコンプライアンス対応は遅れがちになるが，日本に比べると米国の刑罰や行政罰で課される金額は非常に大きく，米国法のコンプライアンス態勢構築の不備は非常に高くつく。したがって，米国法を中心に外国法に対するコンプライアンスの重要性は今後ますます認識されることであろう。

　なお，日本は下表のとおり国際動向に対応してきたが，2008 年 10 月に公表された国際政府間会合，金融活動作業部会（FATF：Financial Action Task Force）による第 3 次対日相互審査では，顧客管理の法制化を中心に FATF 勧告の遵守が不十分とする厳しい評価を受けており，2014 年 6 月に FATF は日本政府に対し，必要な法整備が遅れているとして早期の対応を求める声明を発表した。このため，①金融機関等の顧客管理を充実し，②テロ行為への物質的支援を処罰し，③テロリストが国内にいた場合の国内資金移動を防止し，④国際組織犯罪防止条約（パレルモ条約）の締結に必要な国内法を整備（共謀罪の創設等）することが求められる。しかし，共謀罪の創設には国内の反対が根強い。

（久保田　隆）

94 法人格否認の法理の準拠法

事 例

　不動産関連事業を営む会社であるXは，債務超過に陥ったことから，私的整理計画案を債権者らに提出し承認を得た（本件整理計画）。A銀行はXに貸付債権を有しており，Xは所有する株式に係る株券を担保として差し入れていた。本件整理計画には，XはA銀行に対する貸付債務を弁済し，A銀行はXに対し担保株券を返還するという合意（和解契約）が含まれていた。

　Y₁は，Y₂証券会社（日本法人）の提案に基づき組成された匿名組合スキームの営業者であり，A銀行のXに対する貸付債権等の取得・処分等を目的とする特別目的会社である。Y₁は，ケイマン諸島法人であり，従業員を1人も有さず，日本における営業所も実体がない。

　Y₁は，Xに対する貸付債権をA銀行から譲り受けると同時に担保株券の引渡しを受けた。Y₁は貸付債権の譲受に伴い，XA間の和解契約を承継した。

　Xは，本件整理計画に基づきY₁に本件貸付債務を弁済し，担保株券の引渡しを求めたところ，Y₁は同計画にある別の匿名組合スキームへ出資する権利の付与をXに求め，これに応じなかったが，Xから訴えられ敗訴した後に引き渡した。Xは，株券引渡しの遅延により，株式売却先との関係で損害を被った。

　Xは，①Y₁に対して，株券引渡義務の不履行による損害賠償請求権に基づき，②Y₂に対しては，Y₁の法人格否認を理由に債務不履行による損害賠償請求権等に基づき，連帯して，Xが被った損害額の支払をなすよう訴えを提起した。

　なお，Xは，Y₁は特定目的会社であり「単なる箱」であって，株券引渡しを実質的に拒絶していたのは投資アドバイザーとして本件整理計画につきY₁を包括的に代理していたY₂であり，A銀行から和解契約の当事者の地位を承継した者が実質的にはY₂であるとの表示がされていたという外観信頼の保護を法人格の否認を認めるべき実質的理由として主張している。

〔東京地判平成 22・9・30 判時 2097 号 77 頁を簡略化〕

論 点

①法人格否認の可否を判断する準拠法の選択，②特別目的会社と法人格の濫用・形骸化。

判　旨

「Xは，本件和解契約における当事者の地位をA銀行から承継した者がY₂であるとの外観が表示されていたという外観信頼の保護を法人格否認の法理の適用を認めるべき実質的理由であると主張しているのであるから，Y₁に対する法人格否認の法理の適用については，Y₁の設立準拠法であるケイマン諸島法ではなく，本件和解契約に適用される日本法によるべきである。」

「Y₁には，従業員が1人もいないし，日本における営業所の所在地が営業所としての実体，機能を有していない……が，……特別目的会社である以上，当然のことであり，……Y₁においては，役員及び株主によるその業務に関する決議もされている……のであるから，Y₂がY₁を支配し，違法又は不当な目的でY₁の法人格を利用しているということができないし，Y₂との関係でY₁の法人格が形がい化しているということはできない。」

解　説

　法人格否認の可否に係る準拠法については，(1)法人格の有無・発生・消滅等の準拠法と同じく，法人の従属法（設立準拠法が通説）が準拠法となるとする説と，(2)法人格否認がどのような利害を調整しようとしているのか，その実質的理由や類型に応じて準拠法を決定すべきとする説がある。(2)説では，(a)会社・株主間の財産の混同等，会社・株主間に起因する事情により，全会社債権者に対し株主有限責任の対抗を否定する「制度的利益の擁護の型」の際には，当該法人の従属法によるとする。一方で，(b)取引法上の外観信頼保護のように，個別的状況に遭遇した会社債権者のみを救済する「個別的利益の保護の型」では，当該法律関係に適用される効果法によるとする。本判決はこの説に従い，当該法律関係の効果法である日本法を選択した。

　投資スキームにおける特別目的会社の利用は，一般に合理性・有用性が認められ，特別目的会社の特徴をもって法人格を否認する理由とはならない。しかし，法人格否認は個別の法律関係において問題となるのであり，目的が不当である場合等，具体的事案によっては，法人格が否認されることはありうる。

参考文献

・百選48頁［神作裕之］

（田澤　元章）

95 社債発行に係る法律関係と準拠法

事　例

以下の各場合について，日本の会社法の規定の適用はどのようになされるか。
① 日本の会社が，日本において，外国法を準拠法として社債を発行する場合。
② 日本の会社が，外国において，日本法を準拠法として社債を発行する場合。
③ 日本の会社が，外国において，外国法を準拠法として社債を発行する場合。
④ 外国の会社が，日本において，外国法を準拠法として社債を発行する場合。
⑤ 外国の会社が，日本において，日本法を準拠法として社債を発行する場合。

論　点

社債発行に係る法律関係における会社の従属法の適用範囲と当事者による準拠法の指定が認められる範囲。日本の会社法の社債管理者設置強制や社債権者集会に係る規定は，社債契約の準拠法が日本法である場合にのみ適用されるのか。

解　説

事例①については，そもそもこのような社債の発行は認められない。準拠法選択の自由（通則法7条）は，渉外的要素を含む法律関係について，当事者の意思を連結点として準拠法の指定を認めたものであり，純粋に国内的な法律関係については認められない。もしこれを認めると，社債管理者の設置強制（会社法702条）等社債権者保護のため会社法上の強行規定の潜脱を許すことにもなる。

事例②～⑤については，会社の組織法上の事項に関する法の適用関係と，会社と社債権者との関係に関する法の適用関係とに，分けて考えなければならない。

まず，社債の募集事項の決定（日本法の場合，会社法676条・362条4項5号・416条4項）等，会社の組織法上の事項に関しては，準拠法指定の自由が認められず，会社の従属法として，当該会社の設立準拠法が適用される。また，株式の発行や譲渡性に関する事項も，会社の従属法として，当該会社の設立準拠法が適用される。例えば，事例②③の場合において，もし新株予約権付社債が発行されるとすると，新株予約権に関する限り，新株予約権は株式に関するものである以上，その割当ては会社法の規定（242条・243条）により行われなければならない（なお，新株予約

権付社債の募集には新株予約権の規定が適用され，社債の募集に関する規定は適用されない。会社法248条）。

以上に対し，社債契約に関する法律関係，すなわち，会社と社債権者との関係は，本質的には法律行為によって生ずる債権債務関係である以上，当事者による準拠法選択の自由が認められる。社債契約の準拠法として外国法を選択すれば（③④），その外国法が強行法規も含めて適用され，日本の会社法は適用されない。その結果，社債権者は，社債契約の準拠法として指定された外国法の社債権者保護の規定により保護されることになり，社債管理者設置強制等社債権者保護に関する日本の会社法の規定の適用はない。逆に，日本法を社債契約の準拠法として選択すれば（②⑤），社債管理者設置強制を含む日本の会社法の規定が適用される。このような考え方を，準拠法説という。

準拠法説に対し，会社と社債権者の関係のうち，社債管理者の設置強制に関する規定は，国内投資者を保護するための公法であり，その適用範囲は，準拠法とは無関係に設置強制の趣旨に沿って独自に判断されるとし，形式的に社債発行地が日本である場合に適用されるという考え方がある。この属地的強行法規説が，現在の多数説である。この説によれば，社債管理者設置強制に係る会社法の規定は，社債契約の準拠法には関係なく，社債発行地が日本である場合に適用され（④⑤），発行地が外国であれば，たとえ準拠法を日本法に指定しても，適用がないことになる（②③）。

なお，社債権者集会は，社債契約の内容の変更を主目的とする制度であり，それに関するルールは社債契約の内容の一部として，社債契約の準拠法に従うというのが多数説である。これによれば，社債契約の準拠法として日本法を選択した場合に（②⑤），会社法715条以下の規定が適用されることになる。

参考文献

・本多正樹「会社法上の社債の定義をめぐる諸問題〔上〕〔下〕」商事法務1781号20頁，1782号4頁（2006年）

（田澤　元章）

96 証券取引法の域外適用の有無：米国証券取引所法10条(b)項

事 例

ナショナル・オーストラリア・バンク（NAB）は，株式をオーストラリア証券取引所等に上場している。米国の証券取引所に NAB の株式は上場されてはいないが，その米国預託証券（ADR：American Depositary Receipt）が上場されている。NAB は，フロリダ州の住宅ローン債権の回収代行会社ホームサイド・レンディング社（HL 社）を買収し，1998年から2001年まで，NAB の財務諸表等に HL 社の利益および NAB への利益貢献等の数字を掲載した。NAB は，2001年の7月および9月に，HL 社株式の減損を発表し，NAB の株式および ADR の価格は下落した。NAB は，減損の理由として，住宅ローン債権の借換えによる早期償還を増加させる要因となる金利の低下を予想できなかったためと説明した。上訴人らは HL 社株式の上記の減損前の2000年と2001年に NAB 株式を購入したオーストラリア人である。上訴人らは，NAB，HL 社，NAB の CEO，HL 社の3人の経営者に対して，HL 社の債権回収権の価値を実際よりも良く見せるために，非現実的な財務モデルを用いたことは，1934年証券取引所法10条(b)項および SEC 規則10b-5 にいう詐欺的行為にあたるとして，損害賠償等を請求する訴えを，ニューヨーク州の連邦地方裁判所に提起した。連邦地裁および第2巡回区控訴裁判所は訴えを却下した。米国連邦最高裁は，裁量上訴を受理した。

〔Morrison v. National Australia Bank, 561 U.S.247 (2010)〕

論 点

外国の投資家が，米国内子会社の不正行為がなされた後，外国の親会社の，外国で上場されている株式を外国で購入した場合，米国において証券取引所法10条(b)項の私的訴権を有するか。

判 旨

連邦最高裁は原判決と同じく訴えを却下したが，その理由は異なる。原審判決は行為および影響テストの下では上訴人に事物管轄が及ばないとしたが，最高裁は事物管轄を肯定した上で，概ね次のような理由を判示した。

取引所法10条(b)項に域外適用があるかという点については，別段の意図がない限り，米国議会の立法は，米国内のみに適用されるというのが米国法の長年の原則であり，当

該法律が域外適用について明示していなければ、域外適用はないものと解釈される。それにもかかわらず、第 2 巡回区控訴裁判所は、取引所法が 10 条(b)項の域外適用について沈黙していることは、米国議会が域外適用を望んでいたかどうかの識別を裁判所に委ねたものと考え、10 条(b)項の適用について、行為および影響テスト（conduct and effects test）を用いて来たが、これらのテストは、米国議会の立法は、別段の意図がない限り、米国内のみに適用されるという推定に反している。そこでこれに代わり、取引テスト（transactional test）を採用する。本事例では、不正行為自体はフロリダで行われたが、不法行為地が米国であることは、10 条(b)項の適用においては決定的要素とならず、証券売買が行われた場所が重要である。10 条(b)項の文言によれば、同項が不正とするのは、証券の売買に関連した行為だからである。したがって、10 条(b)項は、米国の証券取引所で取引される証券および米国内のその他の証券の売買に適用される。これが取引テストである。結論として、10 条(b)項の適用について、上訴人は NAB の株式をオーストラリアの証券取引所で購入したが、これは米国外で証券取引が行われたことを意味し、取引テストにより判断すると、10 条(b)項に基づく私的訴権は認められない。

解　説

　従来、第 2 巡回区控訴裁判所は、取引所法 10 条(b)項の適用に関し、影響テスト（違法行為が米国または米国市民に実質的影響を与えるものか否か）および行為テスト（違法行為が米国内で起きたか否か）によって事物管轄を肯定することにより、域外適用を認めてきた。本判決は、取引所法 10 条(b)項の域外適用を否定し、証券の売買が行われた場所が米国であるか否かが私的訴権の有無を判断する基準となるという取引テストを採用した。2010 年 7 月 21 日に成立したドッド・フランク法 929 P 条(b)項は、1933 年証券法 17 条および 1934 年証券取引所法の詐欺防止条項（antifraud provisions）に関する域外適用の規定を新設している。新設規定は、上記の条項に関し、SEC または米国司法省が提起する訴訟に限って、影響および行為テストに該当する場合には、合衆国裁判所に管轄を明示的に与えるものであって、本事例のような私的訴権に適用されるものではない。今後の動向が注目される。

参考文献

・樋口範雄ほか編『アメリカ法判例百選』（有斐閣、2012 年）250 頁〔松尾直彦〕
・湯原心一「判批」比較法学 45 巻 2 号（2012 年）231 頁

（田澤　元章）

97 海外子会社への貸付と移転価格税制

事　例

　A社は，日本企業であるXがタイに設立した海外子会社であり，Xがその95％の株式を保有している。
　Xは，A社に対し，平成9年1月から6回にわたり，利率を年2.5～3.0％の固定金利，貸付期間を10年とする等の約定で，タイバーツ建ての貸付を行った（本件貸付取引）。当時のタイ国内の商業銀行の預金利率（タイバーツ建て12か月もの定期預金）が年6.0～10.0％であったことと比較しても，相当に低い利率であった。
　Xは，A社からの受取利息を各事業年度における益金として法人税の申告をしたところ，所轄税務署長であるYが，本件貸付取引に移転価格税制を適用し，Yの算定した独立企業間価格と上記受取利息との差額を損金不算入額として更正処分を行った（本件更正処分）。Yは算定にあたり，租税特別措置法の規定に従い「独立価格比準法に準ずる方法と同等の方法」に拠ったが，比較可能な取引が実在しないので，金利に推定値を用いる等して，比較可能な取引を想定して独立企業間価格の算定を行った。
　Xは，実在しない取引を想定して独立企業間価格を算定することは，租税特別措置法66条の4の解釈適用を誤り，租税法律主義に違反する等と主張して，Yが行った本件更正処分の取消しを求めた。

〔東京地判平成18・10・26訟月54巻4号922頁を簡略化〕

論　点

　移転価格税制は，比較対象となる非関連者間の取引（独立当事者間の取引）が個別具体的に実在しなければ，独立企業間価格がないということになり，そもそも適用されないことになるのか，それとも，比較可能な取引を想定して独立企業間価格を算定することは認められるのか。

判　旨

　「措置法66条の4第2項の規定は，国外関連取引と比較可能な非関連者間の取引が実在する場合には，……当該実在の取引を比較対象取引とすることを原則とするが，そのような取引が実在しない場合において，市場価格等の客観的かつ現実的な指標により国外関連取引と比較可能な取引を想定することができるときは，そのような仮想取引を比

較対象取引として独立企業間価格の算定を行うことも，同項1号ニの『準ずる方法』及び同項2号ロ〔現行法では同項2号〕のこれと『同等の方法』として許容する趣旨と解するのが相当である。

　親子会社間等特殊関係企業間の取引を通じて行う所得の海外移転に対処し適正な国際課税を実現することを目的とする移転価格税制の趣旨に照らし，このような場合に実在の取引を見出せないからといって直ちに移転価格税制の対象外とすることが措置法66条の4の立法趣旨とは考えられない。」

解　説

　移転価格税制とは，例えば，甲国の法人が乙国の関連企業との取引を通じ，本来甲国内で課税されるべき所得を乙国に移転することを防止するため，関連企業との取引価格（移転価格）が通常の取引価格（独立企業間価格）と異なる場合に，移転価格を独立企業間価格に引き直して所得を再計算し，甲国が課税する制度である（租税特別措置法66条の4）。

　移転価格税制が適用される「国外関連取引」とは，国外関連者から対価の支払を受ける取引である。海外子会社への貸付けは金銭消費貸借であり，対価（利息）の支払を受ける取引として，国外関連取引に該当する。

　独立企業間価格の算定は，比較可能な独立企業間取引が実在する場合は比較的容易であるが，本事例のようにそのような取引（日本企業からタイの企業へのタイバーツ建ての貸付）が実在しない場合，どうするのか。海外子会社等との国外関連取引を通じた海外への所得移転による税収の減収を防ぐことが制度の趣旨であり，比較対象取引が個別具体的に実在しない場合も，客観的かつ現実的な指標により比較可能な取引を想定できるのであれば，それを比較対象取引として独立企業間価格を算定することが許容されよう。

　平成23年税制改正により，独立企業間価格の算定方法については，基本3法（独立価格比準法，再販売価格基準法および原価基準法）優先の原則は廃棄され，「最も適切な方法」により算定するとされる。納税者側の算定方法を課税当局が争う場合，原則として課税当局が「比較可能な取引の想定」がその想定内容も含めて「最も適切な方法」であることの主張立証責任を負うものと解される。

参考文献

・伊藤雄二〔判批「国際課税関係」〕税経通信67巻13号（2012年）225頁

（田澤　元章）

98 承認援助手続と国際並行倒産

事 例

麻布建物（株）は，国内外において大規模な不動産事業を行っていたが，バブル崩壊後は事業を縮小して国内不動産をすべて処分した。2005年当時は，米国ハワイ州にハイアット・リージェンシー・ワイキキという著名なホテルを所有し，その運営をハイアット・コーポレーションに委託することがほぼ唯一の事業であったが，日本国内にも相当額の預貯金を保有していた。

麻布建物の米国債権者は，2005年11月にハワイの連邦破産裁判所に連邦破産法第11章による手続（いわゆるチャプター11，再建型倒産処理手続）を申し立て，2006年2月に裁判所は救済命令（日本の手続開始決定に相当）を発令した。その直後，DIP（debtor in possession）である麻布建物が，外国倒産処理手続の承認援助に関する法律（以下，外国倒産法）に基づき，東京地裁にチャプター11手続の承認および債務者財産への強制執行禁止等の援助処分を申し立て，認められた。

2007年6月，チャプター11手続の下で，ホテルの売却代金を債権者への弁済に充当することを内容とする再建計画案が連邦破産裁判所で認可された。再建計画には，清算トラストを組成し，麻布建物の資産を信託財産として移転すること，各債権者には，債権額，担保の有無，優先性等について同一内容の信託受益権を付与する代わりに，麻布建物の債務を免除するというスキームが含まれていた。この米国のチャプター11に基づく再建計画のうち，債権者による麻布建物の債務免除の効果を，承認援助手続によって日本国内に及ぼせるか疑義が生じた。そこで，チャプター11手続の下で策定された再建計画を前提として，これを実行するために会社更生手続を申し立て，後に承認援助手続は取り下げた。その結果，麻布建物の国内における倒産処理手続は，承認援助手続から，米国と日本で倒産処理手続が並行して進行する国際並行倒産へと移行した。

〔麻布建物の国際並行倒産事例〕

論 点

承認援助手続の意義および並行倒産手続との関係。

解 説

外国で倒産処理手続が開始しても，債務者の日本国内の財産について，①債務者

は管理処分権を制限されず，②債権者も強制執行等を行うことができるほか，③外国管財人は管理処分権を行使できない。それゆえ，①②を制限・禁止し，③を可能にするための制度が承認援助手続である。裁判所の承認決定自体には格別の法的効果はなく，承認管財人の選任（日本における債務者の業務遂行および財産の管理処分の権限は承認管財人に専属）や債権者の強制執行の禁止等は，すべて個別に裁判所の援助処分としてなされ効力を生ずる（外国倒産法25条以下）。

　承認援助手続は，国内倒産処理手続を制限するものではなく，同一債務者につき，日本法に基づく倒産処理手続を申し立てることもできる。2つの手続が並行した場合，国内債権者保護の見地から，原則として国内倒産処理手続が優先され，承認援助手続は中止される（外国倒産法57条以下）。その結果，外国と日本で並行して倒産手続が進行することになる。国際並行倒産が選択される場合として，例えば，担保権や否認権行使等倒産実体法に適用される準拠法の解釈に争いがある場合や適用される準拠法が債権者側にとって不利と思われる場合，承認援助手続による処理も可能だが国内倒産手続については主導権を握りたい場合等が挙げられる。

　本事例で承認援助手続が当初選択されたのは，日本国内にある債務者の財産（預貯金等）には，チャプター11の自動的停止（automatic stay）の効力が及ばないので，承認援助手続により日本国内の財産に対する差押え等を防止する必要があったからである。しかし，チャプター11による再建計画のスキームに含まれる麻布建物の債務免除は，個々の債権者との権利関係の変更であり，援助処分（外国倒産法25条〜28条）によって，その効果を日本国内に及ぼすことはできない。そこで，日本法に基づく債務者の免責を得る必要が生じた。会社更生法が明文の免責規定を有することから（会社更生法204条），チャプター11手続上の再建計画と同内容のスキームを会社更生法上の更生計画として遂行することとなり，会社更生手続を申し立て，承認援助手続については，更生手続開始決定時に，これを取り下げたものである。

参考文献

・片山英二ほか「日米にまたがる麻布建物（株）にみる——承認援助手続と国際並行倒産」事業再生と債権管理127号（2010年）67頁

（田澤　元章）

99 合弁契約違反と合弁会社の損害の賠償

事 例

　中国企業のXと日本企業のYは，出資比率50：50で，次の約定を含む合弁契約を締結し，海外向け製品（カシミヤセーター）を生産する合弁会社を中国に設立した。
　(a)　Xは，中国国内で原料等を購入する責任を負う。
　(b)　Yは，製品を海外に販売するものとし，製品の90％は，Yが販売の責任を負う。
　(c)　合弁当事者の一方の契約違反により，合弁会社の経営が成り立たず，または合弁契約の目的を達することができないときは，一方的な契約破棄とみなし，相手側は違約者に対し損害賠償を請求できるほか，政府の審査機関に報告し，合弁契約終了の許可を受けることができる。双方が経営継続に同意する場合は，違約者が，合弁会社の損失を賠償するものとする。
　合弁会社は，当初2年間は利益を上げていた。しかし，3年目にYは，同種の製品を生産する独資企業（Yの100％出資子会社）を設立し，合弁会社ではなく，この独資企業に製品を注文するようになった。合弁会社では生産および販売が殆ど行われず，欠損を生じた。
　XはYの合弁契約違反を主張し，①合弁会社に生じた欠損をYが同社に対し賠償すること，②Xが合弁事業により得べかりし利益をYがXに賠償することを求めた。Xの請求の当否を検討せよ。

論 点

　合弁契約上のYの製品販売義務は，努力目標か具体的な義務か。合弁当事者間で合弁会社への損害賠償を請求しうるのか。Yに合弁会社の損失を賠償させるとともにX自身の得べかりし利益も賠償請求するという，Xの請求の仕方に問題はないか。

解 説

　本事例は，中国国際経済貿易仲裁委員会（CIETAC）の仲裁事件をもとにしたものである。仲裁判断は，(b)の約定の効力をそのまま認め，Yは契約違反により合弁会社に対し欠損額の90％を支払うべきものとしている。合弁契約上，Yの販売義

務が定められているものの、その価格、数量、品質等は、合弁契約には明記されていない。そうすると、この約定は、Yの販売の努力目標を定めたに過ぎないとも思われる。中国企業と合弁契約を締結する場合、中国法が準拠法として強制されるが（中国契約法 126 条）、価格、数量、品質等が未確定でも、契約後の補充協議等により内容の確定を認めるのが中国契約法である（61 条・62 条・125 条）。中国では、本事例のような約定にも具体的な義務としての効力が認められやすく、注意を要する。合弁会社は合弁契約の当事者ではなく第三者であるが、(c)の約定部分は、第三者のためにする契約と理解すればよかろう。なお、Yの行為は、もし合弁契約に競業避止義務が規定されていれば、競業行為として問題とされたであろう。

(c)の約定は、Yの合弁会社に対する損害賠償義務を認めるが、合弁会社自身ではなくXが合弁会社への賠償請求を申し立てている。中国の仲裁実務は、このようなXの申立てを認めるようである。もし合弁会社の代表者がYから派遣されていれば、合弁会社がYに対し賠償請求することは期待できない。代表者がXから派遣されていても、Yも役員を派遣している以上、中国の法令上合併の中止・解消には董事会（役員会）の全員一致を要し、他の重要事項も定款により 3 分の 2 以上の多数による決議を要することがあるので、合弁会社からの申立てが不可能な場合が殆どであるという事情を考慮したものであろう。なお、もしYの契約違反とは無関係の経営リスクを原因として欠損を生じたのであれば、合弁会社への賠償請求は認められないことになる。

Xの得べかりし利益の賠償請求については、まず、Yの契約違反がなければ、合弁会社が欠損額以上の収益を上げたはずであることを立証する必要がある。Xは合弁会社の欠損の損害賠償と自己の得べかりし利益の賠償という 2 つの請求をなすが、①欠損分に限定せず、Yの契約違反がなければ合弁会社が得たであろう収益を合弁会社に損害賠償させ、後に合弁会社から利益配当を受けるか、②合弁会社への損害賠償は求めず、Xが合弁会社から得べかりし利益の賠償を直接求めるかの、どちらか 1 つに絞ることができたと思われる。

参考文献

・千森秀郎「合弁契約違反と合弁会社の損害の請求」JCA ジャーナル 47 巻 6 号（2000 年）18 頁

（田澤　元章）

100 新興国との取引リスク(外国仲裁判断の承認・執行拒否事例から)

事 例

　X社は，薬品製造プラント一式を海外のA社に割賦販売した。A社は，これを甲国の国有企業Y社との合弁事業に現物出資した後，程なく倒産した。そこで，Y社が合弁会社の経営を請け負うとともに，A社のX社に対する代金支払債務も引き受け（なお，当該引受には関係当局の許可は不要である旨，Y社からX社に対し事前説明がなされていた），工場の操業を継続するも結局事業不振に陥り，代金支払も中断したので，X社は債務引受契約書の仲裁条項に従い国際的な仲裁機関による商事仲裁をY社に対し申し立てた。X社は，主位的には契約通貨であるドルによる代金支払，予備的には債務引受契約の無効による損害賠償（現地通貨建）を求め，主位的請求原因により勝訴した。

　甲国は「外国仲裁判断の承認及び執行に関する条約」（以下「NY条約」という）の加盟国であるが，X社が本件仲裁判断の承認およびY社資産に対する執行を管轄裁判所に求めたところ，Y社は，甲国の外国為替管理法により原則禁止されている外貨支払を強制することは，同法違反となるだけでなく外国為替管理政策にも反するから公序違反であり，不許可とするよう主張した。裁判所はこれを認め，同国最高裁判所による不許可承認を得る手続である「承認・執行不許可伺い」が提出されたとの情報が得られたが，X社へは何ら通知等は無い。

論 点

　新興国の企業との取引では紛争解決手段の選択が重要である。実務では，外国判決の執行の問題（⇒ **66～69** 参照）や現地裁判制度の信頼性の問題から仲裁，それも外国仲裁を選択するケースが多い。外国仲裁判断の承認・執行はNY条約によって国際的に広く担保されているが，その運用は条約の主旨に沿った統一的なものであるとはいいがたい。特に問題となるのが5条1項の手続的瑕疵のほか，本事例の如き同条2項(b)における公序違反の有無の判断基準である。

解 説

　リーガルシステムが未成熟な新興国においては，手続の透明性欠如・遅延に加え，ローカルプロテクショニズムや知識・経験の不足による独善的法解釈・運用というリスクがあり，外国仲裁判断がNY条約の主旨に沿わない理由で執行されない事例がみられる。NY条約上の承認・執行の要件の1つとして，5条2項(b)は，判断の承認および執行がその国の公の秩序に反する場合は拒否できる旨を規定している。一般にこの公序違

反による承認・執行拒否事由には手続的なものと実体的なものがあり，後者では例えば①懲罰的損害賠償の支払を命ずるもの，②グローバルに重大と認められた犯罪を構成する内容のもの（例えば密輸，賄賂など），③独禁法や消費者保護法違反を構成するもの，④外国為替管理上の制約などが適用事例として報告されている。ただし，④の defense が認められた事例は殆ど無い様である（Reinmar Wolff (ed.), "New York Convention. Convention on the Recognition and Enforcement of Foreign Arbitral Awards of 10 June 1958. Commentary"（C.H.Beck・Hart・Nomos, 2012）429 頁）。

5条2項(b)の適用は NY 条約の主旨からは本来抑制的であるべきだが，実態は異なる。新興国の裁判所は，時に手続的瑕疵を形式的に捉え執行拒絶するケースがあるが（例えば中村達也「JCAA の仲裁判断の承認・執行を拒否した中国裁判所の判断の問題点」国際商事法務 575 号（2010 年）628 頁参照），本事例では甲国の公序に反するかどうかの実体的審査が行われた。甲国裁判所は，国有企業の債務引受による外貨建て債務負担行為自体が，事前許可取得を義務付けている外債管理に関する強行法規違反で無効であること，また無許可による外貨対外送金を認めるのは manifest disregard of law（明らかな法の無視）であるとの Y 社の主張を認めた。この点，我が国では，外国為替管理法の制限は暫定的なものであるとして，取引の自由を重視し，米ドルによる支払を命じる米国裁判所の確定判決が我が国の公序良俗に反しないとした例がある（東京地判昭和 44・9・6 判時 586 号 73 頁）。また，manifest disregard of law（明らかな法の無視）を公序違反とする考え方は米国法に由来するが，外国仲裁判断への適用は同国裁判所の多くが否定的であるとされる（Reinmar Wolff (ed.), 246 頁）。

なお，新興国の中でもグローバル化が進む中国では，最高人民法院が，外国為替管理政策・法規違反が必ずしも公序違反ではないとして，下級裁判所からの承認・執行不許可伺いを認めなかった事例（*Mitsui & Co., Ltd. v. Hainan Province Textile Industry Corp.*）がある（Anton G. Maurer, "The Public Policy Exception under the New York Convention, Revised Edition（JURIS, 2013）337 頁）。当該判断の理由には不明確な面も残るが，方向性としては NY 条約の主旨に沿った解釈と評価できる。

参考文献

・Reinmar Wolff (ed.), "New York Convention. Convention on the Recognition and Enforcement of Foreign Arbitral Awards of 10 June 1958. Commentary"（C.H.Beck・Hart・Nomos, 2012）429 頁
・中村達也「JCAA の仲裁判断の承認・執行を拒否した中国裁判所の判断の問題点」国際商事法務 575 号（2010 年）628 頁
・Anton G. Maurer, "The Public Policy Exception under the New York Convention, Revised Edition（JURIS, 2013）337 頁

（平野　温郎）

101 新興国との取引とコンプライアンス

事 例

　日本のA社は，新興国である甲国の国有資源開発公社向け機器入札案件に関し，甲国に隣接するタックスヘイブンにある代理店経由で同公社副総裁に多額の現金を支払い，入札予定価格情報を入手した。さらに，競争事業者2社のうち，応札に意欲を示していた1社には協力金支払により応札を断念させる一方，他の1社には高値での札入れを依頼し，競争入札の形式を整えて応札，結果としてA社がほぼ入札予定価格で受注した。これらの支払には代理店が保有する資金を充当したが，この資金は，A社が日頃から実態の無いサービスの対価として代理店に支払い，プールさせていた簿外資金であった。

　その後，税務当局からの使途不明金に関する指摘をきっかけに，海外代理店に対する不適切な支払の有無につき社内調査が実施された。その結果，上記の件を含む違法な情報収集や国・主要顧客ごとの受注調整やカルテルが長年行われており，その取り纏めはA社担当部門の基幹的業務になっていたことが判明した。報告を受けたA社の担当幹部は，この事実が外部に漏れた場合の影響を恐れて隠蔽を指示するとともに，甲国駐在の本案件担当者B（日本人）に急遽帰国を命じたが，出国時に出入国管理法に基づき甲国検察当局によって拘束された。これが甲国メディアで報道されたため，日本の国内メディアからも強い要請があり，担当部門長が急遽記者会見に応じることになった。

論 点

　近時，内外企業活動におけるコンプライアンスが強く求められるようになっている。コンプライアンスは単なる法令遵守に止まるものではないが，やはり法令違反は影響が大きい。経済発展も著しい新興国では，恣意的，腐敗的な行政や激しい受注競争に耐え切れずに進出企業が法令違反を起こした事例は数多いが，これは民事，行政，刑事のすべての面で大きな代償を伴うのみならず，企業の信用を著しく毀損し，場合によっては経営に行き詰ることさえある。したがって，国際ビジネスにおける典型的な問題事例を教訓として，自らの予防に役立てることが大切である。

解 説

　グローバルに活動する企業の法令違反事例として特に目立つものは，①国際的な

カルテル・入札における不正と，②外国公務員等への贈賄である。例えばマリンホース事件（日本公正取引委員会平成20年2月20日排除措置命令）では，リニエンシー・プログラム（制裁減免制度）を利用した当事者の調査協力により，日米欧の独占禁止法当局が国際的な市場分割カルテルを摘発した。さらに，その調査の過程で米国 Foreign Corrupt Practices Act（⇒**75**参照）違反も発覚し，当事者の一社であるブリヂストンの日本人幹部が米国において実刑判決を受けたほか（禁固2年および罰金8万米ドル。詳細は米国司法省の2008年12月10日付 Release 参照），同社自身も米国司法省と2011年9月に Plea Agreement（有罪答弁合意書）を締結して2,800万ドルの罰金を支払っている。

　OECD 外国公務員贈賄防止条約の遵守状況をモニタリングしている OECD 贈賄防止作業部会は，外国公務員贈賄罪による摘発を積極的に行なうよう加盟国に求めており，日本でも，過去，不正競争防止法違反で2件の摘発がなされたほか，最近では自動車部品メーカーの元役員や鉄道技術コンサルタント会社の幹部が外国公務員への贈賄容疑で摘発されている（なお，過去の事件については，梅田徹『外国公務員贈賄防止体制の研究』（麗澤大学出版会，2011年）114頁以下が詳しい）。

　本事例でも副総裁が外国公務員に該当した場合，A社本社関係者に加え，B駐在員にも（甲国刑法や入札法等に加えて）不正競争防止法が属人的に適用される。

　一方，本事例のような重大事態が生じた場合は，A社にとって自社への影響を可能な限り矮小化すること，すなわち，事態が悪化，拡大する前に手を打ち，沈静化させ，問題の露出を適切に管理しつつ，損失をミニマイズし，信用を維持し，事業継続性を確保することが極めて重要である。この臨床的な行動を一般に危機対応（クライシスマネジメント）と呼ぶが，特に初期対応（最初の24時間）がその後の展開を制するといっても過言ではない。法務・コンプライアンス部門を中核にして，①事実関係の把握，②法令違反や刑事事件性の有無の確認，③規制当局やステークホルダーへの開示の判断と説明責任の遂行，④メディア対応・広報体制の確立を，迅速且つ適切に図るべきである。

参考文献

・舟田正之ほか編『経済法判例・審決百選』（有斐閣，2010年）186頁［矢吹公敏］

（平野　温郎）

102 新興国企業の買収と Post-acquisition Integration (PAI)

事例

　A社は，新興国甲国の医療関係 IT サービス業者であるB社を買収した。B社は政府系企業との取引が多い上，国の補助金を受けていることから，買収前の due diligence（以下，DD）においてコンプライアンス問題が無いかを重点的に調査したところ，一部に同国政府関係者の過剰接遇や補助金の不正流用が発見された。このため，A社は，closing condition として関係当局から訴追免除の確約を取り付けること，post-acquisition integration（以下，PAI）の一環として，弁護士，業界専門家，CEO，新設する Chief Compliance Officer から成るコンプライアンス委員会を設置することを，買収契約上明記した。

　買収完了後，A社は，その法務・コンプライアンス部を主体として買収後 (post-acquisition) DD（以下，買収後 DD）を実施の上，B社取締役会・CEO に対しコンプライアンス委員会開催を要請した。議題は，Foreign Corrupt Practices Act（FCPA）等域外適用が想定される米国法を踏まえた，①公務員接遇基準明文化，補助金管理強化を含むビジネスコンダクト・コンプライアンス規程の改善，②コンプライアンス監査および研修の実施についてであった。

論点

　昨今，日本でも M&A における post-merger integration；PMI や PAI が重視されてきている。PAI における法務・コンプライアンス部門の役割は，単なる規程整備や取締役会運営支援等の統制環境整備のみならず，経理部門や人事部門といった他のコーポレート部門との協働を含む，より包括的なリーガルリスクマネジメントの実行にある。特に新興国企業の買収においては，予期せぬコンプライアンス問題や損失の発生等リスクが相対的に高いことから，買収プロセスの早い段階からの予防的 PAI が重要である。

解説

　一般に，買収前 DD の一環としての法務 DD は，範囲が多岐に亘ることや時間的制約のため，問題点をすべて洗い出しクロージングまでに有効な対策を実施することは困難である。したがって，必要により買収事業領域に詳しい専門家の支援も得て，重点的調査項目を絞り込む必要が生じる。この場合，事業モデル・商品特性や同業他社の問題事例からリスクパターンを想定するほか，一般に重大と考えられ

るリスク分野に視点を置く。これは，①刑事または行政的制裁を受けうる分野（事業規制法，独禁法，腐敗防止法，環境法，関税法等の違反），②大規模訴訟等に発展しうる分野（製造物責任や知的財産関連問題，各種労務問題等），③多大なコスト負担や損失が発生しうる分野（企業年金問題，税務問題，長期契約やデリバティブ等非日常的取引の管理等），④社会的信用の毀損が想定される分野（反社会勢力との関係，児童労働その他の人権侵害等）である。

　首尾良く買収完了に漕ぎ着けた場合には，買収前 DD との継続性に配慮した買収後 DD を実施し，重点的リスクを改めて精査の上，コンプライアンス水準の自社基準への引き上げを目的とする具体的な compliance integration plan（コンプライアンス統合計画）を策定する。その実施は買収契約上の補償請求可能期間を意識して進める必要があるが，実施者は被買収会社自身とすべきであり，直接買主が意思決定に関わったり本社要員を派遣して実質的に指揮をしたりすると，所謂法人格否認のリスクが高まるおそれがある。また，時が経つに連れて事業環境・モデルの変化，法令改廃や執行強化等もありうるため，継続的なモニタリングが望ましい。自社からの差入取締役に対する日常的な支援，被買収企業の法務部門との意思疎通，内部通報制度の運用確認，各種法務・コンプライアンス研修も重要な施策となる。

　このような買収前後の DD を通じて発見された違反への適切な対応や，リスクベースによる施策の速やかな立案・実施は，法的責任軽減に繋がることが少なくない。例えば FCPA は，parent-subsidiary liability（親会社責任）や successor liability（承継者責任）といった法理により買収者にも直接適用されることがあるほか，たとえ株式買収（stock acquisition）の場合であっても，被買収企業が FCPA 違反によって訴追され，結果として親会社の信用の毀損のみならず，多額の罰金支払による企業価値の毀損や差入取締役の個人責任の問題を生じうる。この点，管轄当局である米国司法省は，2012 年 11 月公表の FCPA ガイダンス（http://www.justice.gov/criminal/fraud/fcpa/guide.pdf）において，DD やコンプライアンス統合計画の実施による違反の早期是正や適切なコンプライアンスプログラムの継続的実施を，訴追免除や量刑軽減等の重要な考慮要素としている。

参考文献

・桑田和弥ほか「［ワークショップ］外国企業への出資戦略①〜③」Business Law Journal 34 号（2011 年）48 頁，35 号（2011 年）61 頁，36 号（2011 年）64 頁

（平野　温郎）

103 新興国進出に際しての諸規制

事 例

　X国は産業振興のため外国からの投資を奨励しているが、同時に産業保護などの必要性から外資規制法を制定して全件許可制を敷いている。Y国に本拠を持つ多国籍流通企業であるA社は、X国の首都において、駐在員事務所（liaison office）を通じて市場調査、顧客との連絡等の非営業的活動を行い、成約した場合にはY国の国内配送センターから商品を輸出するという事業活動を行ってきた。今般、事業拡大を目指してX国に物流拠点を設けることとしたが、外資規制法上 distribution service（物流業）を含む商業は外資に対して未開放であることに加え、自前での設置にはコストもかかる。そこで、港に隣接した保税区に倉庫を賃借の上、X国の内資企業に集荷・配送を委託するとともに、駐在員事務所にサプライチェーン全体を管理させることとした。ところが、管理当局から、保税区内といえども実質的な拠点構築は外資規制法違反であり、駐在員事務所の管理行為も許可業務範囲を逸脱する違法活動であるとの警告を受けた。その後、X国がWTOに加盟し、商業領域規制が緩和されて外資単独による物流事業進出も可能となったので、独資による現地法人の設立につき当局との折衝を開始した。ところが、予想に反して取扱商品を2、3種類に限定し、地元有力商業企業を代理店として起用しないと許可できない旨、回答があった。こういった条件は外資規制法上定められていない。

論 点

　海外、特に新興国に進出するにあたっては、設置する拠点の法的ステータスや事業形態の安定化が重要である。この問題は、いわゆる Doing Business（営業行為）の問題として税務面から議論される場合が少なくないが、それに加えて外国人（外国企業）の活動を認めるかどうか、いかなる形態・内容の活動を認めるかという、いわゆる外人法的視点からの検討が必要である。

解 説

　一般に、新興国は、資金、技術、人的リソース等を海外から取り込み、自国の経済発展の起爆剤とする政策を取るが、自国産業保護の観点から奨励と同時に種々の規制も設けられる。例えば、外国企業が現地の拠点等を介さずに直接同国内で事業活動を行うことは禁止される場合が多い（ある外国のホテルチェーンが、中国において民族資本のホテルのマネジメントを直接受託した上、当該国から幹部社員を派遣して

管理にあたらせていたことが違法と認定された事例がある)。現地法人を設立する場合でも,例えば事業目的や取扱商品の範囲が制限される等,内資企業に比べて制約が少なくない。

　こういった外資導入に関わる規制のパターンには一定の類似性がみられ,後発の新興国が先発組の規制にならうことも少なくない。規制は,主に①高度な技術を伴わない労働集約的産業,成熟産業への参入規制や経営範囲の制限,合弁形式の強制や外資比率の制限,国産化の強制や製品輸出義務,外国為替規制等の産業政策的規制,②環境規制,現地労働者雇用や代理店起用の強制等の民生重視ないし地元権益保護的規制,③基幹的産業や政治的,公益的事業への参入規制,土地取引規制,M&Aにおける安全保障審査の義務付け等の安全保障的規制に大別できる。例えば,中国では外商投資ガイドラインによって産業分野を奨励・許可・制限・禁止に4分類し,依然幅広い参入規制を設けている。一般に製造業に比べ商業・サービス業の対外開放は後送りになりがちであり,比較的規制緩和が進んだインドでも,外国為替管理法に基づく「統合版外国直接投資方針」(Consolidated FDI Policy)に基づき公益事業等に加えて一部小売業への参入規制が残存している。

　こういった規制は裁量的,時に恣意的に運用されるので,純粋な法的論理構成のみに依拠した仕組みによる規制回避にはリスクがある。本事例には悪性はないが,過去,例えば外資参入禁止の不動産事業に開発権(契約上の債権的権利義務)の取得という形態で実質参入していた事例,通信事業に子会社を経由した実質的な匿名組合契約の形態(内資通信事業者への設備賃貸契約の形を取るが,賃貸料が事業益に応じて変動するもの)で参画していた事例等,意図的な規制回避とみなされるリスクのある取引も散見された。近年では,中国においてVIE (Variable Interest Entities) スキームと呼ばれる契約的な支配形態で規制業種に参入している例もある。これらは,場合によっては民事上無効となるほか,違法所得没収等行政罰,不法営業罪等刑罰の対象にもなり,当該国での自社事業の存続自体も危険に晒す様な事例である。進出先国の発展段階や法制度全般の成熟度を見極め,当局との事前折衝も含め,経営判断として説明可能な論拠を固めて進出事業形態の安全度を高めるべきである。

参考文献

・田中信幸『国際取引法』(商事法務研究会,1994年):やや古い文献であるが,海外進出に関わる基本的な法的問題点を鳥瞰するのに役立つ。

(平野　温郎)

Column ⑫：入社して知った商社法務の仕事

　私が学生時代に熱中していた模擬仲裁の世界大会は，まさに商社が関与するような国際的なビジネスの紛争解決をイメージしたものだった。この大会を通じて多国間ビジネスにおける法務の視点の面白さに気付き，商社の法務部への入社を決意したという経緯がある。仕事に対する漠然としたイメージと好奇心を抱きながら実務の世界に飛び込んだ私が，入社後2年間で何を感じたか。

　まずは，当然のことながらもこれが現実に起きている本物のビジネスだという緊張感。自分が法的観点からアドバイスをし，営業担当者と一緒に試行錯誤しながら案件を作り上げ，それによって例えばアフリカに発電所を建設し国民に電力が供給される。場合によっては自分が確認した契約書の不備により紛争が生じて会社に大損失をもたらすかもしれない。本物のビジネスに携われる喜びと同時に当事者意識を強く感じた。

　我々法務部は契約上のリスクヘッジを行うが，契約書とは両当事者が交渉を重ねた結果であり，その案件のすべてといっても過言ではない。そのため法務部は，相手方との関係性や当社の立場を踏まえた上で契約書の文言を慎重に検討する。それは決して単純な作業ではなく，知識はもちろん，様々な案件対応の経験や，経験により培われるセンスも必要だ。だからこそ，一つ案件を担当するとそれが自分の成長に繋がっていることが実感できる。学生時代に思い描いていた企業法務のエキスパートになることの難しさを痛感する一方で，しっかりと自分の成長と仕事のやりがいを感じられる。

　さらに，一企業の一員として案件に携わってみて，案件一つに非常に多くの人が関与しており，社内で検討に検討を重ねた上で判断を下していることを知った。大規模な企業ながら，営業部を中心にコーポレート各部が各々の専門的観点から徹底的に議論し組織一体となってビジネスを作り上げている。その中で法務担当者として一躍を担う使命感や責任感を，日々感じている。

（三井物産／瀬口　愛）

Column ⑬：法務の業務と大学時代の経験の繋がり

　現在，法務部員として訴訟，行政調査，各種契約審査等を担当して2年目になります。入社してわずか10日程で自分の案件・クライアント（事業部等社内他部署の依頼者）を持つようになり，当初は聞く単語も契約条項も未知のものばかりで，何がイシューか，どこを確認すべきかも全く分からないところからスタートしました。しかし，日々の業務の中で，学生時代の経験が活きていると感じることが2点あります。

　1点目は，自分のクライアントから事実を聞きだし，それを忠実に理解し，リスクとなる点を見つけ，契約書にうまく落とし込んでいくという一連の流れです。このプロセスは，学生時代に参加した大学対抗交渉コンペティションやVis Mootの準備の流れと共通するところがあります。契約レビューのプロセスは，まさにVis Mootでの問題文の中から適切な事実を抽出し，論点や取り得る主張を考え，それを基に準備書面を作成する流れと類似しています。

　2点目は，クライアントや交渉相手への説得の仕方です。業務の中で一番心苦しいのは，クライアントがやりたいことに法務として「No」といわなければいけないときです。状況を見極めながら，クライアントや交渉相手を納得させるために，必要十分でふさわしい理由は何かを考えながら仕事をしています。前述した大会で「どのようにしたら仲裁人を説得できるか」を日々議論していた学生時代を思い出します。

　入社前と今の「法務部」へのイメージの違いは，思っていた以上にビジネスと密接に関わる立場にあるという点です。「契約」があらゆる取引において必要になるものである以上，企画，設計，マーケティング，営業，経理，管理等様々な部署の人と仕事ができますし，時にはプレス前の新製品の情報を知ることもできます。まだ若輩者にもかかわらず，1つの商品やサービスを作る過程のどこかに，自分が大学で学んだ「法」という観点から携われているということに，喜びを感じながら仕事をしています。

　＊なお，年次は執筆当時（2013年）のものである。

（ソニー／柴田　智彩）

Column ⑭：法務の仕事の面白さ

　法務としてキャリアを重ねるにつれて自由度が増す。最初は契約条件の交渉も限られた平面的な選択肢としてしかみえていなかったものが，双方の利害が立体的な選択肢として浮き上がってみえる。「当社の方針」として必ずしも明確な理由がないまま暗黙の了解とされている点に疑問を呈し，現在においても引き続き合理性があるか，相手方と共同でビジネスを作り上げていることを理解した上での妥当なリスクアロケーションになっているか，少し離れた視点でみてみる。そのような中で出てきた案が「当社の方針」と違っても，合理性があるなら営業部と一緒になって社内でのコンセンサス形成にも動く。考え抜いた判断とロジックを戦わせるのは純粋に楽しい。推進力の一端を担っていると実感できる瞬間だ。

　もつれた糸を法的な分析をもとにきれいにといて整理して，すっきりした営業担当者の顔を見る瞬間も嬉しい。法務部はブレーキとみられがちだが，普段はそれほどブレーキを踏んでばかりいるわけではない。むしろ積極的に案件を推進するための方法を営業部と一緒になって知恵を絞り，一方で冷静にリスクを把握し，リスク軽減策の実効性も踏まえた上で経営陣にそれらがもれなくインプットされ適切な経営判断がなされるよう心を配る。もちろん日々楽しいわけではない。自分のアドバイスした方向で進めていたところ，雲行きが怪しくなってきた途端に法務に非難の矛先が向けられることもある。そのような時は，最善をつくした判断であることを信じて最終的な結果が出るまでじっと待たねばならないこともある。また，複数の産業分野や国をまたぐ問題で現地専門家のコーディネート役に回り自分のヴァリューが十分発揮できていないのではと焦ることもある。それでも経験を積んだだけ，知識を身に着けただけダイレクトに仕事のクオリティーや納得感に繋がる。そのようなところに喜びを見出す人にはきっとこのうえなく面白い仕事といえるだろう。

（三井物産／渡辺　真由美）

Column ⑮：法務部員の心得

　未だに忘れられない言葉がある。当社の中国現地法人の法務部門責任者の立場で北京に駐在していたころのことである。ある営業担当が取引先と締結した契約書の不備が原因でその取引先との間で大きな問題となったことがあった。現地法人のルールでは，その類の契約書を締結する場合は，事前に法務部門の審査を経る必要があったが，営業担当は，そのルールを知りながら我々に相談しなかったのである。その後，取引先とは時間をかけ粘り強く交渉し，幸い事なきを得たが，ルール違反した営業担当は，現地経営陣から厳しく叱責されることとなった。その時のことである。ルール違反した者が叱責を受けるのは当然と思っていた我々法務部門に対し，現地経営トップから厳しい言葉が発せられたのは。「これは君たち法務の責任でもある」。

　相談に来てくれたら助言できたものを，相談されなかったのだからどうしようもないという言い訳は，自分を慰めるのには役立っても，会社経営陣の立場からは何の意味もなさない。ルールを知りつつ何故相談してくれなかったのか。無意識の内に敷居を高くしていなかったか。普段から営業現場の悩みを我が事として受け止め真摯に相談にのっていたか。評論家然としていなかったか。改めて振り返れば，反省すべき点は幾らでもあった。

　法務部員として，日頃から知識・ノウハウを蓄積しておくことが必要なのはいうまでもない。だが，それだけでは足らない。相談すべき事案はきちんと相談に来て貰えるようにしておくことが求められる。その為には普段から「法務に相談したら真剣に対応してくれる」と営業現場から信頼を得ておくことだ。法務に相談しても杓子定規なことをいわれるだけと感じられては我々の負けなのだ。

　もう一つ頭を去らない言葉がある。営業現場の猛者を集めた会議での同じ経営トップの言葉である。「君ら営業は，委縮することなく，やりたいことをやれ。リスクを心配し過ぎるな。そこは安心しろ。何故なら，当社には，止めるべき事案は体を張って止めてくれる人間がいるからだ。」身が引締まると同時にやりがいを感じた瞬間であった。

（三井物産／的場　弘紹）

Column ⑯：留学で得られた経験

　米国ロースクールのLL.Mプログラムに留学して強く印象に残っていることは，2つある。一つ目は，ロースクールの教授陣が主張の正当性を示す論証力を重要視していること。二つ目は，ロースクールがビジネスの現場に近い授業を豊富に揃えることで実務家養成に力を入れていることである。

【論証力重視】
　論証力については，試験問題は当然として授業においても，教授の与える事例に対して判決に示されたルールを用いて，自己の主張が正しいことを示すことが求められた。また，別の授業では，実例を基に被告と原告に分かれて，反論への反論まで準備した上で主張を戦わせる口頭弁論がカリキュラムに設定されていた。なお，口頭弁論は，計2回行われたが，うち1回は，当該案件を実際に担当した弁護士が審判員を務めた。このように，「答え」のない社会に「答え」を求める弁護士にとって必要不可欠な力，論戦に勝ち残る論証力を重視し，また，育てる環境となっている。

【実務家養成】
　金融街がロースクールの近くにあるとの立地条件もあって，交渉術，M&A，Venture Capital，Sportsおよび国際仲裁等，ここにすべてを紹介できない程，具体的な「ビジネス」を想定した多種多様な講座が，留学先のロースクールでは設定されていた。例えば，交渉術の授業は，毎週100ページ程の教科書の読込みに加えて，企業買収，交通事故補償および性差別等を扱ったケースのRole Playを通じて，交渉術を教えるものであった。確かに交渉術は，法律そのものではないものの，顧客の為の交渉を生業とする弁護士にとって必要なスキルといえる。かかる実践的な知識を提供する点にも米国ロースクールの特色が表れている。

【まとめ】
　国際的なビジネスに関わる渉外弁護士にとって，ともに働くパートナーでもあり，また，時に対峙する相手方でもあるのが米国弁護士である。彼らに必要とされる知識およびスキルを1年間に濃縮された形で学べるLL.Mプログラムは，この点で，大いに魅力的である。

（三井物産／神田　智之）

総合問題

国際取引法・国際私法・国際民事訴訟法の事例問題

A 国際取引法・国際私法・国際民事訴訟法の事例問題①

事例

　日本に留学していた甲国人男Ｐは日本人女Ｑと知り合い，日本で婚姻を挙行した後，直ちに甲国で婚姻生活を営み始めた。しかし，甲国での婚姻生活が５年に及んだ時にＰとＱは熟談し，婚姻関係の解消が双方にとり最善であるとの結論に達した。そこで，甲国で甲国の法規に従い離婚した。なお，通則法41条の適用はなく，甲国では次の法規が通用している。①夫は，その意思表示により妻と離婚をすることができる。②妻は，離婚を請求することができない。③妻の面前で夫の離婚の意思を口授された公証人は，公正証書を作成し，その謄本を妻に与えなければならない。④子は，常に父の親権に服する。

　(1)　日本に帰国したＱは，戸籍法に従い，甲国の公証人が作成した離婚証書の謄本を添付して日本の戸籍管掌者に対してＰとの離婚を報告する届出をした。この謄本を見た戸籍管掌者は，「ＰとＱの離婚は夫の一方的な意思表示によって成立した離婚であり，このような離婚を認めることは日本の公序良俗に反するから，当該離婚は日本においては効力を有しないのではないか」との疑念を抱いた。ＰとＱの離婚が日本において効力を有するか，論じなさい。

　(2)　Ｐは，Ｑとの離婚後に再来日し日本で就労していたところ，乙国人女Ｒと知り合い，日本の戸籍管掌者に婚姻の届出をし，受理された。そして，婚姻の約１年後に両者の間に甲国人子Ｃが出生した。しかし，Ｃが６歳の時に，Ｐは，交通事故で被害者を死亡させてしまい，実刑判決の確定により日本で服役することになった。未成年者Ｃは，現在Ｒが養育しており，日本の小学校に通学している。ＰとＲは離婚することに合意している。(a)ＰとＲは，協議離婚という離婚の方法を採ることができるか。(b)Ｐは，出所後において，Ｃと面会交流をすることができるか。なお，通則法42条の適用はない。

　(3)　Ｒは，日本の裁判所に離婚の訴えを提起し，同時に自らをＣの親権者とするよう求めているとする。親権者の指定につき日本の裁判所が国際裁判管轄権を有するとした場合に，日本の裁判所はＲを親権者として指定することができるか。

〔平成26年司法試験〔第１問〕を改変・簡略化〕

論点

(1)　離婚の成立の準拠法（通則法27条）と公序（通則法42条）

(2) (a)離婚の「方法」の準拠法, (b)面会交流の準拠法
(3) 親権の準拠法（通則法32条）と公序（通則法42条）

解　説

(1)の離婚証書は，甲国裁判所の判決ではないから外国離婚判決の承認の問題（民訴法118条）ではなく，PとQの離婚が有効に成立しているかという離婚の成立の問題である。この問題は，通則法27条によって指定される準拠法に基づき判断される。同条によれば，離婚の当時のQの常居所は甲国にあるため，日本人条項（同条ただし書）は適用されず，同一本国法もないため同一常居所地法である甲国法が準拠法となる。甲国法によれば夫Pの意思表示で離婚が成立すること（①）から，PとQの離婚は認められる（離婚の方式は通則法34条により甲国法上の方式に適合していれば足りる）。ただし，夫の意思表示のみで成立した離婚が日本の公序（通則法42条）に反しないかが問題となる。通説によれば，外国法の「適用結果」の異常性と内国関連性とを相関的に考慮して公序違反を判断する。本件では，Qも離婚に同意しており，日本法上も協議離婚が可能な事案であるから，適用結果の異常性は小さいと考えれば，公序に反しないことになる。

(2)の(a)は，離婚の方法の問題であり，通則法27条による。同条によれば，PとRの同一本国法はなく，準拠法は同一常居所地法である日本法となり，日本法が認める協議離婚という離婚の方法を採ることができる。

(b)は，面会交流の問題であり，親権の問題として通則法32条による。同条によれば，親（いずれか一方）と子との同一本国法（本件では甲国法）が準拠法となる。甲国法によれば子Cは父Pの親権に服するから，PはCと面会交流をすることができる。

(3)は，離婚の際の親権者指定の問題である。この問題は「子の福祉」を基本理念とすべきであるから，「夫婦」を基準とする通則法27条（離婚）ではなく，「子」を基準とする通則法32条（親子間の法律関係）の問題と性質決定される。通則法32条によれば，上述のように甲国法が準拠法となり，甲国法上は父Pが常に親権者となる（④）。そこで，公序（通則法42条）に反しないかが問題となる。日本法上は父母のいずれも親権者となりうることから本件が公序違反とされる場合には，甲国法の適用排除後の処理も問題となる。内国法適用説や補充連結説（次順位の連結＝本件では子の常居所地法による）などがあるが（⇒ **8** 参照），いずれにせよ本件では日本法が準拠法となるため，日本の裁判所は子の福祉の見地からRを親権者と指定することができよう。

（高杉　直）

B 国際取引法・国際私法・国際民事訴訟法の事例問題②

事　例

　Xは日本に居住する日本人で甲国には営業所や財産を一切有していない。他方、Yは甲国法に基づき設立された会社で医療機器の製造販売を業とし、甲国に主たる営業所を持つが日本では事業を行わず、営業所や子会社も持たなかった。そこでYは日本で販売を開始するために日本に子会社Zを設立する計画を立て、Z設立事務（物品の提供はほとんど行わず役務の提供が中心）をXに委任し、YがXに報酬を支払う委任契約を結んだ。この契約には管轄合意や当該報酬の支払地の合意はない。

　①　将来YとZの間で売買契約を結ぶ際、契約書に「この売買契約は甲国法による」との準拠法条項を置けば、仮に甲国がウィーン売買条約（CISG）の締約国で日本が法廷地国となった場合において、甲国民法P条の規定「隔地者間の契約は、承諾の通知を発した時に成立する」が必ず適用されると考えて良いか。

　②　仮にX・Y間の委任契約には準拠法が明示的にも黙示的にも定められておらず日本が法廷地となった場合、本件契約の準拠法として推定されるのはいずれの国の法か。

　③　仮にX・Y間の委任契約では当初から甲国法が明示的に準拠法指定され、甲国民法Q条が「金銭債務の弁済は債務者の現在の住所においてしなければならない」と定める中、Yの経営状態が悪化しZ設立を中途で断念したとする。Xに対するYの債務不存在確認請求を認容する判決が甲国裁判所で確定したが、Xが応訴しなかったとすると、当該判決が日本で効力を有するために必要な甲国裁判所の国際裁判管轄権を基礎付ける事由は存在するか。

〔平成26年司法試験［第2問］を改変・簡略化〕

論　点

① CISG締約国の法を準拠法指定した場合、国内法とCISGの何れを指すか。
② CISGの適用範囲外（CISG 3条2項）なので、日本の国際私法（通則法8条2項）に従った場合の解釈はどうなるか。
③ 民訴法118条1号の間接管轄の要件につき、どう捉えるか。

解　説

①　否。甲国と日本は共にCISG締約国であり、本件売買契約当事者であるYと

Zは異なる締約国に営業所を有するため，まずCISGが直接適用される（1条1項a号）。ただし，当事者間合意によりCISGの適用排除や他の法を準拠法指定することもできる（6条）。本設問では「この売買契約は甲国法による」との文言でCISGの適用排除が，可能か否かが問われた。さて，CISG締約国である甲国の法を準拠法指定した場合，準拠法指定自体は有効であるが，甲国法の中には甲国国内法（民法等）とCISGの双方が含まれるため，どちらを指すかが解釈上の問題になり得る。各国の裁判例をみると，単に締約国の法を準拠法に指定しただけでは条約の適用を排除したことにはならず，明示的に適用排除しないと条約の適用は排除できないとする解釈が多数であり，多数説に従うならば，特段の事情がなければCISGの適用を排除したことにはならないと解される（⇒**73**参照）。するとCISGが準拠法になって承諾に到達主義（18条2項および23条）が適用され，発信主義（甲国民法P条）は適用されない。したがって，甲国民法P条を適用させるにはCISGの適用を明示的に排除（「この売買契約は甲国法（ただしCISGを除く）による」）しなければならない。

② 日本法。Xが行うZ設立事務は役務の提供が中心なのでCISGは不適用（3条2項）で，日本の国際私法（法適用通則法）の解釈問題となる。まず，当事者による準拠法選択がないので，通則法7条の適用はなく特徴的な給付をXのみが行うことからXの常居所地法＝日本法が最密接関係地と推定される（8条1項・2項）。

③ 存在する。まず，日本の外国判決承認要件の1つである判決裁判所の国際裁判管轄（民訴法118条1号：間接管轄）の基準について，直接管轄（日本の裁判所の国際裁判管轄。民訴法3条の2以下）の基準と一致すべき（鏡像理論）か否か。判例（最判平成26年4月24日判時2221号35頁）は，基本的に直接管轄に関する規定に準拠しつつ個々の事案における具体的事情に即して条理に照らして判断すべきとしており，これが訴訟上の正義に照らして妥当と考える。そこで，直接管轄の規定（民訴法3条の3の1号）を準用すると，契約債務履行地が甲国内にあれば甲国の間接管轄を肯定できるところ，当事者間で指定した契約準拠法である甲国法の民法Q条が尊重され（通則法7条），本条により「債務弁済地＝債務者Yの現住所＝甲国」となるため肯定でき，甲国裁判所の国際裁判管轄権を基礎付ける事由が存在する。なお，本事例では間接管轄を条理に照らして否定すべき具体的事情は特にうかがわれないと考えられる。したがって，鏡像理論に立つ場合も，これを緩和した判例に立つ場合も結論は同じとなる。

（久保田　隆）

創造的法学入門

　日本の法律学では，与えられた条文の意味を明らかにする法解釈学が王道であった。しかし国内市場の拡大が望めず，企業活動がグローバル化する時代においては，法律学にも新たな価値を創造する方法が求められている。

　国際関係私法で解決を求められる渉外的私法問題の多くは，当事者が合意によって決定することができる。たとえば，①いずれの国の法を契約の準拠法とするか，②紛争をどのように解決するか，③契約の内容をどのように定めるか（→「国際関係私法を学ぶ」1①〜③）についての合意は，多くの国で有効とされる。反対に，当事者の関係が対等でないと考えられる場合には，これらの合意は無効とされたりその効力を制限されたりする（①について通則法11条，12条，②について民訴法3条の7第5項，第6項，③について消費者契約法，労働契約法，労働基準法参照）。

　当事者の合意の有効性を認めることは，当事者が交渉によってその関係を規律し，私法的な秩序を自ら形成していくことを意味する。たとえばフランス民法典1134条1項は，「適法に形成された合意は，それを行った者に対しては，法律に代わる」と規定する。これに対して，日本の法律学では，債務不履行の解釈や典型契約の解釈に見られるように，しばしば当事者の権利義務が当事者の合意からではなく任意規定の解釈から導かれる傾向があった。契約法においても当事者の合意ではなく条文の解釈に重点が置かれたのは，日本の主要な法典がフランスやドイツの法典と法理論の圧倒的な影響のもと政府主導で立法されたという事情もあるだろう。日本の法律学は歴史的には「与えられた法」の解釈学であったといえる。

　立法自体も本来的には政治過程における交渉によって作成されるはずであるから，強行規定や公的規制も，間接的には交渉による合意によって形成されたといえる。しかし，従来は国会ではなく政府（官僚）が法案を作成し，これを提出してきたので，法は与えられたものというイメージは弱まらなかった。他方，日本においても，経済の自由化とルールに基づいた行政の進展によって，市民や企業にとって，交渉によって互いの関係を築き，維持していく必要性が飛躍的に増大した。交渉による自立的な秩序作りが広がっているといえる。

　国際社会における法秩序は，主権平等の概念のもとで，もともと対等な主権国家による合意（条約の要素）と行為（国家実行ともいう。慣習法の要素）によって形成

されてきた。しかし，日本においては国連を巡る議論に見られるように，世界秩序が与えられたものだという思い込みが強い。確かに第2次世界大戦後の世界秩序は，1945年8月に日本が降伏する前に，連合国に属していた国々によって合意されたものだ。1944年7月の国際通貨基金（IMF），国際復興開発銀行（IBRD，現在の世界銀行システム）とGATT（関税および貿易に関する一般協定，現在のWTOシステム），そして1945年6月の国連憲章と国際司法裁判所規程もそうだ。

しかし，以上の歴史を感情論抜きで合理的に観察すれば，国際法は国家の合意と行為から形成されてきたことを示している。実際，第2次世界大戦後の世界は日本の意思と無関係に形成されてきたわけではない。もちろん，今後の世界をどう作っていくかについても，日本は受け身ではなく主体的に行動していく必要がある。たとえばTPP（環太平洋経済連携協定）交渉においても，与えられた枠組みに参加するかどうかではなく，交渉を通じて自国に有利な制度をどのように構築するかが重要なのだ。国際関係私法が対象とする私人や企業の活動は，国内的な強行法や規制法だけではなく，国際機構や条約からなる国際システムによって支えられ，大きな影響を受けていることを忘れてはならない。

以上のように，国際関係私法においては当事者が合意によって決定できることが多いので，与えられた法律や標準契約書式を解釈する力だけではなく，当事者間の関係を交渉によって自ら作っていく力が求められる。さらに，私的な自律が認められないような立法の世界においても，政治プロセスを通じて自分たちの意見を立法に反映できるような社会を作っていくべきである。もちろん，交渉による合意が条約となり制度となる国際社会においては，交渉とリーダーシップによって日本にとってのよりよい利益を守り，新しい法や基準を創造していくことが求められる。

国際関係私法を学ぶ人は，与えられたルールを法的議論によって的確に運用する伝統的な法律学（→「国際関係私法を学ぶ」）に加えて，新たなルールを交渉によって作り出す創造的な法律学を身につけるべきである。

〈参考文献〉
小寺彰『パラダイム国際法——国際法の基本構成』（有斐閣，2004年）
野村美明「ディベートと交渉」太田勝造・野村美明編『交渉ケースブック』（商事法務，2005年）172頁以下
野村美明「世界金融危機後の国際経済法の課題　座長コメント」日本国際経済法学会年報20号（日本国際経済法学会，2011年）1〜5頁

（野村　美明）

事項索引

A〜Z

automatic stay（米国倒産法の概念）
　→自動的停止
AWB（Air Waybill）　→航空運送状
BATNA（Best Alternative to a Negotiated Agreement, バトナ） …………… 207
Battle of Forms　→書式の闘い
BBS事件 …………………………………… 181
B/L（Bill of Lading）　→船荷証券
Bolero（電子貿易金融サービスシステム） ………………………………………… 195
CFR（Cost and Freight, C&F） ………… 173
CIETAC　→中国国際経済貿易仲裁委員会
CIF（Cost, Insurance and Freight） …… 172
CIP（Carriage and Insurance Paid To） … 173
CISG（国連国際物品売買条約，ウィーン売買条約）
　1条1項a号 ……………………………… 160
　1条1項b号 ……………………………… 162
　3条1項 …………………………………… 160
　7条2項 …………………………………… 164
　4条 ………………………………………… 161
　6条 ………………………………………… 161
　8条 ………………………………………… 166
　8条2項 …………………………………… 167
　8条3項 …………………………………… 167
　18条 ……………………………………… 169
　19条 ……………………………………… 168
　31条 ……………………………………… 171
　35条 ……………………………………… 171
　38条 ……………………………………… 174
　39条 ………………………………… 171, 174
　40条 ……………………………………… 175
　45条 ……………………………………… 170
　48条 ……………………………………… 171
　49条 ……………………………………… 170
　53条 ……………………………………… 171
　67条 ……………………………………… 171
　79条 ……………………………………… 171
　——95条宣言 ……………………………… 163
　——の適用可否 …………………………… 161
　——の適用排除 …………………………… 163
CLOUT（国連が運営する判例データベース） ………………………………………… 166
　——No. 222 ……………………………… 167
　——No. 232 ……………………………… 169
　——No. 345 ……………………………… 167
compliance integration plan（コンプライアンス統合計画） ……………………… 239
consideration（英米法の概念）　→約因
CPT（Carriage Paid To） ………………… 173
deed　→捺印証書
due diligence（DD：デューディリジェンス，デューディリ） ……………………… 238
Enron:The Smartest Guys in the Room（映画名） ………………………………… 155
entire agreement clause（完結条項）
　→完全合意条項
FATF（金融活動作業部会） ……………… 221
FCA（Free Carrier） ……………………… 173
FCPA（Foreign Corrupt Practices Act：米国法の1つ） ……………… 218, 237, 238
FOB（Free On Board） …………………… 172
Gung Ho（映画名） ………………………… 99
ICC　→国際商業会議所
Incoterms 2010　→インコタームズ 2010
JETRO　→日本貿易振興機構
Knock-out Rule（ノックアウトルール） … 168
Last Shot Rule（最後の書式ルール） …… 168
L/C（Letter of Credit）　→荷為替信用状
M&A（企業の合併買収） …………… 98, 238
Mirror image Rule（鏡像原則） ………… 168
Money Laundering（資金洗浄） ………… 220
NY条約（外国仲裁判断の承認及び執行に関する条約） …………………… 152, 234
　——5条 ……………………………… 153, 234
OECD外国公務員贈賄防止条約 …… 218, 237
OFAC　→米国財務省外国資産管理局
Other People's Money（映画名） ………… 98

Parol Evidence Rule（米国法の概念）
　→口頭証拠排除原則
Post-acquisition Integration(PAI：買収後
　の統合)……………………………… 238
Rogue Trader（映画名）……………… 154
promissory estoppel（英米法の概念）
　→約束的禁反言
Statute of Frauds（英米法の概念）
　→詐欺防止法
SWB（Sea Waybill）　→海上運送状
SWIFT（国際銀行間通信協会）……… 195
TEDI（貿易EDI）……………………… 195
Toulmin　→トゥールミン
TPP（環太平洋経済連携協定）………… 254
TSU-BPO（貿易決済サービスの名前）… 195
UCC（Uniform Commercial Code）
　→米国統一商法典
UCP　→信用状統一規則
UCP600（2007年版信用状統一規則）… 195
UNCITRAL（国連国際商取引法委員会）
　………………………………… 164, 196
UNIDROIT（私法統一国際協会，ユニドロワ）
　………………………………………… 156
UNIDROIT 国際商事契約原則………… 164, 169
Vis Moot（国際学生模擬仲裁大会）… 196, 243
whereas clause（ホウェアラズ・クローズ）
　………………………………………… 176

あ　行

域外適用……………………………… 219, 226
慰謝料……………………………………… 92
　――の請求……………………………… 70
移転価格税制…………………………… 228
インコタームズ2010（Incoterms 2010）… 172
インボイス（商業送り状）…………… 186, 192
ウィーン売買条約　→CISG
運送契約………………………… 132, 183, 186
エンロン………………………………… 155
応　訴…………………………………… 144
親子関係の成立……………… 22, 76, 78, 80

か　行

海外進出…………………………………… 99
外国会社………………………………… 120

外国公務員等に対する贈賄規制……… 218
外国仲裁判断の承認及び執行に関する条約
　→NY条約
外国法事務弁護士……………………… 198
外国法のコンプライアンス…………… 219
海上運送状（SWB：Sea Waybill）… 187, 195
外人法…………………………………… 240
外弁法…………………………………… 198
価格変更条項…………………………… 169
確定期販売……………………………… 188
確認書…………………………… 164, 188
格安航空会社（LCC）………………… 157
買主の物品検査・通知義務…………… 174
為替手形………………………………… 187
管　轄………………………………… 26, 30
管轄合意……………………………… 126, 128
完結条項　→完全合意条項
監護権……………………………… 84, 87
間接管轄…………………… 26, 104, 125, 250
間接適用（↔直接適用）……………… 163, 183
完全合意条項（entire agreement clause：
　完結条項）…………………………… 166, 179
環太平洋経済連携協定　→TPP
企業派遣留学…………………………… 157
義務履行地管轄………………………… 135
客観的事実関係………………………… 115, 123
強行規定………………………………… 42, 224
鏡像原則　→Mirror image Rule
共通部分（によるノックアウトルール）
　（Knock-out Rule）………………… 168
業務に関する（業務関連性）………… 119, 121
挙行地法主義……………………………… 67
金融活動作業部会　→FATF
契約交渉…………………………………… 97
契約準拠法……………………………… 162, 174
契約上のリスクヘッジ………………… 242
原則立脚型交渉………………………… 207
権利能力………………………………… 28, 141
行為能力……………………………… 8, 30, 32
航空運送状（AWB：Air Waybill）…… 187
公　序……………………… 81, 133, 146, 235, 248
交　渉…………………………………… 206
口頭証拠排除原則（Parol Evidence Rule）
　………………………………………… 167, 179

合弁会社……………………………… 232
合弁契約違反………………………… 232
合理解釈……………………………… 167
国際学生模擬仲裁大会　→ Vis Moot
国際海上物品運送法………………… 182
国際関係私法…………………………… 1
国際銀行間通信協会　→ SWIFT
国際航空運送についてのある規則の統一に
　関する条約　→モントリオール条約
国際裁判管轄………… 82, 88, 90, 143, 185
国際私法………………………………… 1
国際商業会議所（ICC）…………… 172
国際取引法……………………………… 1
国際並行倒産………………………… 230
国際民事手続法………………………… 1
国連が運営する判例データベース　→ CLOUT
国連国際商取引法委員会　→ UNCITRAL
国連国際物品売買条約　→ CISG
子の奪取……………………………… 86
個別準拠法は総括準拠法を破る……… 25, 93
雇用契約……………………… 44, 52, 128
コルレス銀行………………………… 219
コルレス口座管轄…………………… 219
婚姻解消……………………………… 26
婚姻の解消…………………………… 70
婚姻の実質的成立要件……………… 63
コンテナ……………………………… 172
コンテナ・ヤード…………………… 173
コンプライアンス…………………… 238
コンプライアンス統合計画　→ compliance integration plan
婚　約………………………………… 73

さ　行

サーベンス・オクスリー法………… 155
債権譲渡…………………………… 61, 93
最後の書式ルール　→ Last Shot Rule
財産分与……………………………… 20
裁　定………………………………… 154
裁判権免除（主権免除）…………… 110
　制限免除主義……………………… 111
　絶対免除主義……………………… 111
最密接関係地法……………………… 165
詐欺防止法（Statute of Frauds）…… 179

差押え………………………………… 117
差止め…………………………… 6, 181
サレンダード B/L…………………… 195
ジェトロ・ビジネスライブラリー… 197
時価会計……………………………… 155
資金洗浄　→ Money Laundering
実質的変更…………………………… 169
自動的停止（automatic stay）……… 231
事物管轄……………………………… 226
司法共助……………………………… 145
私法統一国際協会　→ UNIDOROIT
社債契約……………………………… 224
社債発行の準拠法…………………… 224
囚人のジレンマ……………………… 212
従属法…………………………… 32, 224
重大な契約違反……………………… 170
　――の解除………………………… 170
州　法………………………………… 178
主観的要素…………………………… 28
障害免責……………………………… 171
商業送り状　→インボイス
証券化………………………………… 155
証券取引…………………………… 98, 154
証券取引所…………………………… 197
証券取引法の域外適用……………… 226
承認援助手続………………………… 230
消費者契約…………………………… 127
商標権…………………………… 116, 181
商法（日本）
　509条………………………………… 165
　526条…………………………… 165, 174
書式の闘い（Battle of Forms）…… 168
書類点検確認義務…………………… 192
親　権…………………………… 84, 90, 249
親権者の決定………………………… 84
親権者の指定…………………… 10, 12
新興国……………………… 234, 236, 238, 240
人事訴訟…………………………… 103, 106
真実の親子関係……………………… 77
親族関係…………………………… 73, 88
信用状……………………………… 188, 190, 192
　信用状条件…………………… 190, 192
　信用状統一規則（UCP）………… 195
製作物供給契約……………………… 160

セーフガード条項	79
絶対的強行法規	44
専属的裁判管轄	132
船舶先取特権	34
船舶輸送の高速化	194
相互の保証	148
相　続	14, 22, 94
送　達	144
贈　与	177
属地主義	219
訴訟行為能力	8

た　行

大学対抗交渉コンペティション	243
対抗要件	54, 60
代　理	33
代理店	180
代理店保護法	181
嫡　出	74, 76, 80
チャプター11（米国倒産法）	230
中国国際経済貿易仲裁委員会（CIETAC）	232
仲　裁	32, 232, 234
仲裁合意の準拠法	151
仲裁地法	151
懲罰的損害賠償	146
直接管轄	251
直接適用（↔間接適用）	163, 183
追完権（CISG）	171
通則法（法の適用に関する通則法）	
4条	8, 28, 32, 34
5条	31
6条	26
7条	34, 36, 44, 251
8条1項	39, 45, 165
8条2項・3項	39, 165
9条	37, 165
10条	40, 61
11条	39, 42
12条	39, 45
13条	24, 41, 58, 60
17条	6, 29, 46, 70, 73, 92
18条	48
19条	50
20条	51, 71

21条	49
22条	6, 49
23条	54, 61
24条	62, 64, 66
25条	68, 70, 89
26条	68
27条	70, 73, 84
28条	74, 76, 80
29条	30, 74, 78
30条	74
31条	82
32条	12, 18, 84
33条	73
34条	79
35条	30, 90
36条	14, 22, 25, 92
37条	94
38条	9, 10, 13, 85
40条	12
41条	14
42条	18, 20, 81
定期預金契約	36, 60
ディスクレ　→文面上の不一致	
ディベート	3, 214
「手続は法廷地法（Lex Fori）による」原則	166
デューディリジェンス　→ due diligence	
デリバティブ	154
電信為替	194
電信送金	194
電子貿易金融サービスシステム　→ Bolero	
トゥールミン（Toulmin）	2, 216
──の議論モデル	217
投　機	154
統合型交渉	207
当事者自治	68, 151
当事者能力	140
特徴的給付	38, 165
特別目的会社	222
独立企業間価格	228
特許権	6, 46, 181
届　出	66, 72
届出意思	62
取引所法10条（b）項	226

な 行

捺印証書（deed） ……………………………… 177
荷為替信用状（L/C） ……………………… 194
　　荷為替信用状取引 ………………………… 187
荷為替手形 …………………………………… 187
2007年版信用状統一規則　→UCP600
日本貿易振興機構（JETRO） ……………… 197
ニューヨーク州弁護士資格試験 ………… 96, 198
ニューヨーク条約（外国仲裁判断の承認及
　び執行に関する条約）　→NY条約（A～Z
　行）
任意法規性 …………………………………… 161
認　知 …………………………………… 78, 94
ノックアウトルール　→Knock-out Rule

は 行

買収後の統合　→Post-acquisition Integration
ハーグ議定書 ………………………………… 184
バトナ　→BATNA
パートナーシップ …………………………… 140
ハーバード流交渉術 ………………………… 207
売買契約 ……………………………………… 54
配分的連結 …………………………………… 64
場所は行為を支配する ……………………… 41
パレート最適 ………………………………… 212
販売店 ………………………………………… 180
物　権 …………………………………… 58, 61
物品受領義務（CISG） ……………………… 171
船積書類 ……………………………………… 186
船荷証券（B/L） …………… 186, 187, 194, 195
　　債権的効力 ……………………………… 187
　　物権的効力 ……………………………… 187
　　船荷証券の危機 ………………………… 195
不法行為 …… 48, 50, 52, 71, 73, 92, 114, 130
扶養義務 ……………………………………… 85
プロボノ活動 ………………………………… 203
文面上の不一致（ディスクレ） …………… 192
分裂国家 ……………………………………… 9
並行原則 ……………………………………… 109
並行輸入 ……………………………………… 180
米国財務省外国資産管理局（OFAC） …… 220
米国証券取引所法10条（b）項 …………… 226
米国統一商法典（UCC） …………………… 177
米国のロースクール ………………………… 157
米国弁護士 …………………………………… 246
ヘッジ ………………………………………… 154
方　式 ……………………… 61, 63, 83, 94, 132
ホウェアラズ条項　→whereas clause
貿易EDI　→TEDI
貿易決済サービスの名前　→TSU-BPO
法　人 …………………………………… 112, 118
法人格否認 …………………………………… 222
法的議論 ……………………………………… 2
法の適用に関する通則法　→通則法
法務部 ……………………………… 97, 157, 244, 245
法律関係の性質決定 …………………… 46, 84
補充原則 ……………………………………… 164
保証契約 …………………………………… 38, 41, 56

ま 行

マネーロンダリング（資金洗浄）　→Money
　Laundering
マリンホース事件 …………………………… 237
民事裁判権 …………………………………… 110
　対外国民事裁判権法 ……………………… 111
民事訴訟法（日本）
　3条の2 …………………………………… 119
　3条の3 …… 108, 113, 115, 117, 119, 120,
　　251
　3条の4 …………………………………… 129
　3条の5 …………………………………… 125
　3条の6 …………………………………… 131
　3条の7 …………………………………… 126
　3条の9 …… 115, 117, 119, 129, 134
　4条 ………………………………………… 119
　5条 ………………………………… 116, 119, 122
　7条 ………………………………………… 131
　28条 ……………………………………… 140
　29条 ……………………………………… 140
　38条 ……………………………………… 130
　118条 …… 26, 104, 124, 142, 144, 146,
　　148, 250
民　法
　249条 ……………………………………… 25
　364条 ……………………………………… 60
　403条 ……………………………………… 56
　719条 ……………………………………… 47

事項索引　259

733条	64
739条	66
741条	66
768条	21
787条	78
795条	82
819条	19
838条	91
968条	16
模擬仲裁	242
黙示の意思	37, 151
モントリオール条約（国際航空運送についてのある規則の統一に関する条約）	184

や　行

約　因（consideration）	177
約束手形	187
約束的禁反言（promissory estoppel）	177

遺　言	16
遺言能力	94
輸出申告書	192
輸出手形	192
有価証券	187
ユニドロワ　→ UNIDOROIT	
養子縁組	106

ら　行

離　婚	73, 84, 88, 248
リニエンシー	237
留　学	157, 246
ロースクール──	198
連邦法	178
労働災害	52

わ　行

ワルソー条約	184

判例索引

大決昭和 3・12・28 民集 7 巻 12 号 1128 頁	111
大判昭和 8・12・5 法律新聞 3670 号 16 頁	149
最判昭和 30・5・31 民集 9 巻 6 号 793 頁	25
東京高判昭和 30・8・9 下民集 6 巻 8 号 1583 頁	141
神戸地決昭和 34・9・2 下民集 10 巻 9 号 1849 頁	34
最判昭和 34・12・22 家月 12 巻 2 号 105 頁	8
最判昭和 36・12・27 家月 14 巻 4 号 177 頁	72
神戸地判昭和 37・11・10 下民集 13 巻 11 号 2293 頁	188
最判昭和 38・2・22 民集 17 巻 1 号 235 頁	25
最大判昭和 39・3・25 民集 18 巻 3 号 486 頁	102
最判昭和 39・4・9 家月 16 巻 8 号 78 頁	102
最判昭和 39・10・15 民集 18 巻 8 号 1671 頁	140
最判昭和 42・11・1 民集 21 巻 9 号 2249 頁	92
東京高判昭和 43・6・28 高民集 21 巻 4 号 353 頁	141
東京地判昭和 44・9・6 判時 586 号 73 頁	235
横浜地判昭和 46・9・7 下民集 22 巻 9・10 号 937 頁	105
東京地判昭和 46・12・17 判時 665 号 72 頁	105
最判昭和 47・1・25 判時 662 号 85 頁	175
東京地判昭和 47・5・16 下民集 23 巻 5～8 号 230 頁	141
最判昭和 48・4・19 民集 27 巻 3 号 527 頁	187
大阪高判昭和 48・7・12 家月 26 巻 7 号 21 頁	16
最判昭和 49・3・15 民集 28 巻 2 号 222 頁	187
最判昭和 49・12・24 民集 28 巻 10 号 2152 頁	16
最判昭和 50・6・27 家月 28 巻 4 号 83 頁	78
最判昭和 50・7・15 民集 29 巻 6 号 1029 頁	56
最判昭和 50・7・15 民集 29 巻 6 号 1061 頁	32
最判昭和 50・11・28 民集 29 巻 10 号 1554 頁	132
最判昭和 52・3・31 民集 31 巻 2 号 365 頁	18
最判昭和 53・4・20 民集 32 巻 3 号 616 頁	36, 60
最判昭和 56・10・16 民集 35 巻 7 号 1224 頁	112
最判昭和 58・6・7 民集 37 巻 5 号 611 頁	148
最判昭和 59・7・20 民集 38 巻 8 号 1051 頁	20
最判昭和 60・2・26 家月 37 巻 6 号 25 頁	86
大阪地判 62・2・27 判時 1263 号 32 頁	93
最判平成 2・3・20 金法 1259 号 36 頁	192
東京地判平成 2・4・25 判時 1368 号 123 頁	189
東京地判平成 2・12・7 判時 1424 号 84 頁	12
名古屋地判平成 2・12・26 家月 48 巻 10 号 157 頁	63
神戸地判 3・1・30 判タ 764 号 240 頁	107
横浜地判平成 3・10・31 家月 44 巻 12 号 105 頁	11

名古屋高判平成 4・1・29 家月 48 巻 10 号 151 頁	63
東京地判 4・9・30 判時 1483 号 79 頁	50
最大判 5・3・24 民集 47 巻 4 号 3039 頁	147
最判平成 5・10・19 民集 47 巻 8 号 5099 頁	86
神戸地判平成 6・2・22 家月 47 巻 4 号 60 頁	70
最判平成 6・3・8 民集 48 巻 3 号 835 頁	24
最判平成 6・3・8 家月 46 巻 8 号 59 頁	14
京都家審平成 6・3・31 判時 1545 号 81 頁	85
神戸家審平成 6・7・27 家月 47 巻 5 号 60 頁	108
最判平成 6・11・8 民集 48 巻 7 号 1337 頁	86
東京地判平成 7・4・25 判時 1561 号 84 頁	114
東京家審平成 7・10・9 家月 48 巻 3 号 69 頁	85
旭川地決平成 8・2・9 判時 1610 号 106 頁	136
最判平成 8・3・8 家月 48 巻 10 号 145 頁	62
東京高判平成 8・12・25 高民集 49 巻 3 号 109 頁	131
最判平成 9・1・28 民集 51 巻 1 号 78 頁	52
最判平成 9・7・1 民集 51 巻 6 号 2299 頁	181
最判平成 9・7・11 民集 51 巻 6 号 2573 頁	146
最判平成 9・9・4 民集 51 巻 8 号 3657 頁	150
最判平成 9・11・11 民集 51 巻 10 号 4055 頁	134
水戸家審平成 10・1・12 家月 50 巻 7 号 100 頁	77
最判平成 10・4・28 民集 52 巻 3 号 853 頁	124, 142, 144
横浜地判平成 10・5・29 判タ 1002 号 249 頁	10
最判平成 12・1・27 民集 54 巻 1 号 1 頁	22, 74
東京高判平成 12・12・20 金商 1133 号 24 頁	118
最判平成 13・6・8 民集 55 巻 4 号 727 頁	115, 122
最判平成 14・9・26 民集 56 巻 7 号 1551 頁	6, 46
最判平成 14・10・29 民集 56 巻 8 号 1964 頁	58
最判平成 15・2・27 民集 57 巻 2 号 125 頁	181
最判平成 15・3・27 金法 1677 号 54 頁	190
大阪高判平成 15・4・9 判時 1841 号 111 頁	149, 152
東京地判平成 15・9・26 判タ 1156 号 268 頁	116
東京地判平成 18・1・19 判タ 1229 号 334 頁	124
最判平成 18・7・21 民集 60 巻 6 号 2542 頁	110
最判平成 18・10・17 民集 60 巻 8 号 2853 頁	44
東京地判平成 18・10・26 訟月 54 巻 4 号 922 頁	228
東京高決平成 18・10・30 判時 1965 号 70 頁	88
最決平成 19・3・23 民集 61 巻 2 号 619 頁	80
東京地決平成 19・8・28 判時 1991 号 89 頁	138
東京地判平成 19・11・28 裁判所ウェブサイト	130
東京地判平成 19・12・14 民集 65 巻 9 号 3329 頁	141
前橋家審平成 21・5・13 家月 62 巻 1 号 111 頁	85
最決平成 22・8・4 家月 63 巻 1 号 97 頁	86
東京地判平成 22・9・30 判時 2097 号 77 頁	222

東京高判平成 25・9・18LLB/DB 判例秘書 ………………………………………… *126*
東京地判平成 26・1・14 判時 2217 号 68 頁 ………………………………………… *127*
最判平成 26・4・24 判時 2221 号 35 頁 ………………………………………… *143*
Morrison v. National Australia Bank, 561U.s.247（2010） ………………………………… *226*
Mitsui & Co., Ltd. v. Hainan Province Textile Industry Corp. ……………………………… *235*

《編者紹介》

野村　美明（のむら　よしあき）
　　　大阪大学大学院国際公共政策研究科教授

高杉　　直（たかすぎ　なおし）
　　　同志社大学法学部教授

久保田　隆（くぼた　たかし）
　　　早稲田大学大学院法務研究科教授

ケーススタディー国際関係私法
Cases & Studies of International Civil & Commercial Law

2015 年 1 月 30 日　初版第 1 刷発行

編　者　　野　村　美　明
　　　　　高　杉　　　直
　　　　　久　保　田　隆

発行者　　江　草　貞　治

発行所　　株式会社　有　斐　閣
　　　　　郵便番号 101-0051
　　　　　東京都千代田区神田神保町 2-17
　　　　　電話 (03) 3264-1314〔編集〕
　　　　　　　 (03) 3265-6811〔営業〕
　　　　　http://www.yuhikaku.co.jp/

印刷・製本　中村印刷株式会社
© 2015, Yoshiaki Nomura, Naoshi Takasugi, Takashi Kubota. Printed in Japan
落丁・乱丁本はお取替えいたします。
★定価はカバーに表示してあります。
ISBN 978-4-641-04671-9

JCOPY　本書の無断複写（コピー）は，著作権法上での例外を除き，禁じられています。複写される場合は，そのつど事前に，(社)出版者著作権管理機構（電話03-3513-6969, FAX03-3513-6979, e-mail:info@jcopy.or.jp）の許諾を得てください。